21세기 인간의 이해

서문

보통, 사람들은 지구상의 다른 생물들과 차별화된 특성인 인간의 발달한 '이성'이라는 것에 대해 호감을 갖고 높이 사곤 한다. 그에 비해 인간이 생물로서 가지고 있는 당연한 특성인 '본능'에 대해서는 동물적이라는 식으로 막연히 부정적인 것으로 생각하는 경우가 많다.

그러나 본능은 생물이 존재하기 위해 반드시 있어야만 하는 가장 기본적인 프로그램과도 같은 것이고, 그런 본능을 이성으로 끝없이 통제하고, 이용하고 조절하면서 살아가는 것이 모든 인간의 삶이다.

본능은 결코 부정되어야 할 것도 아니며, 나쁘게 생각될 것도 아니다. 본능이 매 순간 당신과 당신 주위의 사람들에게 어떠한 영향들을 미치고 있는지 진지하게 생각해 보는 것은, 살아 있는 한 언제나 본능에 영향받고 있는, 당신의 모든 생각과 행동을 관리하고 조절하기 위해서 큰 도움이 되는 일이다.

그리고 그는 당신을 더 행복하게 만들고, 당신의 삶을 더 나은 것으로 만들기 위해서도 확실히 도움이 될 것이다.

본능과 이성이 상호 간에 큰 영향을 주는 것은 맞지만, 둘은 대립되는 개념이 아니다. 본능과 이성은 기본적으로 반대가 되는 성격의 개념이 아니라 각각을 다르게 생각해야 하는 개념이다.

강한 본능적 충동을 가진 사람이 강한 이성적 능력을 갖고 있을 수도 있고, 반대의 경우도 있을 수 있다.

강한 이성적 능력을 가진 사람이라고 해서 본능적 충동이 그에 반비례해서 약한 것은 아니다. 단지 강력한 이성의 힘으로 본능에 의한 충동을 통제하고 조절하는 것이 능숙하기 때문에, 사실은 본능적 충동을 늘 강하게 느끼고 있다고 해도 본능의 영향을 적게 받는 것처럼 보이기 쉬울 때가 있을 뿐이다. 보이지 않는 곳에서 그가 억눌러왔던 욕망을 어떻게 드러내고 해소하는지는 모를 일이다.

 생물의 본능은 생명을 유지하고 이어 나가게 하는 힘이고, 살아 있는 한은 없애고 싶어도 마음대로 없앨 수도 없는 것이다. 인간 또한 언제나 본능에 의해 끊임없이 욕구를 느끼게 되고, 상황에 따라 새로운 욕구가 만들어지게 된다.
 표면화된 본능적 충동들은 인간이 처음 존재했던 때부터 지금까지 모든 인간의 삶에 실로 막대한 영향을 끼쳐 왔으며, 앞으로도 그러할 것이다. 그리고 인간의 이러한 본능은 인간의 역사가 시작된 이래 지금까지 계속해서 많은 부분에서 이용되어 왔다.
 본능이 이용되는 것은 인간이 이성적 행위라 생각하는 경제적 행위나 정치적 행위에서도 예외가 아니다.

 필요 이상의 물건을 구입하는 것은 어디까지나 본능에 의한 행위이다. 본능은 이성적으로만 판단한다면 전혀 필요하지 않은 물건을 충동적으로 사게 만들고, 품질을 훨씬 뛰어넘는 가격을 지불하고 물건을 구입하게 하는, 불합리한 소비를 하게 한다.

실질적인 기능과는 아무 상관이 없는 아름다운 형태나 보기 좋은 외양의 물건들을 더 높은 값을 지불하고서라도 구입하려는 것도 기본적으로는 본능의 영향이다. 마케팅의 기본은 대상의 마음, 즉 본능을 자극하는 것이다.

외부에서의 자극을 받았을 때 이성은 항상 본능이 먼저 움직이고 난 뒤에 뒤를 따르게 된다.

자극에 대한 반응 속도는 생존에도 큰 연관이 있는 문제이기 때문에 '자극에 대해 이성이 먼저 움직이게 되면 그 대응 속도가 너무 늦게 된다'는 것을 생각하면 당연한 작용이기도 하다.

그렇다고 본능에 따라 소비하고 행동하는 것을 나쁜 것으로 오해하진 않았으면 한다. '그것이 자신을 포함하여 누군가를 분명히 불행하게 하지 않는 것이라면', '시간이 지나 후회가 생길지라도 그 후회의 크기보다 갖게 되는 행복과 만족의 크기가 더 크다고 판단할 수 있는 것이라면', '후회가 생기더라도 자신이 충분히 감당할 수 있는 것이라면' 충분히 괜찮은 일이다.

단, 할 수 있다면 언제 어느 때든 행동으로 옮기기 전에 다시 한번 더 생각하는 것이 좋을 것이다.

인간의 모든 소비를 포함한 경제적인 면에서 본능이 늘 영향을 미치며 이용되는 것과 같이 정치에서도 항상 인간의 본능을 이용하고 있으며 이것은 매우 효과적이고 실로 강력한 힘을 발휘한다.

집단의 통제를 쉽게 하기 위해 적을 만들거나, 이익을 위해 분란을 조성하거나, 유리한 방향으로 여론을 형성하고 조작하는 것은 아주 오래전부터 쓰여왔던 흔한 방법들이지만 예나 지금이나 인간의 본능은 변한 것이 없기에 언제나 통하기 쉬웠고, 여전히 유효한 방법들이다.
 이런 정치적 행동은 정치인이라 분류된 소수의 이들만 하는 것이 아니라, 일상생활 속에서도 흔히 볼 수 있는, 누구라도 할 수 있는 행동이기도 하다.

 경제와 정치뿐만이 아니라 인간이 연관되어 있는 모든 분야들에 인간의 본능은 예외 없이 개입되어 있기에 인간의 본능을 이용하는 것은 실로 막대한 이득을 가져오기 마련이다. 이는 과거와 현재는 물론 앞으로 얼마의 시간이 지날지라도 결코 달라지지 않을 것이다.
 인간을 움직이고 이용하여 이득을 취하려는 이들은 기본적으로 인간의 이성보다 본능적인 면을 이용해야 한다는 것을 잘 알고 있다. 그것이 훨씬 더 쉽고 강력한 효과를 발휘하기 때문이다.
 인간의 당연한 본능을 이용하여 이득을 취하려 하는 것 또한 자연스럽게 나타나는 것이고, 어떤 악의가 있는 것이 아니라면 그 자체가 나쁘다고도 볼 수 없다. 하지만 그로 인해 불합리한 피해와 손해를 입고 뒤늦게 후회하는 일이 없도록 늘 조심하고 경계할 필요가 있다.
 그러기 위해선 '본능에서 오는 감정'과 '이성을 통한 그 감정의 조절'에 대해 이해하고, 본능에서 생기는 모든 것들을 적절히 다스리고 이용하려는 노력이 필요하다.
 인간의 성장과 성숙은 바로 그런 것이다.

이 책이 당신이 조금 더 성숙해지고 성장하는 데 도움이 되었으면 좋겠다. 그리고 당신과 당신의 미래를 조금 더 행복하게 만드는 데도 도움이 되면 좋겠다.

목차

서문 _ 3

1부. 인간의 이해
모든 생물의 근원적 본능 '생존과 번식' _ 14
자기 번식과 종의 번식 _ 16
정신적 번식 _ 19
인간과 극소수의 종에만 존재하는 '폐경' _ 20
인간이 '자살'을 할 수 있는 이유 _ 28
본능 그리고 이성과 공감 _ 35
공감의 크기와 이성의 조절 _ 38
공감과 사회의 관계 _ 43
이성의 양면성과 불만의 해소 _ 46
태어난 인간은 선한 것도 아니고, 악한 것도 아니다. _ 48
인간의 행동에는 반드시 이유가 있다. _ 52
 - 듣고 싶은 것만 듣고, 보고 싶은 것만 보고 싶어 하는 사람들 _ 55
 - 내가 하는 것은 괜찮지만, 남이 하는 것은 불편한 사람들 _ 59
 - 자신에게 지나치게 관대하고 타인에게 지나치게 엄격한 사람들 _ 61
 - 잘못을 인정하기 싫어하는 인간 _ 63
 - 나는 바뀌기 싫어하면서 남을 바꾸고자 하는 사람들 _ 66
 - 남을 가르치길 좋아하는 사람들 _ 68

- 자신에 대한 평가에 휘둘리는 사람들 _ 72
- 상대를 쉽게 정의하려는 인간 _ 74
감정은 사라지기 마련이다. _ 78
문명의 발달로 커져가는 정신적 고통 _ 82
- 그럼에도 문명의 발달은 계속되어야 한다. _ 88

2부. 어떻게 생각하고, 어떻게 살아갈 것인가
생각하는 힘 _ 93
한 번이라도 더 생각하라. _ 95
과정은 결과에 영향을 주고, 결과는 과거에 영향을 준다. _ 98
가면을 쓴 모습도 당신이다. _ 100
인생의 의미와 목적 _ 104
더 행복해지고 싶다면 _ 107
행복의 기준 _ 110
필요 없는 것을 버린다는 것 _ 113
불필요한 신경 쓰기를 줄이는 방법 _ 117
부정적으로 생각하는 감정들도 도움이 되곤 한다. _ 120
- 나쁜 기억이 오래가는 것은 당신을 위해서이다. _ 122
- 걱정이 많아도 괜찮다. _ 124
- 걱정이 가져오는 행복들 _ 128
- 걱정을 해소하는 연습 _ 130

- 걱정에 대한 조언을 할 때는 _ 136
- 질투의 해소 _ 140
- 공포와 두려움 _ 147
- 화를 다스리는 연습 _ 150
- 우월감과 열등감 _ 152
- 자기합리화에 대한 문제 _ 154

인간의 호기심 _ 156
멸망을 대비하는 사람들 '프레퍼(Prepper)' _ 158
보상을 바라는 마음 _ 161
마음을 다스리고 조절하는 것의 어려움 _ 165
지나친 것도 부족한 것도 좋지 않다. _ 167
재능과 행복 _ 169
행운과 불운 _ 174
이념과 사상 _ 175
집단을 이루고 소속되고 싶어 하는 심리 _ 178
인간의 성장 그리고 마음의 고통과 회복 _ 182
 - 학교에서의 공부의 의미, 공부가 필요한 이유 _ 185
 - 목표, 목적의 필요성 _ 190
 - 목적은 확실할수록 좋다. _ 194
 - 만족할 줄 알되, 만족하지 않을 줄도 알아야 한다. _ 198
 - 경쟁의 조절 _ 199
 - 지나친 경쟁 사회를 바꾸려면 _ 204

- 실패가 주는 것 _ 208
- 선택이 계속되는 삶 _ 210
- 아무것도 하기 싫을 때는 _ 212
- 마음이 지쳤을 때 _ 216
- 이별을 겪고 마음을 어떻게 정리해야 할지 모르겠을 때 _ 219
- 나 자신이 미워질 때는 _ 222

사람을 볼 때는 _ 226

조언을 들을 때는 _ 229

전문가들의 말을 맹신하지 말고, 이용하라. _ 231

성공에 대한 말을 들을 때는 _ 234

성공한 인생과 실패한 인생 _ 238

말을 할 때는 _ 240

인간관계를 좋게 하는 쉽고 효과적인 방법 _ 243

가끔은 예측 불가능한 행동을 하라. _ 246

술에 취했을 때를 조심하라. _ 248

피해야 하는 사람 _ 250

3부. 본능으로 인해 생기는 문제들
학교폭력, 집단 괴롭힘 _ 256

편가르기와 집단 험담 _ 261

공동체, 집단을 둘러싼 갈등 _ 268

갑질하는 사람들 _ 272
가스라이팅과 그루밍 범죄 _ 275
온라인에서의 악성 댓글과 악성 메시지 _ 280
외모지상주의 _ 287
듣기 싫은 아기의 울음소리 _ 289

마지막. 죽음에 대하여 _ 293

추록. 생각해 볼 만한 이야기들

마음의 비율 _ 297
인간이란 무엇인가? _ 298
우주와 인간 _ 299

1부. 인간의 이해

모든 생물의 근원적 본능 '생존과 번식'

 유전자 단위가 아닌 (인간을 포함한) 개체 단위의 생물에 있어 가장 근원적인 본능은 바로 '생존'과 '번식'이다.
 생물은 모두 이 생존과 번식의 본능에 영향받아 살아가며, 복잡해 보이는 인간의 모든 심리와 감정, 행동도 기본적으로 모두 다 이 두 가지 본능에 뿌리를 두고 있다.
 단, 인간은 지구상의 다른 생물들과 차별화된 고도의 사고 능력이 있으며, 다양한 생활양식과 문화를 가진 데다가, '본능의 영향력', '이성적 능력과 공감의 능력', '가치관과 성격' 등의 개성들이 모두 제각각인 다양성을 가졌고, 이런 개성과 상황의 차이에 따라서 생존과 번식의 전략을 다르게 세우고 행동하기 때문에 그것들이 여러 가지 형태로 나타나고 연구되는 것뿐이다
 더욱이 인간에게 특히 발달한 이성과 공감 능력은 때로는 본능을 벗어난 듯한 생각과 행동을 보이게도 하기 때문에 인간을 더욱 복잡한 존재로 생각되게 한다.
 생존과 번식의 본능을 생각해서는 도저히 이해할 수 없는 행동을 타인이 행할 때도 있고, 나 자신이 행할 때도 있다. 그것은 '그렇게 보이지 않을 뿐 사실은 그 또한 본능이 연관된 행위'일 수도 있지만, 본능과 이성의 잘못된 결합이거나 일종의 오류나 착각과도 같은 것일 수도 있다.
 인간은 본능의 영향만으로 살아가는 생물이 아니기 때문에 본능만

생각해서는 이해할 수 없는 존재이다. 그렇지만 역시 본능에 강한 지배를 받는 생물이기도 하기에 본능을 생각하지 않고서는 인간을 이해할 수 없기도 하다.

  어째서 지구상의 모든 생물들이 이런 본능을 갖고 있는지? 도대체 그 실체는 무엇인지? 우리는 아직 확실한 이유를 밝혀내지 못했다.
  '원시 지구에서 화학적 반응에 의해 단순한 유기물들이 생명이라 볼 수 있는 존재로 바뀌고 진화하게 된 것'이라는 등의 생명의 기원에 대한 과학적 연구는 충분히 가치 있고 흥미로운 얘기이지만 그 자체로는 물리적인 현상만을 설명할 수 있다는 한계 또한 갖고 있다.
  도대체 인간을 포함하여 모든 생물을 지배하는 이 생존과 번식의 본능이 어떻게 생기게 된 것이고, 도대체 어떤 것인지 그 실체를 알아내는 것이야말로 진정한 생명의 기원과 진화의 근원을 명확히 설명하고 인류를 한 단계 더 진화시킬 수 있는 일이 되지 않을까 한다.
  유전자의 생존을 위한 명령일까? 그렇다고 해도 '유전자는 도대체 왜 생존하려고 하는가? 그 생존의 의지는 어디서 생겨난 것인가?'로 질문이 바뀔 뿐, 같은 얘기이다.

자기 번식과 종의 번식

 생물이 갖고 있는 근본적인 번식의 본능은 종(種)의 번식이 아니라 어디까지나 자기 유전자의 번식이고 나아가서는 자기를 중심으로 한 자기 집단의 번식이다.
 자기의 종 전체의 번식을 위하는 것처럼 보이기도 한다면, 그것은 종의 개체 수가 늘어나는 것이 결국 자신의 생존과 번식에 도움이 되고, 자손의 생존과 번식에도 유리한 환경이 조성된다고 본능적으로 여기는 것 때문일 것이다. (그리고 뒤에서 다룰 얘기지만, 또 하나의 이유는 공감과도 같은 감정의 영향 때문이기도 하다.) 특히 혼자서는 살기 어렵고 집단이 커질수록 생존과 번식의 확률이 높아지는 인간은 그 영향이 크게 작용하는 생물들 중 하나이다.

 자신과 연관되어 있지 않은 경우엔 공감과 같은 다른 본능적 감정이 개입하지 않는 한, 같은 종의 번식은 다른 종의 번식과 같이 무감각하게 느껴지게 되고, 자신의 생존과 번식에 조금이라도 유해하다고 느낀다면 동종이라도 적대하게 된다.
 다른 종의 번식과 번영도 자신에게 도움이 된다면 그를 보호하고 도우려 하지만 자신의 생존과 번식에 방해가 된다면 같은 종이든 다른 종이든 제거하려 드는 것이 어디까지나 기본적인 생물의 본능이며 습성이다.

사자의 무리(pride)는 오직 한 마리의 수컷이 지배하며, 다른 수컷과 공존하지 않는다. 무리를 차지한 수사자가 먼저 하는 일은 자신의 번식을 위해서 무리에 있는 기존의 새끼 사자들을 모조리 죽이거나 쫓아내는 일이다. [둘 이상의 수사자가 있는 무리(coalition)도 이런 동종 살해의 행동을 하는 것은 다르지 않다.]

개미와 꿀벌 등 집단생활을 하는 사회성 곤충들이 자기 집단을 위해 희생하거나, 번식을 포기하기도 하는 특이한 모습을 보이기는 하지만, 이는 집단이 마치 거대한 하나의 생명체와 같은 특징을 같기 때문이다. 즉, 이 경우엔 위에서 말한 '자신'에 해당되는 것이 바로 '자기 집단'이 되고, 그 개체 하나하나는 생명체를 이루는 기관이나 세포와 같은 존재인 것이다. 예를 들어 백혈구가 자신의 생명을 희생해서라도 개체의 생명을 지키는 것을 생각하면 될 것이다.

이 사회성 곤충들 또한 자기 집단(자신)의 생존과 번식을 위해 필요하다면 같은 종을 살해하는 것을 조금도 주저하지 않는다. 기본적으로 자신의 종족 전체가 번성하는 것은 이들에게 전혀 중요한 문제가 아니고, 그런 것을 신경 쓰지도 않는다. 오로지 자기 집단(자신)의 생존과 번식만이 중요한 문제인 것이다.

이처럼 종의 번식이 기본적인 번식의 본능이라고 보기는 힘든 것이다. 이는 당연히 인간 또한 예외가 아니다. 욕심이나 질투로 인한 개인의 살인부터 집단으로 행하는 전쟁과 학살까지 과거부터 자신의 이익을 위해 같은 인간을 적대하고 살해하는 행위는 수도 없이 존재해 왔다.

그러나 다시 한번 말해 인간은 자신의 생존과 번식을 위한 본능만으로 살아가는 존재가 아니다. 뛰어난 이성과 공감의 능력으로 당장 자신과 상관없는 것처럼 생각되는 종까지 돌보려 하는 것이 인간이고, 인류 전체를 자기 집단처럼 생각하는 능력을 갖춘 것도 인간이다.

 멀리 보면 이는 인간 사회를 번영시킨 현명한 행위이고, 가장 효과적인 전략이기도 하다.

 없어도 상관없는 종이라 생각했던 것이 알고 보면 중요한 역할을 수행하던 종일 수도 있으며, 전쟁과 학살, 살인이 계속되고 확대되는 것은 자신은 물론 그 후손들의 존속(存續)조차 위협하는 일이다.

 "모두를 위하는 것이 나 자신을 위하고 이롭게 하는 것이 아닌가?"

 나 자신을 위해서도 보다 넓게 그리고 멀리 생각해야 할 필요가 있다.

정신적 번식

 자기 유전자의 번식이 기본적, 원초적인 생물의 번식의 본능이라 할 것이지만, 자신의 유전자를 거의 갖지 않은 존재, 전혀 갖지 않은 존재에게도 '돌봄'과 '가족으로서의 애정'과 같은 번식의 본능이 작용할 때가 있다. (이것을 '정신적 번식'이라고 가칭해두자.)
 정신적 번식의 대상은 특정 개인이 될 수도 있으나 어떠한 집단이 그 대상이 될 수도 있다.
 충분한 애정을 쏟은 양자(養子)에게는 자신의 유전자를 조금도 갖지 않았다 하더라도 친자에게 느끼는 것과 거의 동일한 친밀함과 애정의 감정을 느낄 수 있고, 자손이 그 안에 존재하는지에 상관없이 소속된 집단에 그러한 감정을 품을 수도 있다. 이런 경우 자기 유전자의 번식과 직접적인 상관이 없어도 그 양자를 위해서 또는 집단을 위해서 자신을 희생하기도 한다. (여기서의 집단은 사람에 따라 자신이 속한 '가족'이나 '부족'과 같은 작은 단위부터 '국가'나 '인간이라는 종'과 같은 더 큰 단위까지 넓은 범위를 가진다.)
 상상하는 능력과 공감 능력이 발달한 개체일수록 이는 더 강력하게 작용할 것인데, 인간 외의 생물들도 이런 특징을 보이는 종이 있을 것이나 역시 이성과 공감의 능력이 크게 발달한 인간에게 보다 더 두드러지게 나타나기 쉬운 특성일 것이다.
 심지어 인간은 드물지 않게, 인간이 아닌 생물이나 생물이 아닌 존재까지 이 정신적 번식의 대상으로 삼기도 한다.

인간과 극소수의 종에만 존재하는 '폐경'

 대부분의 지구상의 생물들은 수명이 다하기까지 평생 임신이 가능한데, 인간을 포함한 극히 소수의 종들은 충분한 수명이 남았음에도 임신 능력을 조기에 완전히 차단하는 '폐경'을 하게 된다.
 이는 인간에게 있어서는 이른바 여성에게만 나타나는 '3차 성징'이라고 표현하고 싶을 정도의 두드러지고 급격한 변화이다.
 현재는 인간과 몇 종의 고래 정도만이 확실히 폐경을 하는 것으로 알려져 있다. (고릴라와 같은 인간 외 일부 영장류도 폐경 유무에 대한 논란이 있기는 하다.) 이와 관련되어 잘 알려진 학설들은 "중년 이후엔 출산보다 손자를 돌보는 것이 유전자의 번식에 유리하기 때문에 폐경을 하는 것이다."라는 이른바 할머니 가설과 같은 몇몇 가설들이다.
 그러나 널리 알려진 할머니 가설은 '코끼리 등과 같은 다른 사회적 동물들이 왜 모두 폐경을 하지 않는지?' 등의 경우를 설명하기 어려우며, 모든 여성들에게 손자가 존재하는 것도 아니고, 왜 다산을 한 이가 많은 손자를 돌보기 위해 더 빠른 폐경을 하는 것으로 진화하지 않았는지, 자식이 없는 이가 자식을 갖기 위해 폐경을 늦추는 것으로 진화하지 않았는지 등의 생각에서도 의문이 들게 한다.

 그렇다면 폐경이라는 것이 존재하는 이유는 도대체 무엇일까?
 위 할머니 가설과 그 외의 가설들을 포함하여 아직 분명하게 입증된 가설은 없지만, 조금은 다른 생각들을 해본다.

생물의 가장 근원적인 본능인 생존과 번식은 생물이 존재할 수 있게 하는 이유이다. 생존과 번식의 본능이 약하거나 약해진 생물일수록 쉽고 빠르게 멸종할 것이며, 더 이상 자손을 남기지 않는 생물은 식물과 동물을 가리지 않고 그 세대로 멸망할 뿐이다.

번식의 본능은 '사랑이나 질투 등의 감정이나 심리', '선호하는 이성의 외모나 특징, 아기의 특징과 닮은 것을 귀엽게 생각하는 것 등의 성향'에도 관여하는 것으로 번식 전후의 모든 '번식과 연관된 심리, 행동, 감정'에 영향을 주게 되는데, 자식을 낳을 때도 태어난 자식의 생존 확률을 높이기 위해서 이후의 환경까지도 고려하는 것으로 작용하게 된다.

알을 낳는 동물들과 곤충들은 '죽음을 눈앞에 둔 상황' 등 특수한 상황이 아니라면, 알이 부화한 이후의 생존 환경을 고려하여 산란의 장소와 시기를 선택하고 준비하는 것이 보통이다. 또, 많은 포유류들은 '생존에 가장 유리한 환경'에서 확실한 신체적 변화를 동반하는 발정기를 가지는 것으로 진화하였고, 일 년 중 그 시기에만 번식 행위를 한다.

인간 역시 자식의 생존을 위한 환경을 본능적으로 생각하게 되는데 놀랍게도 이는 정신적인 것만이 아니라 직접적으로 신체에까지 영향을 주기도 한다. 다른 생물들과 같이 두드러지게 눈에 띄는 영향은 아닐지언정 확실히 영향을 미치고 있으며, 폐경 역시 이러한 이유에서 진화한 것이라는 것을 우선 생각할 수 있겠다.

예를 들어 모유의 생산과 연관 지어 생각해 보자. 포유류들이 모두 그렇듯 인간도 원래는 갓 태어난 자식이 살기 위해 먹을 수 있는 것은 모친의 모유뿐이었다.

노화에 따른 신체의 기능 저하 등의 이유로 자식을 키우기 위한 충분한 모유를 생산하는데 문제가 생긴다면, 다른 먹을 것이 없는 원시 시대에서는 자식의 생존 확률이 극히 떨어지는 것이 당연한 얘기이다. (인간이 일찍부터 집단생활을 했기에 다른 여성의 모유를 나누면 되지 않겠느냐고 생각할 수도 있겠다. 그러나 다른 여성의 모유를 나누려 해도 그 여성의 모유량이 그만큼 충분하다는 보장도 없고, 현대와 같이 검사 과정을 거치지 않은 타인의 모유는 질병을 옮길 우려 또한 있다. 심지어 모유 수유가 가능한 여성 자체가 그 기간에 집단 내에 존재하지 않을 수도 있다.)

결국 신체의 노화가 많이 진행되어 모유의 충분한 생산이 힘들어지고, 체력이 약해져 양육이 힘들어지게 된다면, 즉 출산할 자식이 생존할 수 있는 확률이 아주 낮은 상황이라면 임신과 출산의 신체적 부담과 위험을 무릅쓰려 하지 않을 것이다.

그 출산과 양육에 불리한 환경이 앞으로도 계속 개선될 기미가 없다고 판단한다면, 유지하는 것이 불필요하며 오히려 자신의 생존을 위험하게 할 수 있다고 생각되는 '임신이라는 기능'을 아예 버리는 전략을 택할 수 있을 것이다.

다시 말해 노화가 많이 진행되거나 하여 출산과 양육이 매우 힘든 상황에서 임신과 출산을 하게 되는 것은 그 여성의 생존을 위협할뿐더러, 만약 그 위험과 부담을 감수하고 출산을 한다고 해도 모친의 모유가 충분치 않거나 모유 이후의 먹이를 구하기 힘들거나 하여 그 자식이 생존하는 것에 대한 기대가 극히 낮은 상황이라면? 당연히 폐경을 하지 않는 것보다 폐경을 하는 것이 더 이득이 될 것이다.

즉, 할머니 가설과 같이 '손자를 돌보는 것이 유전자의 번식에 유리하기 때문에 폐경을 하는 것'이 아니라(다른 고려할 만한 요인들과 같이 폐경의 시기에는 영향을 미칠 수도 있었을 것이다.) '폐경을 하였기 때문에 어린 손자를 더 많이 돌볼 수 있게 되었던 것'이라고 생각한다. 그는 진화에 의한 부산물과 같은 것으로 그 가족 집단의 생존과 번식 확률을 높이는 데도 다시 도움이 되었을 것이다.
종의 특징에 따라, 나이가 들어도 그 신체 자체가 자식의 양육에 크게 불리한 상태로 되지 않는다면 폐경을 하지 않을 것이다. 물론 확연히 불리하게 되어도 폐경을 지시하는 명령 체계가 만들어지지 않은 종들 역시 당연히 폐경을 하지 않을 것이다.

폐경을 하는 이유로 또 하나 생각할 수 있는 것은 생존의 본능이 너무 강하다는 것이다.
생존과 번식 중 꼭 하나만 선택할 수 있다면, 인간은 번식을 포기하는 이가 훨씬 더 많을 것이다.
번식의 기회가 일생 동안 한 번으로 한정되지 않으며, 살아남으면 다시 번식의 기회가 있다는 것을 이해할 수 있을 만큼, 지능이 발달한 생물들의 경우 당장의 번식보다 생존을 선택하는 경향을 보이게 된다. 원하는 짝을 차지하기 위해 다툼이 일어나도 보통은 한쪽이 죽을 때까지는 싸우지 않고 포기하는 것이다. (물론, 예외도 있고 인간 또한 가끔 이런 예외를 보일 때도 있다.) 하물며 인간은 지구상에서 가장 높은 지능을 가진 생물이다. 때문에 인간에게 있어서는 생존과 번식의 본능이 충돌할 때 보통은 생존의 본능이 번식의 본능보다 우위를 차지하게 될 것이다.

 (그렇게 상대적으로 약해질 수는 있어도, 인간의 번식의 본능이 결코 약한 것은 아니다. 생물의 진화는 생존을 위해서도 진화하지만, 생존을 불리하게 하는 형태로 번식을 위해서도 진화하는데, 인간의 진화 역시 생존과 번식 어느 한쪽에 치우쳐 일어나기보다는 기본적으로 강력한 생존과 번식의 두 본능이 어느 정도 균형을 맞추어 일어난다고 봐야 할 것이다.)

 임신과 출산의 신체적 부담과 위험은 지금도 크지만, 지금처럼 의학이 발달하지 못한 과거엔 훨씬 더 위험한 일이었다. 출산 중에 산모가 사망하는 일은 지금도 종종 일어나는 일이지만 현대의학의 도움을 받기 전과는 비교할 수준이 아니다.

 심지어 신체 기능이 크게 저하된 노년층이 되어도 폐경을 하지 않고 출산을 하게 되었다면, 정말 높을 확률로 산모는 생명을 잃게 되었을 것이다.

 폐경은 자신의 생명을 스스로 보호하는 데도 큰 도움이 되는 것이다. (이는 '어머니 가설'과 유사한 관점이기도 하다.)

폐경을 하는 종이라고 해도 폐경의 시기는 같은 종 내에서도 개체의 차이가 존재한다. 인간 역시 폐경의 시기는 개인차가 있다. 평균을 훨씬 넘긴 60세 이상의 나이에도 폐경을 하지 않는 경우도 있고, 평균보다 훨씬 어린 나이에 폐경을 하기도 한다.

선천적으로 타고난 유전적 요인이나 어떤 질병에 의한 것이 아니더라도 내·외부적인 환경적 요인에 의해서 폐경의 시기가 평균보다 훨씬 짧아지기도 한다.

이것은 본인의 신체적인 건강 문제로 출산이 힘들거나 출산 이후 자식의 생존이 불안정할 때만이 아니라, 주변 환경에 영향을 받은 정신적인 문제에 의해서도 나타난다.

심한 스트레스를 지속적으로 받거나 강한 정신적 충격을 받으면 그는 신체에도 영향을 주어 젊은 나이에도 난임(難姙)의 증상이 나타날 수 있다. '다시 출산과 양육이 가능하다.'고 몸과 마음이 판단하게 된다면 회복되게 되는 일시적 증상이라 해도, 난임의 원인이 되는 상태가 오랫동안 계속 유지된다면 장기적으로 출산이 불가능한 상황으로 인식하여 폐경을 훨씬 빠른 것으로 앞당길 수도 있을 것이다.

임신과 출산의 부담과 위험을 직접 지지 않는 남자(수컷)의 경우라도 극심한 스트레스나 신체적 피로를 느낄 때는 성욕 또한 크게 감소하고 임신의 확률을 떨어뜨리게 되는 것은 마찬가지이다.

이처럼 신체적, 정신적 건강 문제는 폐경뿐 아니라 난임에도 영향을 주는데 의학적으로 충분히 임신이 가능한 상태인데도 난임으로 스트레스를 받는 부부가 있다면, 그 스트레스가 임신을 더욱 어렵게 할 수도 있는 것이다.

 충분한 영양을 섭취하고, 그에 대한 스트레스를 받지 않도록 심신을 모두 건강하고 편안하게 만들고 유지하는 것이 무엇보다 직접적으로 원인을 알 수 없는 난임 문제의 해결에 큰 도움이 될 것이다.

 정리하자면, 폐경이 존재하는 이유는 이런저런 가설과 짐작만이 있을 뿐 아직은 확실히 알 수 없는 문제지만, 인간의 폐경은 그 자신과 자손들의 생존과 번식이 더 유리할 수 있도록 만들어진 자연스러운 작용이고, 현명한 전략일 확률이 높을 것이다.

 (먼 미래에 자연적인 진화를 통해 변화하거나 인간이 스스로 변화시키거나 하여 어떻게 변할지는 모르겠으나) 폐경은 적어도 21세기를 살아가는 모든 여성들이 충분히 오래 살게 되면 반드시 만나게 되는 과정이다.

 개인적인 차이는 있지만 폐경의 시기엔 급격한 호르몬의 분비 변화까지 더해져 몸과 마음에 상당한 충격을 주는 경우가 많다. 또한, 번식의 본능을 더 이상 충족할 수 없게 되었다는 본능적인 상실감과 같은 정신적 괴로움도 보통은 많든 적든 함께 있게 되기 마련이다.

 그러나 관점을 바꿔 생각하면 인간이 폐경을 하는 것은, 자손의 유무에 상관없이, 인간을 움직이고 휘두르는 가장 큰 본능 중 하나인 번식의 본능에서 한 단계 해방되는 것이기도 하며, 그만큼 내 주위의 사람들과 나 자신을 돌볼 수 있는 제2의 인생이 시작된 것과도 같다고 생각할 수 있을 것이다. "어떻게 생각하느냐에 따라 달라질 수 있다."라는 당연한 말이 가장 필요한 시기 중 하나일 것이다.

인간이 '자살'을 할 수 있는 이유

"생존과 번식의 본능이 영향을 주지 않는 인간의 사고와 행동도 있지 않는가?" 하는 질문에 흔히 거론되는 것 중 하나로 '자살'이 있다. (그렇지만 자살 또한 생존과 번식의 본능과 무관하지는 않다. 자살에 이르게 하는 고통과 절망의 감정이나 생각을 포함하여, 인위적으로 생긴 것이 아닌, 모든 감정은 생존과 번식의 본능에 뿌리를 두고 있기 때문이다.)

 자살의 원인과 방법은 다양하고 복잡하지만, 인간이 본능을 거스르는 듯한 자살을 할 수 있는 이유는 바로 발달된 이성을 가졌기 때문이다. 즉, 생각하는 힘과 상상할 수 있는 능력을 지녔기 때문인 것이다.

 육체적 고통이든 정신적 고통이든 견디기 힘든 고통과 스트레스가 계속되고, 그런 고통과 스트레스를 이겨내기 힘들거나, 벗어날 희망이 없다고 생각할 때 인간은 자살을 떠올리고 자살의 충동을 강하게 느끼게 된다.

 다시 말해 현재 받고 있는 고통이 앞으로도 계속될 것이라는 것을 생각하고 이해할 수 있으며, 고통을 벗어나기 위한 방법으로 '자살'이란 것을 떠올리고 실행할 수 있는 능력이 있기에 인간은 자살을 할 수 있는 것이다.

 앞으로 정신을 차리지 못할 만큼 끔찍한 고통이 일주일 동안 계속되고, 그 일주일 뒤엔 반드시 죽는다는 선고를 받은 환자가 있다면 아마도 그는 자신을 당장 죽여 달라고 할 것이다. 전쟁터에서 회생(回生)이 불가능한 부상을 입고 죽음을 앞둔 병사가 고통을 덜어달라며 자신을 죽여주기를 원하는 경우도 같다.

 그런 부탁을 들어줄 이가 없는 경우 높은 확률로 스스로 목숨을 끊는 방법을 찾으려 할 것이다. (돌고래와 같이 일부 높은 지능을 가진 동물들은 자살로 보이는 행동을 하기도 하고, '인간이 아닌 다른 생물들도 자살을 하는지'의 여부에 대해선 논란이 있지만, 충분한 이성을 갖추지 못한 생물들은 위와 비슷한 상황으로 고통이 계속되고 그 뒤에 확실한 죽음을 맞는다고 해도 그것을 이해하지 못하고, 자살을 통해 고통을 덜고자 하는 생각을 하지 못하기 때문에 끝까지 고통을 받다 죽을 뿐, 자살을 선택하지는 못한다.)

 그러나 고통이 일주일 동안 계속되지만, 그 뒤에 고통이 사라지고 완치되거나 완치될 수 있다고 한다면? 보통은 그 고통을 이겨내고 견디려 할 것이지 쉽게 자살을 택하진 않을 것이다.

 육체적 고통이 아닌 정신적인 고통이라 해도 같다.

정신적 고통이 오랜 시간 계속될 때, 살아갈 이유가 없다고 생각하거나 그 현실에서 벗어날 희망이 보이지 않는다고 판단한다면 인간은 고통만 계속되는 삶이라 생각하여 자살의 충동을 느끼게 된다.

 물론 앞서 말했듯이 자살의 원인은 다양하여 위와 같은 신체적, 정신적 고통 때문이 아닌 다른 이유에서 자살을 하기도 한다. 하지만 그 또한 과정과 결과를 생각하고 상상할 수 있는 높은 이성적 능력이 있기 때문에 가능한 것이다.

 이러한 자살의 이유를 생각할 때 스스로를 자살에 이르게 하지 않을 방법, 자살을 줄일 수 있는 방법들은 다음과 같을 것이다.
 우선 무언가 기쁨과 행복을 느끼게 하는 좋아하는 일이나 좋아하는 존재, 살아갈 이유나 의미를 갖는 것이 좋다. 주위에서 돕고자 한다면 그런 것들을 갖게끔, 그 크기를 키울 수 있게끔 도움을 주어야 할 것이다.
 앞의 예에서 일주일 뒤에 고통이 사라지고 회복이 된다는 것을 알고 있으면, '보통'은 자살을 하지 않고 그 고통을 참고 견딜 것이라고 했는데, 여기서 '모두'가 아니라 '보통'이라는 막연한 표현을 쓴 것은 실제로 모두가 그런 것이 아니라 일부 또는 상당수의 사람들은 시간이 지나면 고통이 사라지고 완치된다는 것을 알아도 자살을 선택하려 할 것이기 때문이다.

 실제로 저러한 상황이 되면 인간은 이성적으로 '현재의 고통'과 '앞으로의 삶'을 비교하여 저울질을 하게 되는데, 현재의 고통을 견디는 것보다 앞으로의 삶을 포기하는 것이 더 낫다고 생각하면 자살을 떠올리게 되고 자살의 충동을 강하게 받게 된다. 심지어 앞으로의 삶이 더 중요하다고 판단해도 그럴 수 있는데, 아직 오지 않은 불투명한 미래의 삶보다 현재의 고통이 당장 훨씬 더 와닿기 때문이다.

고통이 끝나게 될 것을 안다고 해도, 그 고통의 기간이 너무 길거나 언제 벗어날 수 있을지 가늠할 수 없다면, 그 고통이 도저히 견디기 힘들 정도로 큰 것이라면 역시 회피의 수단으로 자살을 떠올리게 된다.
 이러한 상황들에서 자살을 줄이기 위해서는 '자살이라는 수단으로 지금의 고통에서 당장 벗어나는 것'보다 '앞으로의 삶을 살아가는 것'이 더 낫다는 쪽으로 저울이 가능한 많이 기울 수 있도록 해야 한다. 그러기 위해선 인생에 행복과 기쁨을 주는 좋아하는 일, 좋아하는 존재를 두고 그 크기를 키우는 것이, 살아가는 이유나 의미를 확고히 가지는 것이 정말 큰 도움이 된다.
 '좋아하는 무언가를 하기 위해서', '좋아하는 누군가를 위해서', '몹시 기대되는 일을 보거나 만나기 위해서' 등 여러 이유로 살고자 하는 의지가 강한 이는 고통을 견디고 이겨내는 힘이 강할 수밖에 없는 것이다.

 덧붙여 말하자면, 그런 좋아하는 일이나 존재, 살아가는 이유나 의미는 하나만 갖는 것보다 가능하다면 둘 이상 여럿을 가지는 것이 좋을 것이다. 만약 그런 것을 하나만 갖고 있으면서 마음의 비중을 아주 크게 두고 있다면, 그것이 갑자기 사라졌을 때 그것만으로도 자살의 충동을 느끼게 될 수 있기 때문이다. 또, (뒤에 '인생의 의미와 목적'을 주제로 한 글에서 다룰 내용이지만) 인생의 의미와 목적은 바뀔 수 있으며, 새로 찾을 수도 있다는 것도 항상 유념하고 있는 것이 좋을 것이다.

두 번째는 육체적 고통이든 정신적 고통이든 원인이 되는 고통을 덜어 줄 수 있는 방법이 필요하다.

몸의 고통을 덜어주는 데 진통제가 이용되듯이 마음의 고통을 덜어주는데도 진통제가 필요하다. 여기서의 진통제는 실제 약물일 수도 있지만, 누군가와의 대화나 소통과 같은 눈에 보이지 않는 것들일 수도 있다.

세 번째는 상황이 나아질 수 있다는 희망이 있게 하는 것이다.
사회의 구조와 분위기가 그러한 방향으로 형성되어야 하고, 본인이 생각을 다스려 삶에 대한 의지와 희망을 가지려 노력하는 것도 필요하다.

사람은 극한의 상황에서도 어떤 희망을 찾고 강한 마음을 끝까지 유지하여 그 어려운 상황을 이겨낼 수도 있지만, 반대로 충분히 극복할 수 있을 것 같은 상황에서도 절망하고 모든 것을 포기할 수도 있다.

사람은 생각만으로 얼마든지 스스로를 더 강한 정신적 고통으로 몰아넣을 수 있는 존재이다.

마지막 네 번째는 평상시 스스로가 생각과 마음을 조절하고 단련하는 것이다.

갑작스레 발생한 순간적인 고통이라 해도 그 고통이 너무도 크다면, 극심한 고통은 이성적 판단을 크게 약화시키고 당장 고통을 벗어날 방법으로 자살을 떠올리게도 한다.

앞서 말했듯이 삶에 대한 의지가 약화되지 않도록 평상시 삶에 대한 의미와 목적을 가지는 것이 이럴 때 자살의 충동을 이겨내는 데 큰 도움이 될 것이나, 마음을 단련하고 고통에 대한 내성을 기르는 것 또한 중요하다. 똑같은 고통이라도 사람마다 고통을 느끼는 정도가 다르기 때문이다. (어떤 이는 별일 아니라며 대수롭지 않게 여길 고통을 어떤 이는 참기 힘든 지독한 고통으로 느낄 수 있다. 이는 그가 약한 사람이어서 라기보다는 고통에 예민한 특성을 갖고 있거나, 가치관이나 성향과 같은 개인적 상황에 따라서 사람마다 특히 고통스럽게 느끼는 문제가 다르기 때문이다.)

지나친 비교나 인간관계에서 생기는 스트레스나 사회생활에서 생기는 중압감 등의 자신을 힘들게 할 수 있는 감정을 조절하고 다스릴 수 있는 능력을 향상시키는 것 또한 큰 도움이 된다. 이를 위해선 올바른 가치관과 성향을 가지려 노력할 필요도 있는데, 이는 개인의 노력뿐 아니라 사회적 환경과 분위기가 그러한 방향으로 조성되도록 할 필요도 있다.

문명이 발달한 사회일수록 자살 또한 많아지기 쉽다. 정신적 고통을 훨씬 더 느끼기 쉬운 환경이기 때문이다.

'복잡하게 얽혀 있는 사회의 구조와 빠른 변화', '힘든 상황을 잘 드러내지 않으려 하는 본능적인 성향', '쉽게 알 수 없는 인간의 마음'과 같은 것들은 주변에서 자살을 생각하는 이들에게 도움을 주기도 힘들게 한다.

자신이 힘들고 어렵다는 것을 주위에 알리기 싫어하는 것은 그것으로 인해 생존과 번식에 불리한 위치가 될 수 있다는 본능 때문이다. 그러나 그 본능이 오히려 생존을 더 어렵게 만들 때가 있다.

 본능에서 오는 감정을 적절히 조절하고 생각하여 다스리는 것은 몇 번을 강조해도 부족할 것이다.
 그러나 이미 깊은 절망과 고통 속에 빠져 있거나, 끝이 없을 것 같은 우울함이 계속되고 있을 때는 이러한 말들도 잘 와닿지 않을 것이다. 또, 그런 감정들과 막상 만나게 되면 만나기 전에 생각했던 것보다 훨씬 더 생각과 마음을 다스리기 어려울 것이다. 그러니 처음부터 그러한 감정들이 생기고 커지는 일을 피하려 조심하기도 해야 한다.
 너하여 사살의 충동을 느낄 때, 너 이상 그 충동이 익누드기 힘들 징도로 커지기 전에 어떻게든 신뢰할 수 있는 사람을 찾아 도움을 요청하거나 심정을 토로할 수 있다면 많은 경우 큰 도움이 될 것이다. 그런 사람이 이미 당신 주변에 있다면 참으로 좋은 일이고, 그렇지 않더라도 찾고자 하면 어떻게든 찾을 수 있을 것이다.

본능 그리고 이성과 공감

 인간도 생물이기에 당연히 본능의 영향을 받아 살아갈 수밖에 없지만, 높은 이성과 공감의 능력을 가진 고등한 생물이 본능만으로 살아가는 것은 결코 아니다.
 이성 또한 본능의 영향에서 자유롭지 않고, 공감이라는 것 역시 그 근원을 본능에 두고 있다고 하더라도 본능과는 분리하여 살펴볼 부분이 있으며, 이러한 능력들이 유독 뛰어난 인간이라는 존재는 너무나도 복잡한 존재이기만 하다.

 본능의 크기는 선천적으로도 개체의 차이가 크지만, 살면서 개성의 변화 가능성이 큰 인간의 특성상 후천적으로도 본능의 크기가 다르게 된다. 그렇게 각자가 본능에 영향을 받는 정도도 다르다. 생존과 번식의 본능적 충동을 평상시 거의 느끼지 못하는 경우도 있으며, 평상시에도 수시로 강하게 충동을 받는 경우도 있다.
 본능의 크기는 환경이나 상황에 따라 유동적으로 변하기도 하는데, 생명의 위협을 느낄 때 생존 본능이 커지거나, 심신이 힘들고 지쳤을 때 반대로 생존의 본능이 약해지거나 하는 것들이 그런 예이다.
 생존의 본능이 개체에 따라서 또는 상황에 따라서 정도의 차이가 있듯이 번식의 본능 또한 그렇다. 성욕이나 자식에 대한 본능적인 애정의 크기가 사람마다 차이가 있듯이 번식 본능의 크기는 사람마다 차이가 있고, 환경과 상황에 따라 달라진다.

이처럼 본능의 크기와 영향력은 차이가 있지만, 본능의 크기가 크든 작든 상관없이 우리에게 항상 영향을 미치고 있는 것은 부정할 수 없는 사실이다. 그렇지만 본능이 인간을 완전히 지배하고 모든 생각과 마음을 움직이는 것은 아니다.

보통, 사람들의 행동은 본능과 이성이 얽혀 나타나며, 본능보다는 이성과 공감에 의한 영향이 훨씬 큰 경우 또한 많이 나타난다.

이것은 가족관계에서도 그런데, 예를 들어 혈연관계에 있다고 하더라도 '태어나면서부터 분리되고 서로의 관계를 모르고 살았을 때'는 교감을 나눌 시간이 없었기에 오랜 시간이 지난 뒤 우연히 마주치게 된다고 하더라도 거의 타인과 같은 느낌을 받게 된다.

이후 친부모·자식, 친형제·자매 관계임을 알게 된 뒤 만남을 갖게 되더라도 그때 친밀함의 상승 정도는 사람마다 차이가 있고, 그래도 어딘가 어색함을 느끼게 되기 마련이다.

완전히 모르고 살았던 친가족을 본능적으로 한눈에 확신하여 알아보는 영화 같은 일은 실제로는 정말로 있기 힘들고, 있다 하더라도 극히 드문 경우이다. 만약에 본능에 의해 느낌을 받는다고 하더라도 설마 하는 정도의 의아한 감정을 느낄 뿐이다.

혈연관계가 전혀 없는 관계라도 첫인상에서 친밀감과 호감을 주는 사람을 만나는 경우도 많고, 가끔은 오랫동안 같이 살았던 친자식이라도 그 진위를 의심하는 일도 있는 것이다.

가족관계는 본능적인 느낌보다는 그 이후의 교감에 따라 형성되는 애정과 친밀감에 의해 훨씬 더 큰 영향을 받는다.
 충분히 형성되지 않은 애정과 친밀감의 정도는 같은 유전자 절반 이상을 나눠 가진 가족이라고 하더라도 먼 거리감을 느끼게 하며, 심한 경우에는 친부모·자식, 친형제·자매를 증오하게도 된다.
 반대로 유전자적으로 거리가 먼 타인이라고 하더라도 충분한 교감과 애정이 쌓였다면 마치 사이좋은 가족과 같은 친밀감을 갖게도 된다.

 이성과 공감의 존재는 본능만 있어서는 멸종할 가능성이 높았던 지금의 인간을 있게 했고 존재하게 하는 힘이다.
 그렇다고 해도 거듭 말하여 본능이 우리에게 미치는 힘은 우리의 생각보다도 훨씬 더 크고, 강하며 지속적인 영향을 주고 있는 것도 의심할 수 없는 사실이다. 그렇기 때문에 인간이 다른 존재를 위해서 그런 본능을 극복하거나 뛰어넘는 행동을 보이는 것에 우리는 경탄하고 감동하게 되는 것이다.

공감의 크기와 이성의 조절

 이성은 종의 발전을 가져오지만, 공감은 인간이라는 종이 존속될 수 있게 한다.
 공감의 능력이 부족한 이는 타인의 입장을 잘 이해하지 못하여 타인에게 상처를 입히거나 도를 넘는 이기주의를 보이기 쉽다. 때문에 주위에 적을 만들기도 쉽고 인간관계에서 다툼이 발생하기도 쉽다. 그러면서도 그러한 일이 자신의 탓이 아닌 타인의 탓이라고 생각하여 상황을 잘 이해하지 못하는 경향을 많이 보이기도 한다.
 사람들과의 잦은 다툼과 분쟁으로 본인 또한 스트레스를 받지만, 그래도 사람들과 계속 만나고 어울리려고 하며, 항상 주위로부터 인정받고 싶어 하는 이들이 많은데, 이처럼 보통의 사람들보다 사람을 만나는 것을 더 좋아하고 인정욕구도 더 큰 경향을 많이 보이는 것은, 원래 가지고 있는 본능의 크기가 큰 경우도 있겠지만, '생존과 번식을 위한 본능'을 통제하는 요소 중 하나인 '공감'이 부족한 만큼 본능의 영향을 강하게 받기 때문이기도 하다.

 공감의 능력이 부족해도 이성적 능력을 키우는 것으로 부족한 본능의 통제력을 채울 수도 있다.
 경험과 학습을 통해 사람들이 어떤 언행을 좋아하고 싫어하는 것을 알게 되고, 그에 기반하여 이성으로 언행을 통제할 수도 있는 것이다. 실제로는 그렇지 않으면서도 공감하는 척 꾸며서 말하고 행동할 수 있는 능력이 인간에게는 있다.

 하지만 이는 본질이 바뀌어 내면에서 나오는 것이 아니라 어디까지나 꾸며서 나타나는 표면적인 행동이기 때문에 그 괴리감에 크고 작은 스트레스가 생기게 되어 계속하는 것은 무척이나 힘든 일이다. 또, 상황에 따라서는 공감을 연기하지 못하고 종종 원래의 모습을 드러내게도 된다.

 그렇다면 공감을 항상 연기하는 것보다는 기본적으로 공감하는 능력을 키우려 노력하는 것이 더 나을 것이지만 그것은 훨씬 더 힘든 일이며 평생토록 거의 바꾸지 못할 수도 있다. 그만큼 사람은 쉽게 바뀌기 힘든 부분이 있는 것이다.

 단, 어렵지만 완전히 불가능한 것은 아니다. 특별한 문제가 없는 한, 인간은 스스로의 노력과 행동으로 무엇이든 바꾸고 성장할 수 있는 존재이기도 하기 때문이다. 힘은 들지언정 불가능하다고 속단하고 포기할 필요는 없으며, 당장 바뀌지 않는다고 조바심을 낼 필요도 없다. 계속하다 보면 조금씩 천천히 나아질 것이라는 생각으로 자신을 바꾸고자 하는 노력을 계속해야 할 것이다.

 공감의 능력은 선천적으로 타고난 정도가 다르고 후천적인 환경에도 영향을 받겠으나 보통의 사람들은 다 어느 정도 이상의 공감의 능력을 갖추고 있다.

 그런데 선천적으로는 물론 후천적으로도 공감의 능력이 극단적으로 낮은 이들이 있다. 이러한 경우는 소위 '사이코패스', '소시오패스',

'반사회성 성격장애', '자기애성 성격장애'라 불리는 것처럼 '인격 장애'로 분류되는 것들이고, 앞서 말한 특별한 문제에 해당하는 것이라 할 수 있다.

 그러나 그 경계는 완전히 분명한 것이 아니며, 모호하기도 하다. 확실히 이런 인격 장애를 갖고 있다고 할 정도는 아니지만, 매우 가까운 상태인 경우도 있고, 극한의 상황과 같은 특정 상황에서는 평범한 사람에게도 이러한 형질이 나타날 수도 있는 것이다.

 공감이 전혀 존재하지 않는 세상은 지옥과도 같고, 공감하는 능력이 전혀 없으면서 그를 감추지 않고 드러내는 이는 타인이 보기엔 인간이 아니라 악마나 괴물 그 자체이다. 자신의 이익을 위해, 본능에서 오는 쾌락과 만족감을 위해 타인을 상처 입히고 고통 주는 일을 서슴없이 저지르며 그러면서도 결여된 공감 능력 때문에 아무런 죄책감을 느끼지 않을 것이기 때문이다.
 공감 능력이 결여된 이들이 평상시에 그러지 않는 것은 자신에게 어떤 불이익이 생기는 것을 피하고자 이성적으로 말과 행동을 조심하고 자제하기 때문이다. 어쩌면 모르고 있을 뿐 이러한 이가 가까이 있을 수도 있다.
 이런 이들은 생의 마지막까지 좋은 사람 혹은 보통 사람의 가면을 벗지 말아야만 할 것이다. 그 가면을 벗어도 '괜찮을 것'이라고, '절대로 문제가 생기지 않을 것'이라고 생각이 들 때가 있어도, 절대로 그렇지 않고 결과는 반드시 좋지 않을 것이기 때문이다.

그리고 보통의 사람들은 이들이 가면을 벗지 못하는 사회를 만들고 유지하려 계속 노력해야 할 것이다.

반대로 공감의 능력이 보통의 정도보다 더 큰 경우도 생각해 보자.
보통 이런 이들은 자신에게 손해가 되더라도 주위를 돕는 경우가 많고, 풍부한 감정을 갖고 있어 웃음도 눈물도 자주 보이는 경우가 많다. 혹시나 자신의 언행이 주위에 상처를 주거나 폐가 되지 않는지 조심스러워하는 경우도 많고, 그런 것으로 괜한 걱정을 하는 때도 많다. (공감하는 능력이 크고 감정도 풍부하여 상대적으로 남에게 속거나 이용당하기도 쉬운 것은 조심해야 할 부분이다.)
주위의 슬픔이나 행복과 기쁨과 같은 감정들에 쉽게 영향을 받는 이들은 주위 환경에 따라 그 자신의 행복의 정도도 큰 영향을 받기 때문에 자신의 주변을 행복하게 만들려고 노력하는 경향도 있다. 주변뿐만이 아니라 보고 듣거나 마주치는 세상의 온갖 것들에게도 그러한 관심과 노력을 기울이는 경향도 있으며 자신보다 타인을 먼저 생각하는 이타성을 보이기도 쉬운데, 이는 타인의 행복도 자신의 행복과 같이 공감하기 때문에 그 자신이 행복을 느끼기 위해서이기도 한 것이다.
이들이 공감하여 감정을 이입하고, 감정을 갖고 대하게 되는 대상은 반드시 사람인 것이 아니라, 다른 종의 생물이 될 수도 있으며 아끼던 인형이 파손되었을 때 고통을 느낀다고 생각하는 것과 같이 무생물이 되기도 한다. 심지어 그 대상은 자연이나 지구와 같은 거대한 존재가 되기도 한다.

이들은 마치 자신을 위하듯 공감하는 대상을 생각하고 위하기 때문에 봉사활동에 적극적이거나 인간 외의 동물이나 환경을 위해서 일하거나 행동하는 경우가 많고, 보통은 긍정적 영향을 주위에 퍼트린다.

그러나 공감의 능력이 지나치게 높은 것도 좋지 않은 일이다.
 잘못된 것에도 공감할 확률이 높아지기 때문에 그 자신과 주위를 불행하게 하기 쉬우며, 정도를 넘어선 공감은 이성의 힘을 약화시켜 합리적 판단을 저해하고 잘못된 선택과 결정을 하게 할 위험도 크다.
 생각한 목적을 이루기 위해 스스로 행동하는 것이나 주위에 적절히 권유하는 정도를 넘어서서, 사람들에게 강요하거나 입장이 다른 사람들을 원망하고 공격하는 모습을 보이기도 쉬워서 이 또한 많은 문제를 일으킨다.
 "무조건 맞다."라고 생각하는 일이라도 세상의 일들은 한 번에 바뀌기 쉽지 않은 것들이 많고, 대부분은 그럴만한 연유가 있기 때문이다.
 이처럼 현실적으로 바뀌기 어려운 이유로 바뀌지 않는 것들에 대해서도 분노를 느끼게 되는 경우 자신 또한 행복하지 못하게 되기 마련이다. 당신이 만약 이런 사람이라면 위와 같은 일들에 답답해하거나 화를 내지 말고, 조바심을 내어 서두르지도 말 것이며, 감정적으로 행동하지 않도록 늘 마음과 생각을 조절하려 노력해야 할 것이다. 무엇이든 지나친 경우 자신뿐만이 아니라 주위의 사람들까지 모두 힘들게 할 것이다. 타인에게 공감을 강요하지도 말고, 행동을 강요하지도 말 것이다.

공감과 사회의 관계

 본능의 크기와 지능의 관계가 그러한 것처럼 '공감의 능력'과 '지능(IQ)의 높고 낮은 정도'는 분명한 인과관계가 없다. 높은 지능을 가지고 있어도 공감 능력이 낮은 경우가 있는가 하면, 지능은 높지 않지만 높은 공감 능력을 가진 경우도 있다.

 이에 대해 자세히 다룰 것은 아니겠으나, 유의할 것 한 가지는 높은 지능을 가지고 있는 경우 공감을 능숙하게 연기할 수 있다는 것이다. 지능은 높지만 공감 능력이 낮은 경우엔 상황에 따라 큰 분기점을 가지게 되는데, 사회가 정상적으로 유지되고, 자신의 욕망을 항상 이성으로 통제해야 하는 상황에서는 공감 능력이 높은 이들처럼 세상 전체에 영향을 주는 큰일을 해내기도 한다. 그러나 그렇지 않은 상황이라면 사람들에게 많은 피해를 입히는 큰 사건을 일으킬 수도 있다.

 공감의 능력이 낮다고 해서 그것이 꼭 범죄를 일으키거나 남에게 해를 끼친다는 얘기는 아니다. 평균 이상의 공감의 능력을 갖춘 이들도 문제를 일으킬 수 있는 것은 마찬가지이다. 그러나 상대적으로 공감의 능력이 낮으면 아무래도 타인에게 피해를 입힐 확률이 더 높게 되기 마련이다.

 앞의 글에서 말했듯 공감하는 능력이 없거나 극히 적은 이들이 남에게 피해를 입히는 것을 막는 방법은 그들이 이성적으로 그것이 자신에게 이득이 되지 않고, 손해가 될 수 있다고 판단하게 하는 것이다.

자신에게 피해가 올 수 있다는 생각을 하지 않으면 그들은 자신을 위해서 남에게 피해를 입히는 것을 주저하지 않을 것이다. 때문에 필요한 것이 바로 합리적이고 올바른 법과 규칙 그리고 제도이며 사람들과 사회의 눈이다.

 공감의 능력이 지나치게 큰 것 또한 줄이는 것이 좋은데, 일부 특수한 경우를 제외하고, 대부분의 사람들에게 공감하는 능력을 후천적으로 키우고 줄이는 것은, 어려울지언정 불가능한 것은 아닐 것이다. 이를 위해 가장 쉬운 방법 중 하나는 '항상 입장을 바꿔 생각해 보는 습관'을 들이는 것이다.
 공감의 능력이 아주 적거나 없는 것보다 더 문제가 될 수 있는 것이 바로 '잘못된 것에 공감하는 경우'이다. 일단 공감을 하게 되면 이성의 힘으로도 조절이 잘되지 않고, 그 이성조차 치우친 방향으로 잘못 작용하게 되기 때문이다. 일반적으로는 이렇게 잘못된 공감 때문에 생기는 문제가 사실은 훨씬 더 빈번히 발생하고 더 큰 피해를 일으키고도 있다. 입장을 바꿔 생각하는 습관을 갖는 것은 이런 문제에 있어서도 도움이 될 것이다.

 너무나 힘들고 고통스러운 상황에 있어도 자신이 노력하여 언젠가는 그 상황을 바꿀 수 있다고 생각한다면 그것은 희망이 되고, 인간을 움직이게 하는 동기가 되기도 한다.
 그러나 자신이 아무리 노력해도 그 상황을 바꿀 수 없다고 생각한다면 인간은 절망을 느끼고 움직이는 것을 포기하게도 된다. 그때 그 절망의 상황을 바꿀 수 있는 것이 바로 공감의 힘이다.

굶주림과 질병으로 천천히 죽어가고 있는 어린 자식을 보면서 아무것도 해줄 수 없는 부모가 얼마나 힘들고 비통한지는 그 상황이 되어보지 않고서는 알 수 없다. 하지만, 타인의 입장을 상상할 수 있고, 그 상황에 직접 처하지 않았어도 공감을 할 수 있는 인간은 그 고통의 편린이나마 느낄 수 있어 타인의 고통에 눈물을 흘리고 손길을 내민다.

인간도 역시 본래가 생존과 번식을 위한 본능을 타고난 생물이기 때문에 이기적인 면이 없을 순 없고, 기본적으로 자신의 이득을 위해 생각하고 움직인다. (그것은 그 자신과 인간이라는 종의 유지를 위해 당연한 일이며 필요한 일이기도 하다.)

그럼에도 이기심을 절제하고 조절할 줄 알며, 자신이 손해를 보더라도 이타적인 행동을 보이는 모습 또한 갖고 있는데 이는 놀랍고도 존경을 표하지 않을 수 없는 일이다. 아울러 인간의 위대함을 느낄 수도 있게 하는 일이다.

공감은 그렇게 사회를 바꾸고 인간을 위대하게 만들 수 있는 힘을 갖고 있다.

단, 거듭 말하여 지나치게 공감하거나 잘못된 것에 공감하지 않도록 항상 조심해야만 한다. 그 자신의 행복은 물론, 주위 사람들과 세상의 행복을 위해서도 사람들의 공감의 능력은 적절한 균형을 이루어야 하고, 올바른 방향으로 조절될 필요가 있다.

이성의 양면성과 불만의 해소

 인간은 이성적 능력으로 자신의 상황을 스스로 생각하고, 비교하고, 판단할 수 있다. 그것은 그 자신과 인간이라는 종의 발전을 가져오게 되는 긍정적 효과가 있지만, 본능과 결합하여 수많은 부정적 효과 또한 주고 있으며 그 긍정적 효과도 부정적 효과도 끊임없이 개인과 사회에 영향을 주어 왔다.

 생각하는 것으로 부정적인 마음이나 문제를 없애거나 줄일 수도 있지만, 반대로 터무니없이 그 크기를 키울 수도 있다.
 인간은 보통 현재의 상황에 만족하지 않고 강한 불만을 갖게 되는 경우 그 원인이 무엇인지 이성적으로 생각하게 되고, 책임을 누구에게 물을 것인지를 찾게 되는데, 그 불만의 정도가 강하면 강할수록 그 원인이 되는 대상에게 향하는 감정 또한 커지게 된다.
 원인과 책임이 자신에게 지나치게 치우치는 경우 자책하는 마음이 너무 강해질 수 있고, 반대로 외부의 대상에 지나치게 치우치는 경우는 그 대상에게 강한 불신과 공격성을 갖게 되기 쉽다.
 그렇다면 '그 원인을 내외부로 적절하게 나누는 것이 좋지 않으냐?'고 생각할 수 있겠지만, 그 역시 쉬운 일은 아니다.
 보다 쉽고 효율적인 방법은 책임을 물을 대상을 찾는 일 자체가 없도록, 처음 불만의 마음이 들기 시작하는 때부터 불만을 적절히 해소하고 그 크기 자체를 키우지 않는 것이다.

스스로 생각을 조절하는 것으로 항상 그렇게 할 수 있다면 좋겠지만, 생각만으로 이를 이루는 것은 강렬한 본능의 영향과 계속해서 변하는 주위의 상황, 인간의 불완전성 등의 이유로 힘든 때가 많은 것이 사실이다. 때문에 생각을 조절하려는 노력을 계속함과 동시에 '적절한 행동', '바람직한 목표의 설정', '주변과의 교류' 등 여러 수단을 효과적으로 이용하는 것도 필요하다.

 여러 상황에서 불만의 감정은 생겨날 수 있고 그것은 자연스러운 감정이기도 하다. 그러나 그것이 잘못된 이성적 판단으로 자칫 자신과 타인을 해칠 정도의 증오심으로 발전하여 커지는 것을 조심해야만 할 것이며, 그런 감정과 기분을 최대한 긍정적 방향으로 이용하려 하여 스스로의 발전의 계기와 원동력으로 삼도록 노력할 필요가 있을 것이다.

태어난 인간은 선한 것도 아니고, 악한 것도 아니다.

 선천적, 후천적 영향으로 뇌의 개성적인 발달 정도나 성격, 공감 능력 등의 차이가 있을 뿐 보통의 인간은 선함을 타고나는 것도 아니고, 악함을 타고나는 것도 아니다.
 단지 갖고 있는 '본능의 크기와 본능을 채우기 위한 전략과 같은 정신적 특성', '뇌 구조나 호르몬의 분비 차이와 같은 신체적 특성'과 같은 것들이 개체별로 차이가 있어 선하고 악하고의 차이를 보이는 것이다.

 애초에 선과 악은 인간이 만들고 생각하는 기준에 의한 것이며, 언제나 명확히 구분되는 것도 아닌 상대적인 개념이다.
 일반적으로 자신 외의 존재에게 의도적으로 피해를 주는 것을 '악'이라 부르고, 반대로 피해를 주는 것을 피하거나 도움을 주려 하는 것을 '선'이라 부르지만, 어떤 시대와 환경에선 선인 것이 다른 시대와 환경에선 악이 되기도 한다. 또한 선인지 악인지 언제나 구분이 모호한 경우들도 많다.
 살인은 악이지만 전쟁터에서 적을 죽이는 것은 다르게 생각하는 경향이 있으며, 지금은 대부분의 사람들이 악한 행위라 생각하는 인신공양(人身供養)이 당연하게 여겨지는 문명도 있었다. 그는 그 시대를 사는 다수의 사람들에겐 악한 행위가 아니라 오히려 신을 위하는 신성한 행위로 여겨졌을 것이다.

식인은 많은 이들이 해선 안 될 행위, 금기로 생각하지만 영혼이나 강함을 받아들이는 개념으로 식인을 했던 과거 부족의 문화나 극한의 재난 상황에서 굶어 죽지 않기 위해 이미 죽어 있는 사람을 먹는 것에 대해서는 사람마다 평가와 생각이 다르기도 하다.

오로지 본능에 의해 울고 웃고 마음대로 행동하는 아기나, 본능에 따라 다른 생물을 죽이는 생물들을 보고 인간의 선악의 개념을 대입하여 '선하다.', '악하다.'를 분류하려고도 하지만 무의미한 일이다. 그들은 선악의 개념을 알고 행동하는 것이 아니라 단지 타고난 본능에 의해 그러한 행동을 하는 것이기 때문이다.

때문에 인간에게는 어릴 때부터 무엇을 해도 되고, 무엇을 하면 안 되는지 분명한 가르침이 필요하다. 교육과 주변 환경은 인간의 인격과 성격을 형성하고 바꾸는 데 실로 지대한 영향을 준다.

이렇게 한번 형성되어 자리한 인격은 좀처럼 바꾸기 어려운 것이나 또 바꿀 수 없는 것은 아니다. 성인이 된 이후라도 선한 이가 어떤 계기로 심정의 변화를 겪어 악해질 수도 있으며, 반대로 악한 이가 잘못을 뉘우치고 선해질 수도 있는 일이다.

이처럼 인간 각자의 선하고 악한 정도는 후천적 요인에 의해서 정말 큰 영향을 받지만, 타고난 기질과 같이 선천적인 요인 또한 분명히 존재한다.

불행한 환경에서 자랐다고 모두가 악인이 되는 것도 아니고, 좋은 환경에서 자랐다고 모두가 선인이 되는 것도 아니다. 개체의 차이에 따라서 조금 더 악인이 되기 쉽고, 조금 더 선인이 되기 쉬운 차이가 있으며, 일부의 경우엔 어떠한 후천적 교육에 의해서도 선인이 되기 불가능한 경우도 있다.

공감하는 능력이 크게 떨어지고, 극도의 이기심을 가진 경우는 심성이 선하지 못하다고 여겨진다. 하지만 내가 그런 사람인지 스스로 의심할 정도로 어떤 나쁜 생각을 종종 떠올린다고 해서 나 자신이 악하다고 생각할 것은 아니다. 누구나 나쁜 생각, 악한 생각은 가질 수 있으며 환경에 따라 그 빈도는 얼마든지 높아질 수도 있다. 문제는 그것을 기회만 있다면 행동으로 옮기려 할 정도로 강하게 갖고 있느냐는 것이다. 누구나 행동으로 옮겨선 안 되는 생각, 악한 생각을 할 수는 있지만, 그것을 직접 행동으로 옮기는 것은 완전히 다른 얘기이다.

정리하자면 사람은 기본적으로 (그 시대 인간의 통상적인 기준으로) 선하게 태어나는 것도 악하게 태어나는 것도 아니다. 단지 개체의 차이로 선해지기 쉬운 경우가 있고, 악해지기 쉬운 경우가 있을 뿐이다.
보통의 사람들은 후천적인 교육과 환경에 의해서 선악의 정도가 결정되기 때문에 국가와 사회는 물론 개인들도 사회가 전반적으로 선한 방향으로 갈 수 있도록 신경을 쓰고 노력해야 할 것이다.
그렇지만 말했듯이 모두가 교육을 통해 선하게 될 수는 없는 것이고, 갱생 또한 불가능한 예외적인 경우들이 있는 것도 인정할 수밖에 없다.

먼 미래엔 뇌 자체를 조정하는 식으로 이런 문제 또한 해결할 기술이 나올 수도 있을 것이다. 하지만 기술적으로는 가능해진다고 해도 윤리적인 문제로 실제로 사용될 수 있을지는 모를 일이다.

지금 우리가 할 수 있는 것은 어떻게든 선해질 수 없는 그 일부에 대해서 사회적 감시와 관리를 하는 것이다. 또한, 그러한 감시와 관리가 완벽하기는 힘드니 그런 이들에게 피해를 입지 않도록 스스로도 조심해야 할 것이다.

인간의 행동에는 반드시 이유가 있다.

"왜 그랬느냐?"라는 질문에 사람들은 종종 마치 아무런 이유가 없는 것처럼 "그냥."이라는 식으로 답을 하곤 한다.
 그러나 절대로 아무런 이유 없이 행해지는 인간의 행동은 없다. '그냥'이라는 식으로 말하는 것은 설명하기에 곤란함이나 귀찮음을 느껴서 대답을 회피하거나, 생각을 정리하지 못하고 어떻게 설명을 해야 할지 몰라서 그런 식으로 대답하는 것일 뿐, 그 어떠한 행동이라도 그 행동을 한 이유는 분명하게 존재한다. 그것이 의식적이든 무의식적이든 말이다.

 인간은 활동을 함에 있어 에너지 효율이 대단히 좋은 동물이다. 그럼에도 평상시엔 앉거나 누웠을 때 편안함을 느끼는 것처럼, 에너지의 소비를 최대한 줄이려 하는 쪽으로 진화되어 있다. 정신적 활동을 포함하여 이러한 에너지 절약 상태를 벗어나 행동하는 것은 모두 에너지의 소모량을 대폭 늘리는 일이고, 그 행동을 하면 다른 행동을 하지 못하는 손해 또한 감수해야 한다. 그처럼 에너지를 소모하고 어떠한 것이든 결과가 따르는 행동을 한 것에는 반드시 그럴만한 이유가 있는 것이다.
 무의식적인 행동은 습관으로 형성된 것이 아니라면, 보통 생존과 번식의 본능에 의한 것이며, 의식적인 행동은 본능이 연관되어 있는 이성적 판단에 의한 것이다.

예를 들어 우리가 잘 때 무의식적으로 자세를 바꾸는 이유는 호흡이나 혈액순환 등의 불편이 있어, 보다 편안한 자세를 찾으려 하는 본능적인 행동이고, 우리가 배고픔을 느껴 뭔가를 먹어야겠다고 판단하고 행동하는 것은 본능이 연관된 이성적 판단에 의한 것이다.

 행동으로까지 나타나지 않은 감정과 심리 또한 그렇다. 우울함을 느낀다면 그 우울함을 느끼는 이유가 반드시 존재한다. 마음 어딘가에 걱정을 갖고 있든, 날씨가 좋지 않은 등의 주위 환경의 영향 때문이든 어떤 이유에서든, 눈에 보이는 행동보다 상대적으로 이유를 알기 어려울 뿐, 반드시 이유가 있는 것이다.
 그것이 대수롭지 않은 정도라면 굳이 이유를 생각해 볼 필요는 없겠다. 하지만 빈번하게, 정도가 심각하게 발생하여 대수롭게 넘길 것이 아니라는 생각이 든다면, 그 이유를 생각해 보고 근본적인 문제를 해결하려 노력할 필요가 있을 것이다.

 위와 같이 인간의 모든 행동에는 '그냥'이란 것은 없다.
 자신의 행동이든 다른 사람의 행동이든 왜 그렇게 행동하는 것인지 의문이 들 때라면 그 이유를 본능과 연관 지어 깊이 생각해 보자. 그는 그 행동의 이유를 이해하는 것뿐 아니라 나와 주위 사람들의 행동을 바꾸는 데도 적잖은 도움이 될 것이다.

 이에 대해서 좀 더 구체적인 내용을 다루는 다음의 글들을 포함하여 이 책의 내용들이 그런 생각의 정리와 이해를 돕는 데 도움이 되면 좋겠다.

듣고 싶은 것만 듣고, 보고 싶은 것만 보고 싶어 하는 사람들

"어떤 일을 해야 할지 말아야 할지?" 물어는 보지만, 이미 그것을 하기로 마음을 정한 사람에게는 아무리 하지 말라는 얘기를 해도 소용이 없을 때가 많다.

사람들은 "괜찮다."라는 말을 듣고 싶다면, 열 사람이 "괜찮지 않다."라고 말해도 단 한 사람이 말한 "괜찮다."라는 말을 받아들이곤 한다. 어떤 질문에 대한 답을 구할 때도 수많은 답변들 중에 자신이 원하는 답이 없다고 하면, 자신이 원하는 답변을 찾을 때까지 적잖은 시간을 낭비하기도 하고, 다른 사람들에게 원하는 답을 유도하기도 한다. 처음부터 자신은 어떻게 하기로 답을 결정해둔 상태지만, 단지 나 말고도 다른 누군가 그런 말을 하는 사람이 있다는 것을 확인하고 싶은 것이다. 다시 말해 그는 어떤 방법을 찾아 문제를 해결하고 싶어 하는 것이 아니라 '나 혼자만 이렇게 생각하는 것이 아니다.'라는 사실을 필요로 하는 것이다. 그리하여 그를 '자신의 판단이 옳은 것'이라고 뒷받침하는 데, 실행에 필요한 용기를 내는 데 이용한다.

이렇게 처음부터 답을 정해 놓고 질문하는 이들에게 다른 답을 받아들이게 하는 것은 너무도 힘들고 어려운 일이다.

이에 대한 대응 방법을 궁금해하는 이들을 위해 잠시 본론을 벗어나 얘기해 보자.

만약 처음부터 답을 정해 놓고 무언가를 묻는 사람을 설득하고자 한다면 어떻게 해야 할까?

 우선 가장 기본적인 방법은 논리적인 설명을 하는 것이다. 듣고 싶은 말이 아니어도 충분히 납득할 수 있는 설명이 있다면 그 생각이 받아들여지기도 한다. 하지만 그 또한 묻는 이의 성향이나 생각의 확고한 정도에 따라서 효과를 기대하기 어려울 때가 많다.

 두 번째 방법은 질문하는 이에게 "당신은 우선 어떻게 하고 싶은지?"부터 되물어서 접근하는 것이다. 이는 '처음부터 답을 정해 놓고 물어보는 질문인지' 알기 어려울 때도 도움이 될 것이며, 질문에 대한 조언을 해줄 때도, 설득을 하려 할 때도 방향을 잡는 데 도움이 될 것이다.

 그의 생각과 결정이 나와 다르더라도 꼭 그를 설득하고 바꾸려고 할 필요는 없다. 특히나 질문한 사람의 개인적인 문제이고 어떻게 해도 별 차이가 없어 보이는 일이라면 말이다.

 할 수 있는 조언을 해주거나 의견을 말해 준다고 해도 그를 받아들이느냐 아니냐의 문제는 질문한 이의 몫이고 결과에 대해서도 오롯이 그 자신이 책임질 문제이다.

 다시 본론으로 돌아가서 얘기를 계속해 보자.

 이미 어떻다고 스스로 정의를 내린 일이나 대상에 대해서는 스스로 내린 그 정의가 옳은 것이 되게 하는 증거들만 눈에 보이게 될 것이다. 설령 그 증거가 완전히 엉터리라 하더라도 말이다. 심지어 자신뿐만이 아니라 다른 사람들을 설득하기 위해서 앞뒤가 맞지 않는 이상한 논리를 들어서라도 그런 증거들을 그럴싸하게 만들기도 한다.

인간관계에서도 그렇다.

좋다고 생각하는 사람이 있으면, 그의 단점은 보이지 않거나 작게 보일 것이다.

그가 어떤 문제를 갖고 있어도 이유가 있을 것이라 생각을 하는 등 문제를 작게 볼 것이며, 문제를 일으켜도 남들도 저지르는 일이라고 논리적 오류로 생각하여 대수롭지 않게 넘기려 할 것이다. 또, 다른 사람들이 그를 좋지 않게 말하는 것에 대해서도 앞장서서 변호하려 할 것이다.

반대로 감정적으로 싫은 사람이 있다면 그 사람의 장점은 눈에 들어오지 않을 것이다.

그가 아무리 많은 장점을 가지고 있어도 그의 단점들만 크게 보일 것이며, 장점들조차 인정하지 않으려 할 것이다. 착한 행동을 해도 그것은 '착한 척' 아니면 '뭔가 꿍꿍이가 있는 행동'으로 보일 것이다. 그가 어떤 말을 해도 곱게 들리진 않을 것이며, 합리적으로 주장하는 말에 대해서도 문제를 찾으려 할 것이다.

'듣고 싶은 것만 듣고, 보고 싶은 것만 보는 이러한 경향, 심리'를 심리학에서는 '확증 편향'이라고 부르는데, 이 확증 편향은 일부의 사람들만 갖고 있는 것이 아니라 누구나 다 갖고 있는 것이다. 사람들은 흔히 이런 확증 편향을 보이면서도 그것을 확증 편향이라고 잘 생각하지 못하기도 하는데, 원래 인간이란 존재가 자기 자신에 대해서는 객관적으로 잘 보지 못하기 때문이다.

확증 편향은 때로는 긍정적 효과를 주기도 하고, 별다른 문제가 되지 않을 때도 있지만, 괜한 불화나 다툼이 있게 하는 등 많은 피해를 일으키기 때문에 조심하고 또 조심해야 한다.
 이러한 확증 편향과 그로 인해 발생하는 문제를 줄이기 위해서는 생각을 열어두고 '듣고 싶지 않은 말이나 보고 싶지 않은 것'도 피하지 않고 마주하여 객관적으로 판단하려는 자세를 가져야 할 것이다.
 그리고 확증 편향으로 인해 생긴 잘못된 생각을 남들에게 강압적인 태도로 전하고 설득하려 하는 것을 조심해야 할 것이다. 강요하지 않는 선에서 단순히 그런 생각을 말하는 것 자체는 얼마든지 할 수 있는 일이고, 아주 엉뚱한 얘기를 하거나 정도가 지나치지 않는 한 문제라 보기는 힘든 일이다. 하지만 그런 말을 듣고 상대가 자신을 좋지 않게 평가하게 되는 것은 조심해야 할 일이며, 그 생각을 받아들이지 않거나 반대되는 주장을 하는 사람에게 화를 내거나 어떻게든 설득하려 고집하는 것은 반드시 피해야 할 일이다.
 덧붙여 다수의 의견이 항상 옳은 것도 아니고 꼭 따라야 하는 것도 아니지만, 그래도 다수가 같은 의견을 말할 때는 다시 한번 생각은 해 보아야 할 것이다.

내가 하는 것은 괜찮지만, 남이 하는 것은 불편한 사람들

사람들은 보통 남들이 보이는 불편한 행위는 싫어하고 비난하면서, 내가 하는 불편한 행위는 타인이 이해해 주기를 바란다. 이 또한 본능에서 생기는 충분히 이해할 수 있는 자연스러운 심리이지만, 정도가 지나치고 그런 성향을 직접 드러낼 때는 문제가 된다. 대부분의 사람들은 결코 그런 사람을 좋아하지 않기 때문에 많은 비난을 받을 수 있는 것은 물론, 자신에게 지나치게 관대한 특성상 사고를 일으키기도 쉬워 스스로에게도 피해를 입힐 수 있기 때문이다.

'나 자신이 무엇보다 소중하기 때문에 내가 힘들지 않고 마음 편히 살기 위해서 타인은 얼마든지 불편해도 된다.'는 잘못된 이기심은 사회도덕을 해치고, 사회의 발전과 정상적인 유지에 방해가 되기 마련이다.

그러나 아쉽게도 지켜야 할 규칙에서 나는 예외가 되길 바라며 행동하거나, 협력해야 할 일은 하지 않고 자기 좋은 것만 하는 이들은 어딜 가도 있는 법이며, 공공에 이익이 되고 꼭 필요한 일이라고 해도 조금이라도 손해를 보지 않으려는 모습 또한 흔히 볼 수 있는 일이다.

자신이 소중하다는 것은 당연한 얘기이고, 그렇게 자신을 소중하게 생각할 줄도 알아야 한다. 그렇지만 그것이 타인을 전혀 배려하지 않아도 된다는 말은 아니며, 함께 사는 세상에서 어떤 눈치도 보지 않고 행동해도 된다는 말도 아니다.

자신의 이익만을 위해서 조금의 손해도 보려 하지 않고, 자신에게 심하게 치우친 불균형을 바라는 것은 당장은 그 자신을 제외한 모두를 불행하게 할 수 있으며, 길게는 그 자신 또한 불행하게 할 것이다.

누구나 타인의 인생을 바꿀 수 있는 말과 행동을 할 수 있다.
그것이 때로는 사회 전체에 충격을 주는 부정적 사고와 범죄가 될 수도 있다.
달리 생각하면 그런 사고와 범죄를 일으키지 않으면서, 다른 이들의 몸과 마음에 상처를 주고 있지 않는 이들은 모두가 '행복한 사회를 유지하고 있는 것에 도움을 주고 있는 것'이라고 생각할 수도 있겠다.
사람들은 한 명 한 명 그 모두가 스스로 '눈에 보이든 보이지 않든 자신이 얼마나 세상과 사람들에게 많은 영향을 미칠 수 있는 존재'인지 알아야 할 것이며, 이를 의식하고 행동해야 할 것이다.

자신에게 지나치게 관대하고
타인에게 지나치게 엄격한 사람들

 많은 사람들은 자신에게 지나치게 관대하고, 타인에게 지나치게 엄격하다. (그렇지 않다고 생각하는 이들도 정작 그럴만한 상황이 닥치면 그런 성향을 드러내기도 하지만 말이다.)
 예를 들어 자신이 큰 잘못을 저질러도 그 문제로 남이 자신에게 욕설이나 비난을 하면 대뜸 화를 내지만, 남의 잘못은 작은 것이라도 그 사람이 잘못했기 때문에 자신이 얼마든지 욕설과 비난을 해도 괜찮은 것으로 생각하는 것이다.
 내 잘못은 아무리 큰 것이라도 용서받기를 바라며, 용서받지 못할 일이라고 스스로가 말하는 때라도 마음 한편으로는 어떻게든 상황이 좋게 넘어가길 바란다. 그러면서도 남이 내게 한 잘못은 그리 크지 않은 때라도 쉽게 용서하지 못하고, 오랫동안 마음에 두곤 한다. 심한 경우엔 받은 상처와 손실을 훨씬 뛰어넘는 복수를 생각하기도 한다. 심지어 그런 복수를 하는 것이 그 자신에게 또 다른 손해와 불행을 줄 수 있음을 알면서도 말이다.
 '어떻게 생각하면 아무것도 아닌 일로 왜 저 사람은 이렇게까지 하는지?' 이해하기 어려운 경우도 종종 겪고 보아왔을 것이다.
 사실 이러한 것들은 보통의 사람들도 어느 정도는 갖고 있는 성향이기도 하고, 적절한 정도가 유지되는 것은 경우에 따라선 보다 행복한 삶을 살게 하는 데도 도움이 되기도 한다. 문제는 항상 그 정도가 지나친 것에 있다.

 반대로 자신에게 지나치게 엄격한 이들도 있다. 자신에게 엄격한 것 또한 어떤 계기나 환경적인 문제로 인해서 나타날 수 있는, 본능에서 오는 성향 중 하나지만, 지나치면 낮은 자존감을 갖게 되기 쉽고, 우울증 등의 심신의 병을 얻게 되기도 쉽다.
 자신에게 지나치게 관대한 것도 문제지만, 지나치게 엄격한 것 또한 문제가 되는 것이다.

 항상 나의 잘못과 타인의 잘못에 대해 생각할 때는 내가 기준을 어디에 어떻게 두고 있는지 생각해 보아야 할 것이다.
 내 잘못이나 타인의 잘못에 대해서 그러지 않아도 될 것을 너무 엄격하게 대하는 것은 아닌지, 혹은 반대로 조금이라도 엄격하게 봐야 할 것을 너무 관대하게 대하는 것이 아닌지 말이다.
 지나치지 않는 선에서, 기본적으로 관대하게 대할 것은 관대하게 대하려 하고, 엄격하게 대해야 할 것은 엄격하게 대하려 해야 할 것이다. 적당히 관대하고 적당히 엄격한, 그런 균형을 찾고 조절할 줄 아는 것이 필요하다.
 가끔은 내 잘못을 남의 잘못으로 여기는 것도, 남의 잘못을 내 탓으로 여기는 것도 도움이 될 수 있다. 그렇지만 그럴 때라도 그것을 겉으로 드러내서는 안 될 것이며, 그런 사고방식이 습관처럼 자리하지 않도록 조심해야 할 것이다.

잘못을 인정하기 싫어하는 인간

 인간은 본능적으로 자신의 잘못을 쉽게 인정하려 하지 않고, 상황이나 남에게서 그 잘못을 찾으려 한다. 어떤 상황이라도 자신의 잘못을 인정하는 것, 틀렸다는 것을 인정하는 것이 근본적으로 생존과 번식이라는 본능에 불리한 행위로 느끼기 때문이다. (잘못이나 실수로 다른 이들이 나에게 화를 내거나 실망하거나 신뢰받지 못하게 되는 것을 두려워하고, 부끄러움을 느끼거나 어떤 손해가 있게 되지 않을까 걱정하는 감정 또한 인간의 모든 감정들이 그렇듯 생존과 번식의 본능에 근원을 두고 있다.)
 때문에 아주 어린아이들까지 거짓말을 해서라도 잘못을 인정하지 않고 상황을 피하려 하는 성향을 보이기도 하며, 속으로는 잘못이라고 인정해도 다른 사람들에게는 잘못이 아닌 것처럼 말하는 경우도 흔히 발생한다.
 이러한 성향을 보이는 정도의 차이는 선·후천적으로 형성된 기본적인 성품에 따라서도 있게 되지만, '잘못을 인정하지 않는 것이 오히려 더 안 좋은 결과를 낼 수 있다.'는 사실을 깨닫게 되는 등 후천적인 경험이나 교육, 이성적 능력의 발달에 따라서도 있게 된다.

 당신의 탓이 아니라는, 당신의 잘못이 아니라는 말은 듣기 좋고 달콤하기만 하다. 하지만 그런 말들은 '다시 또 잘못된 선택을 하지 않도록 조심하게 되는 것'과 '잘못을 저지르지 않도록 성장하고 발전하는 것'을 저해하기 쉬운 위험한 말이기도 하다. 분명 잘못이라 할만한 것이 있음에도 자신의 잘못을 조금도 인정하지 않는다면, 실수와 잘못에서 배우는 것이 없게 되고 그만큼 문제에 대한 개선의 노력을 하지 않게 되어 결국 또 같은 실수와 잘못을 반복하기 쉬워지게 된다.

 적어도 인간관계 문제에서 '당신의 잘못이 전혀 없다'고 할 수 있는 일은 당신이 생각하는 것보다 많지 않을 것이다. 당신의 선택이 한 번이라도, 조금이라도 개입된 일은 크든 작든 당신의 잘못 또한 있는 것이 보통이다.

 확실히 알아보거나 더 생각해 보려 하지 않고 주위의 잘못된 말들에 생각과 행동이 휘둘렸던 것도, 충분히 할 수 있는 행동을 하지 않거나 목소리를 내지 않았던 것도, 좋지 않은 결과를 피할 수 있는 선택을 하지 않았던 것도... 많은 경우에서 당신은 자유롭지 않다.

 당연한 얘기로 그렇다고 자신이 잘못하지 않은 부분에 대해서까지 잘못이라고 여기는 것도, 지나치게 잘못을 부풀려 생각하는 것도 또한 좋지 않다.

 필요하고 적당한 자책은 자신을 성장시키는 계기가 되겠지만, 지나친 자책은 도움이 되기는커녕 해가 될 뿐이다.

 잘못을 인정하지 않으려 하는 것은 본능적 행위이고, 잘못을 인정하고 바로잡으려 하는 것은 이성적 행위이다.

 생각이 유연하고 이성적 능력이 뛰어난 사람일수록 자신의 잘못을 인정할 줄 아는데, 이는 그의 나이나 사회적 위치에 상관없이 존경심과 호감을 느끼게 한다.

 누구나 실수할 수 있고, 누구나 잘못할 수 있다. 똑같은 잘못을 저질렀지만 '자기 자신이나 타인에게 거짓말을 해서라도 자신의 잘못을 덮으려 하는 사람'과 '자신의 잘못을 깨끗이 인정하고 그에 대해 책임을 지려는 사람' 중 당신은 누가 좋게 생각되는가? 당신이 되고 싶은 사람은 둘 중 어떤 사람인가?

 인격적으로 훌륭하고 대단한 사람은 절대로 잘못을 하지 않는 사람이 아니라 자신의 잘못을 인정하고 책임질 줄 아는 사람이다.

 그렇다고 모든 잘못을 꼭 먼저 나서서 말할 필요는 없다. 경우에 따라서는 굳이 말하지 않아도 되는 실수나 잘못도 있는 것이다.

 실수나 잘못을 말하지 않아서 나중에 큰 문제가 되는 경우도 있지만, 얘기해 봤자 괜히 없던 문제를 만들거나 상황을 어렵고 복잡하게 만드는 경우도 있다. 이런 것을 잘 판단하고 처신할 줄도 알아야 할 것이다. 잘못을 인정하는 것과 잘못을 고백하고 말하는 것은 다른 얘기이다. 그렇지만 구태여 말하지 않고 마음속으로만 잘못이라 인정하는 문제에 대해서도 다시 똑같은 잘못을 저지르지 않으려 신경 쓰고 노력해야 할 것이다.

 마지막으로 덧붙여 그럴 필요가 없는 일까지 잘잘못을 따지는 것은 아닌지도 생각해 봐야 할 것이다.

나는 바뀌기 싫어하면서 남을 바꾸고자 하는 사람들

 사람들은 보통 불편하게 느끼는 문제가 있다면 나를 바꾸려 하는 것이 아니라, 우선 남을 바꾸려 하곤 한다.
 그것이 일반적으로 문제가 되는 일도 아니고, 남에게 직접적으로 어떤 피해를 주는 일이 아니어도 단지 내가 보기 싫고 불편하다는 이유 하나로 그것을 문제로 치부하면서 타인을 바꾸려 한다.
 그럴 때 내가 바뀌기는 싫어하면서 남이 바뀌기를 바라는 것이 과연 옳은 일인지 생각해 보아야 할 것이다.
 그 사람을 위해서라고 생각하여 조언을 한다면 정말로 그를 위한 것인지, 사실은 나를 위한 것인지도 생각해 보아야 할 것이다.

 '나는 남의 싫은 모습까지 받아들이기 싫고, 심지어 경우에 따라선 관계를 끊어버릴 생각도 하지만, 자신이 무엇을 하든 자신의 싫은 모습까지 남이 온전히 자신을 받아들여 주기를 바라는 마음'은 인간이라면 누구나 어느 정도 갖고 있는 것이다.
 그 자신은 정작 그렇게 하지 못하고 남에게 맞춰 행동하는 것에 스트레스를 받거나, 싫은 모습까지 포함하여 남을 있는 그대로 받아들이지 못하면서도 말이다.
 인간은 본래 이기적인 부분이 있기에 이러한 성향을 자연스럽게 갖게 되는 것은 충분히 이해할 수 있는 일이다. 그러나 그런 성향을 겉으로 드러내는 것을 조심할 것이며, 그 정도가 심하지 않도록 마음을 다스려야 할 것이다.

 내가 하기 싫은 것을 남에게 하라고 쉽게 강요하지 말 것이며, 무턱대고 기대하고 바라지도 말 것이다.

 사실은 남을 바꾸는 것보다 나를 바꾸는 것이 더 쉽다는 것도 알아야 할 것이다.

 그것이 진정으로 문제가 되는 일이 아니라고 한다면, 단지 내가 불편하다는 이유로 남을 바꾸려 할 것도 아니다.

 나 역시 다른 모든 이들에게는 남이다. 다른 이들에게는 내가 그 바뀌길 바라는 남이 될 수도 있다. 함께 어울려 사는 세상에서 서로 양보할 것은 양보하고 이해해 줄 것은 이해해 주면서 서로를 배려하고 존중하는 모습과 태도가 우리에겐 항상 필요하다.

남을 가르치길 좋아하는 사람들

 묻지도 않았는데 먼저 다가와서 가르침을 주려 하는 등 사람들에게 늘 뭔가를 가르치고 싶어 하는 사람들이 있다.
 그렇게 먼저 나서서 사람들을 가르치는 행위를 하는 것은 '자신의 위치를 높이거나 하여 어떤 이익이 생기는 것을 기대하고 하는 것'일 수도 있고, '관계를 시작하고 친분을 쌓고자 하는 일종의 수단으로 하는 것'일 수도 있다. 그렇지만 일반적으로 그런 성향을 보이는 것은 어떤 경우라도 '누군가를 가르치고 그것이 받아들여진다는 것'이 내가 인정받는 느낌, 필요한 사람이라는 기분 좋은 느낌을 주기 때문이다. (앞에서 말한 경우들도 이런 느낌을 받게 되는 것은 같다.) 때문에 자존감이 낮은 사람일수록, 실제로 그렇든 그렇지 않든 자신의 사회적 위치에 불안을 느끼는 사람일수록 더욱 남을 가르치길 좋아하는 경향을 보이기도 한다.

 그러나 인간은 필요하다면 나이에 상관없이 누구에게라도 배우려 하는 존재이지만, 필요하지 않다고 생각하는 것에 대해서는 그 어떤 누가 말을 해도 듣지 않는 존재라는 것을 먼저 생각해야 한다.
 본능적으로 인간은 자기중심적으로 생각을 하기 때문에 스스로의 주관적 판단으로 '이 사람에게는 이런 도움이 필요할 것'이라고 생각하고 접근하게 되지만, 상대가 그런 도움을 정말 필요로 하는지는 모르는 일이다. 심지어 애정과 친근감이 깊은 피를 나눈 가족이나 좋아하는 사람이라고 해도 필요를 느끼지 못하는 것을 가르치려 하면 종종 싫은 느낌이 들고는 하는데, 생면부지의 남이나 친분이 그리 깊지 않은 이들이 가르치려는 소리는 당연히 더욱 불편하고 반감이 들게 되기 마련이다.

 물론 실제로 도움을 요청하거나 하진 않았지만, 도움이 필요하다고 생각하는 때도 있다. 이럴 때는 누군가 그것에 대해서 가르쳐 주는 것에 대해 긍정적으로 생각하거나 받아들이곤 한다. 가르치려는 사람은 이런 경우에 매우 기분이 좋고 흡족함을 느끼기 때문에 비슷해 보이는 사람을 찾아 또 같은 행위를 반복하게 되기도 한다.

 가르치려는 것을 상대가 거절하거나 싫어하는 기색을 보일 때, "괜히 방해해서 미안하다."라는 식으로 말하고 돌아서는 사람은 그래도 괜찮은 사람이다.
 어떤 사람들은 자신의 가르침을 거절하는 이들에게 "난 좋은 취지에서 도와주려는 건데 왜 그러느냐"라는 식으로 말하며, 자신이 잘못하는 것이 아니라 오히려 도움을 거절하는 이가 잘못하는 것처럼 생각하고 말한다.
 도움을 필요로 하지 않는 사람에게는 단지 그의 소중한 시간을 빼앗는 귀찮은 참견이고 방해일 뿐이라는 것을 생각하지 못하는 것이다. 그런 경우 하는 말만 불편한 것이 아니라 사람 자체가 불편한 사람이 될 수도 있다는 것을 알아야 할 것이다.

누군가 나에게 뭔가를 가르치려고 하는 것이 싫을 때는 "잘 안되지만 우선은 혼자 해 볼게요. 그래도 안되면 나중에 부탁할게요."라는 식으로 때와 상황에 따라서 적절히 거절하는 것이 좋겠지만, 그러기 힘든 상황 또한 많은 것이 사실이다.
 평상시 거절을 잘 못하는 사람이거나 거절이 좀 곤란한 상황에서는 결국 마지못해 얘기를 들어주거나 알려주는 동작을 연습하거나 하면서 스트레스를 받게 되는데 이런 경우 이 사람 자체를 피하려 하게 된다.
 상대방에게 뭔가를 알려주고 도움을 줬다고 생각했는데 이후 그 사람이 왠지 나를 피하는 것 같다면 이런 경우인지 생각해 봐야 할 것이다.

 지금까지 필요를 느끼지 못했던 것이라도 그 사람 자체에 호감을 느끼는 경우라면 흔쾌히 도움을 받아들이는 경우가 있다. 그러나 그런 것도 계속되면 피곤해질 뿐이니 정도가 지나치다고 생각되면 적절히 의사표시를 하는 것이 좋을 것이다.
 도저히 피할 수 없는 상황이라면, 그것이 '나중에라도 도움이 될 수 있다.'라고 생각하는 식으로 긍정적으로 받아들일 수도 있겠다.

 이상과 같이 말했지만 그렇다고 해서 남을 가르치려는 행동이 꼭 나쁜 것은 아니다. 남에게 뭔가 가르쳐 주고 싶어 하는 충동은 앞서 말했듯 본능에서 오는 자연스러운 감정이며 서로에게 도움이 될 수도 있는 일이다. 가르치려는 사람에게는 더 잘 가르쳐 주고 싶은 마음에 자신을 더 발전시키려 노력하는 계기가 될 수 있고, 도움이 필요한데 도움을 요청하지 못하고 있는 사람에게는 고마운 도움이 될 수도 있다. 그러나 위와 같이 보통은 불편하고 반갑지 않게 받아들이는 경우가 많다는 것을 명심하고 주의해야 할 것이다.

 가르칠 상황이 아닌데도 누군가에게 다른 무언가를 가르치고자 할 때는 '이 문제에 대해서 도움이 필요한지', '이 정보가 필요하겠는지'를 먼저 물어보는 것을 습관화해야 할 것이며, 때와 장소, 상황을 가려 잘 판단하고 행동해야 할 것이다.

자신에 대한 평가에 휘둘리는 사람들

 누구나 자신에 대한 평가에 신경이 쓰이게 되기 마련이다.
 그가 만든 글이나 작품과 같은 생산물에 대한 평가 또한 결국 그 사람의 평가로 이어지는 것이기 때문에 다름이 없다.
 인간으로서 자신에 대한 평가가 신경 쓰이는 것은 너무도 당연한 일이고, 좋은 평가를 받기 위해 노력하게 되는, 동기부여가 되는 긍정적인 면도 갖고 있다.
 그렇게 이 평가에 대한 문제 또한 좋은 쪽으로 활용하려 해야 한다.

 호평과 혹평에 기쁨이나 슬픔을 느끼는 것도, 합리적이지 못한 악평에도 고통스러움을 느끼는 것도 모두 자연스러운 일이지만, 지나치게 평가에 얽매이거나, 모든 평가를 하나하나 진실로 믿거나 크게 마음을 쓸 필요는 없다.
 평가는 상대적이고 상황과 환경에 따라서 달라지기 마련이며, 온전히 신뢰할 수 없는 경우가 많다. 그리고 흐름을 거스르기 싫어하는 인간의 심리를 이용해 평가는 조작될 수 있으며, 잘못 내려질 수 있다.
 자신에 대한 평가는 이성적 능력에 의해 분석되어야 하고, 거를 것은 거를 줄 알아야 한다. 물론 신경을 써야 할 때는 써야 하겠으나 재차 강조하여 모든 악평과 혹평에 반응하고 대응할 필요는 없는 것이다.
 행여나 '누군가의 별생각 없이 작성한 습관과도 같은 악평'에, '인간의 잠재되어 있는 공격성이나, 분위기를 해치기 싫어하는 성향을 이용하여 나쁜 방향으로 유도되거나 조작된 악평'에 휘둘리지 말고 괜한 실랑이로 시간을 낭비하는 일은 없어야 할 것이다.

 사람의 마음은 '좋다고 해서 정말로 좋은지', '싫다고 해서 정말로 싫은지'는 쉽게 알 수 없는 일이고, 상황에 따라 달라지게 되기 마련이다.

 누군가를 평가하는 말들은 상당수는 마음이 담기지 않은 말들이고, 사실은 자기 자신을 위한 말들이기도 하다. 그 말들의 진짜 흐름과 본질을 볼 줄 알아야 할 것이다.

 사람들과 어울려 사회생활을 하는 사람들 중 타인의 시선과 평가를 신경 쓰지 않는 사람은 없다. 그런 사람이 있어서도 안 될 일이다.

 그러나 남을 함부로 평가하고 얘기하는 것도, 남의 시선과 평가를 너무 신경 쓰는 것도 항상 조심하고 피해야 할 일이다.

상대를 쉽게 정의하려는 인간

 우리는 누군가와 새로운 만남을 가질 때마다 만나는 대상들을 모두 정의하려 한다. 나에게 위험이 되는 대상이 될지, 도움이 되는 대상이 될지, 당장은 어느 것도 아닌 대상이 될지를 본능적으로 파악하려 하고, 그 대상에 대해 어떻게 대하고 처신해야 할지 결정해야 하기 때문이다.
 그러나 인간은 누군가와 만날 때 좋은 사람으로 보이기 위한 가면을 쓰고 있으며, 관계의 변화에 따라서 가면을 바꿔 쓴다는 것을 잊어선 안 될 것이다.
 사람의 첫인상에 속지 말고 그 사람에 대해서 잘 알고 싶다면 오래도록 두고 볼 일이다.

 사람들은 타인의 단편적인 모습만을 보고 사람을 평가하여, 섣불리 그 사람이 어떤 사람이라고 주관적 정의를 내리기 쉽고, 그 내린 정의에 확신을 가질수록 그 사람이 자신이 정의한 것과 다른 언행을 보일 때 배신감을 느끼게도 된다.
 설령 그 평가와 정의가 처음부터 잘못된 것이라고 해도 시간이 지날수록 내면에선 점점 어떠한 믿음이 되어가고, 믿음이 클수록 배신감도 커지게 되기 마련이다.
 이 과정에서 서로 잘못한 것이 딱히 없다고 해도, 괜한 불화나 불행이 생겨날 수도 있는 것이다.

때로는 한두 번의 실수가 사람에 대한 평가와 정의를 완전히 바꿀 만큼 작용하기도 하는데 이 역시 조심하고 다시 생각해 볼 일이다.

"너답지 않은 말과 행동"이라는 말이 거부감을 주는 경우가 많은 것은 그 '너'라는 것이 '상대의 주관적 생각으로 멋대로 정의 내려 생각하는 너'이기 때문이다.

 '당신이 정의하고 있는 너'의 모습을 만들기 위해 그 사람이 불편한 가면을 얼마나 쓰고 있었어야 했는지, 참고 억눌러왔던 것이 얼마나 되었었는지, 그로 인해 얼마나 스트레스를 받고 힘들어했었는지를 알지 못한다면, 또 '당신이 정의하고 있는 너'가 그가 원하지도 않고 생각하지도 않은, 당신이 멋대로 정한 것에 불과하다면 그러한 표현은 삼가고 조심해야 할 것이다.

 인간은 만나는 모두에 대해서 파악하고 정의를 내리려 하지만, 자신이 누군가에게 '쉽게 정의 내려지는 것'은 대부분이 좋아하지 않는다는 것을 유의해야 할 것이다.

 나도 나를 잘 모르겠는데 남이 나를 잘 알고 있다고 하는 것은 불편하다.

 내 인생을 살아보지도 않고 남이 내 인생이 어떻다고 말하는 것도, 가끔은 나도 종잡을 수 없는 내 성격을 남이 잘 알고 있다고 말하는 것도 불편할 때가 많다.

 모든 사람을 정해진 틀대로 정해진 유형으로 나누어 분리하면 세상은 참 편리할 것도 같지만, 애초에 불가능한 일이다.
 인간의 성향은 모두가 제각각이고 상황에 따라 기분에 따라 시간의 흐름에 따라 변하기 마련이다. 어떤 면에선 비슷한 사람들은 있어도 완전히 같은 사람은 없다.

 사람에 대해 알아보려고는 하되 그 사람이 어떤 사람이라고 쉽게 단정 지으려 하지는 말아야 할 것이다. 오랜 시간 지켜본 사람이라고 해도 그의 단편적인 모습만 보고 그 사람을 잘 알고 있다고 착각하지도 말아야 할 것이다. 괜한 불편한 감정과 불화가 생길 수 있는 것은 물론, 상대가 어떤 사람이냐에 따라선 그의 꾸며진 모습에 속아서 큰 피해를 입을 수도 있다.
 심한 경우 직접적인 피해를 입고 있으면서도, 그 사람에게 이미 많은 시간과 노력을 들였거나, 사람을 잘못 봤다는 것을 인정하기 싫은 등의 이유로 "원래 그런 사람은 아니야."라는 식으로 생각하고 말하며 상대를 감싸고 피해의 크기를 계속 키우기도 한다. 하지만 사람은 상대와 친해지게 되면 보통 자신의 진짜 모습에 가까운 편한 가면으로 가면을 바꿔쓰기 때문에 나중에 보이는 그 모습이 원래 모습에 가까운 것일 확률이 높다.
 나에 대해서도 역시 고민하고 생각하되 '나는 이런 사람이다'라고 스스로 성격과 성향에 대해 섣불리 정의 내리고 고정 관념을 갖게 되는 것도 조심해야 할 것이다. 자칫하면 그 관념에 의해 그렇게 해야 한다고 생각과 행동이 잘못된 방향으로 조종당할 수도 있다.

스스로 나에 대한 정의를 내려 보는 것 또한 자신을 객관적으로 보기 위한 도움이 될 수도 있고, 좀 더 나은 나를 만들기 위해 이용할 수도 있을 것이다. 하지만 자신도 모르게 그런 생각과 정의에 지배되어 다른 선택이나 행동이 필요한 때조차 영향을 받아 잘못된 선택이나 행동을 해선 안 될 일이다.

다소 인간관계가 서툰 사람이나 말실수를 종종 하는 사람들을 볼 때마다 그 사람이나 그 상황에 대해 잘 알아보려 하지도 않고 "저 사람은 피해야 할 사람이야.", "저 사람은 상대하지 말자.", "난 잘못이 없어. 저 사람이 잘못된 거야."라는 식으로 섣불리 단정 짓고, 그 사람을 불편한 사람, 피해야 할 사람으로 쉽게 정의하는 것이 습관이 된다면, 오히려 당신이 '불편한 사람', '피해야 할 사람'이 될 수도 있는 일이다.
'한 번 사는 인생 피곤하게 살지 말고 나 하고 싶은 대로 다 하고, 그런 나를 받아들여 주는 사람, 참아주는 사람만 만나자'고 생각할 수도 있겠다.
누구나 한 번쯤은 할 수 있는 생각이다.
하지만 입장을 바꿔 당신 자신은 '그렇게 행동하는 당신과 같은 사람들'을 다 받아들여 줄 수 있는가?
당신 자신이 자신도 모르게 남들에게 '불편한 사람', '피해야 할 사람'이 되지 않도록 조심하기도 해야 할 것이다.

감정은 사라지기 마련이다.

 사람들은 우울하고 괴로운 감정은 빨리 사라지길 바라지만, 행복과 기쁨의 감정은 사라지지 않고 오래도록 지속되기를 바란다. 그러나 그 어떤 감정도 계속되지 않고 사라지게 되기 마련이다.

 감정은 최고점을 지나면 필연적으로 낮아지고 이윽고 사라지게 되어 있다. 언제나 화가 나 있는 상태이거나, 언제나 우울한 상태라면 그것은 견디기 힘든 고통일 것이다.
 기쁨이나 행복과 같은 감정이 계속되지 않고 사라지게 되는 것도 자연스러운 일이고 필요한 일이다. 언제까지고 기쁨과 행복의 감정에 싸여 있다면 생존과 번식을 위한 행동을 포기하면서까지 그 상태에 계속 안주하고 머물러 있으려 할 것이기 때문이다.
 "망각은 신이 주신 선물"이라는 말이 근본적으로 의미하는 것은 바로 이 감정에 대한 것일 것이다.

 원인이 되는 생각을 다시 떠올린다면 그 감정 또한 다시 떠오르기 때문에, 그런 생각을 매일같이 떠올린다면 아주 오랜 시간 그 감정에 지배될 수도 있지만, 그렇지 않다면 대부분의 감정들은 얼마 지나지 않아 사라질 것이며, 상대적으로 오래가는 감정도 보통은 하룻밤만 자고 일어나도 많이 가라앉게 될 것이다.
 만약 이런 감정이 어떻게 해도 사라지지 않고 지나치게 오래 지속된다면, 그는 정상적인 상태가 아니라는 말이다. 적절한 치료와 도움이 필요한 상태이다.

 격한 감정을 억누르지 못하고 충동적으로 일을 저지르고 나서 시간이 지난 뒤에 후회하는 일은 아주 흔한 일이다. 격렬한 감정으로 인해 이성적인 판단이 제대로 되지 않는 상황이라 해도 어떻게든 이성을 잃지 말도록 노력해야 할 것이며, 그리하여 한 번 더 상황과 처신을 생각하려 해야 할 것이다.
 그래도 감정을 다 억누르지 못할 때는 그 순간, 할 수 있는 가장 현명한 방법으로 감정을 해소할 수 있도록 노력하고, 방법을 찾아야 할 것이다.
 쉬운 예로 '자리를 떠날 수 없고, 당장 대응해야 하는 위급한 상황'이 아니라면 일단 그 자리를 떠나는 것도 좋은 방법이다. 기분을 전환하고 다시 돌아왔을 때는 확실히 한층 더 이성적으로 판단하고 대응할 수 있게 될 것이다.

 감정에 대해 생물학적인 면에서 본다고 해도 다를 것은 없다.
 감정은 그냥은 움직이려 하지 않는 인간을 행동하게 하는데, 각각의 감정에 맞는 호르몬이 분비되고 이 호르몬의 양에 따라서 감정의 크기 또한 다르게 된다.
 분노와 슬픔과 같은 감정은 물론, 애정이나 행복과 같은 감정 또한 그렇다. 호르몬이 주는 강력한 충동과 지배력은 정신력이나 생각을 바꾸는 것만으로는 벗어나는 것이 지극히 힘들 때도 많다. 보통은 그 생각조차 지배될 것이다. 그렇지만 감정에 작용하는 이 호르몬의 분비는 무한정 지속되는 것이 아니라 시간이 지나면서 그치게 되기 때문에 아무리 격한 감정이라고 해도 자연히 사그라들게 된다.

때문에 호르몬의 분비로 인한 강렬한 충동에 당장 영향을 받아 휘둘리지 말고, 판단과 선택이 필요할 때는 시간을 두어 어떻게든 이성적으로 다시 한번 상황을 살펴보려 해야 할 것이다.

원인이 되는 상황을 계속 떠올리는 것도 아닌데, 비정상적으로 감정이 사그라지지 않고 계속될 때는, 이 호르몬 분비에 문제가 생겼을 확률이 높으니 말했듯이 치료와 도움을 받아야 할 것이다.

만약 앞서 말한 것과 같이 '감정이 원인이 되는 생각이 계속 떠올라 그 감정이 오래 지속되고 있는 상황'이고, 그 상황을 벗어나고 싶다면 어떻게 하는 것이 좋을까? 방법은 두 가지일 것이다.

한 가지 방법은 당연한 말이겠지만 그 생각을 떠올리지 않는 것이다. 그 생각이 떠오르지 않게 하는 어떤 일을 찾아서 하든, 그 생각을 하지 않으려 노력하든 어떻게든 말이다.

다른 한 가지 방법은 그 원인이 되는 대상에 대한 생각을 바꾸는 것이다. 그 대상에 대한 생각 자체가 바뀌게 되면 그에 따르는 감정 또한 당연히 바뀌게 된다. 예를 들어 나쁜 감정이 있는 사람을 생각하면 그 사람을 떠올리는 것 자체로 화가 나게 되지만, 그 사람에 대한 나쁜 감정이 사라지게 되면 그렇지 않게 된다. 그래서 "사람을 용서하는 것이 자기 자신을 위한 것이기도 하다."라는 말이 있기도 한 것일 것이다.

문명의 발달로 커져가는 정신적 고통

 불과 수십 년 전과 비교해도 인류의 기술과 문명은 눈부시게 발전했고, 그로 인해 인간의 생존을 위한 물리적 환경은 놀랍도록 좋아졌지만, 정신적 스트레스를 받을 확률 또한 크게 높아지게 되었다.
 더 많은 선택, 더 많은 인간관계로 인해 그만큼 많은 신경을 쓰게 되면서 본능으로 인한 스트레스를 그만큼 크게 받게 된 것이다.
 사회적 환경은 너무도 빠르게 변하고 있지만 생존과 번식을 위한 기본적인 본능은 언제나 그대로이고, 그 본능에 영향을 받는 인간의 심리와 생각은 도저히 그와 같은 속도로 변하질 못한다.
 생존과 번식이라는 두 원초적 본능은 외부에서 강제적인 조정을 당하거나 종의 멸망의 때가 오지 않는 한 사라지지 않을 것이고, 그 본능에서 가지를 쳐 뻗어있는 인간의 다양한 심리나 행동 양상은 아주 오랜 시간에 걸쳐 천천히 형성되고 달라지게 되기 마련이다. 그런데 하루아침에도 새로운 것들이 쏟아져 나오고 많은 것들이 달라지고 있는 것이 지금의 세상이다.
 물론 평균적으로 빠르게 조절되는 심리와 행동 양상도 있겠고, 교육과 학습을 통해 변화를 따라가기 위한 도움을 받을 수도 있다. 게다가 인간은 뛰어난 환경 적응력 또한 갖추고 있다.
 하지만 그럼에도 불구하고 어떻게 해도 도저히 다 따라갈 수 없을 만큼 많은 것들이 너무나 빠르게 달라지고 있으며, 다 감당하고 처리하지 못할 만큼 너무 많은 사람들과 연관되어 살아가고 있기 때문에, 문제가 다 해결되지는 못하고 있다.

 문명의 발달이 인간에게 더 큰 정신적 고통을 주는 이유들에 대해 좀 더 자세히 생각해 보자. 여러 이유가 있겠지만 우선 크게 세 가지 정도를 들 수 있겠다.
 첫 번째 이유는 앞서 말했듯 급속도로 이뤄지는 환경의 변화에 인간의 생각과 정신이 따라가질 못한다는 것이다.
 현재 지구상에 인간이 이토록 번성한 이유 중 하나가 인간이 환경에 적응하는 능력이 뛰어난 것이라고 하지만, 사실 인간이 새로운 것을 받아들이고 적응하는 데는 상당한 시간이 걸리며, 아주 오랫동안 바꾸지 못하는 것들 또한 있다.
 사람은 이미 익숙한 것을 쉽게 버리지 못하고 더 선호하기 마련인데, 어떠한 예술의 장르이든 생활양식이든 새로운 것을 만나면 그것을 받아들이는 데 적잖은 시간이 걸리게 되는 것이 보통이다. 국가와 지역의 문화와 풍습, 사회의 인식은 수십 년 이상 오랜 시간이 걸려야 바뀌기도 하고, 그중에는 수백, 수천 년을 이어져 내려온 것들도 있다.
 그런데 지금의 세상은 어떤가? 새로운 것에 적응이 되었다 싶으면 다시 또 새로운 것이 나오고, 미처 적응이 다 되기도 전에 다시 또 새로운 것이 나오는 세상이다.
 이렇게 감당하기 힘들 만큼 빠른 변화를 따라가는 것이 힘들어, 지치고 포기하는 일이 확대되어만 가고 있다.

두 번째 이유는 세계의 확장, 인간관계의 확장이다.

과거 대부분의 사람들은 일생 동안 한정된 인물들만을 만나고 신경을 쓰게 되었지만, 발달된 문명사회에서는 인터넷과 TV 등으로 훨씬 더 많은 사람들을 접하여 신경 쓰게 되고, 그로 인해 보다 많은 정신적 고통을 겪을 수 있는 환경에 처해 있다.

불과 몇 명의 사람들이 주는 정보들도 종종 다 처리하기 힘든 때가 있는데, 그 몇백 배, 몇천 배의 사람들에게서 쏟아져 나오는 수많은 정보들을 처리하는 것은 당연히 힘들 수밖에 없다.

무엇이 정말 필요한 얘기인지, 신경을 써야 하는 얘기인지 항상 완벽히 구분해 낼 수는 없다. 또 그런 구분의 노력에 쓸 시간이 무한정 있는 것도 아니다.

나와 전여 상관없는 타인의 말들이나 혹은 똥똥 도움이 되는 말들도 있고, 그러한 말을 접하고자 하는 목적으로 움직일 때도 있다. 문제는 그런 도움이 되는 말들만 접하게 되는 것이 아니라는 것에 있고, 신경을 쓰지 말아야 하는 말이란 것을 알면서도 신경을 쓰게 되는 것에 있다.

누군지도 모르고 아무런 상관도 없는 사람들의 지나가는 얘기, 생각 없이 던져진 무의미한 말에도 인간은 지나치게 신경을 쓰거나 의미를 부여하기 쉽고, 그렇게 불필요한 신경을 쓰는 만큼 삶은 피폐해져만 간다.

SNS나 TV 등에서 자주 보이는 모습들은 실제와 다르더라도 마치 그것이 맞는 것처럼, 보통인 것처럼 착각하게 하기도 한다.

접하고 볼 수 있는 세계의 확장으로 인해 '비교하는 정도' 또한 비할 수 없이 확대되었다. 과거엔 극히 한정된 인물들, 주변 사람들과의 비교만 했다면 지금은 수많은 사람들과 끝없이 자신을 비교하게 되기 쉬워졌다. 이것은 개인과 사회의 발전에 도움을 주기도 하지만, 적절히 조절되지 않는다면 사람을 너무도 힘들게 한다.

 세 번째는 선택의 자유의 확대다.
 자유는 좋은 것인데, 자유가 확대된 것이 왜 인간을 괴롭게 할 수 있느냐고 생각할 수도 있겠다.
 그러나 너무 많은 자유는 인간을 방황하게 하고 고민하게도 한다.
 대부분 정해진 인생을 살아야 했던 과거와 달리 지금은 자신의 진로를 스스로 선택하고 결정할 수 있는 시대이다.
 '수많은 직업들 중에서 자신의 진로를 찾는 것', '진로를 위해 무엇을 어떻게 해야 할지 생각하고 정하는 것'부터 많은 고민을 하게 하지만, 결정하고 선택한 일을 하고 있으면서도 '과연 이 일을 계속하는 것이 맞는 것인지?', '다른 길은 없는 것인지?' 끊임없이 고민하게 된다.
 풍요로워진 세상으로 인해 선택할 것, 배울 것이 많아진 것도 그렇다.
 물질적으로 풍요로워지고 세상이 다양화된 것은 장점이기도 하지만, 때로는 사람을 너무 힘들고 지치게도 한다.
 물건 하나를 고르려 해도 선택지가 수천, 수만을 넘으며, 볼 것도 할 것도 너무나 많은 세상이다.
 선택이 필요한 일들이 너무도 많고, 모든 것을 다 선택하기엔 절대적으로 시간이 부족하기만 하다.
 물론 선택의 과정도 하나의 즐거움이 될 수 있지만, 그런 선택이 너무 많이 계속되다 보면 지치지 않을 수 없게 된다.
 인간은 자신의 길을 스스로 선택하고 결정하기를 원하지만, 그러면서도 누군가 길을 알려주고 선택해 주기를 바라는 면도 있다. 혼자서 모든 것을 결정하기는 힘들어 누군가 대신 결정해 주고 그것을 따르는 경향을 보이는 것도 드문 일이 아니다.
 그렇다고 이런 자유의 확대가 나쁘다는 말은 절대 아니다. 인간은 책임을 지는 것을 전제로 더 자유로워져야 하고, 그런 가능성을 지닌 존재이다. 단, 그런 자유가 스스로의 역량을 벗어날 때는 인간을 힘들게도 할 수 있다는 것뿐이다.

 그렇다면 이러한 문제들에서 오는 정신적 고통을 어떻게 줄일 수 있을까?
 가장 좋은 방법 한 가지만을 얘기하라고 한다면, "포기할 것은 포기하고, 신경 쓰지 않아도 되는 것은 신경을 쓰지 말아야 한다."는 것을 말하고 싶다. 선택과 집중을 잘하라는 말 또한 같은 말이 될 것이다.
 이는 당연한 말이고, 오래전부터 이미 많은 이들이 알고 있던 방법일 것이다. 그런데 잘 알고 있으면서도 그렇게 하는 것이 쉽지 않은 이유는 무엇일까? 이 또한 많은 이들이 답을 알고 있을 것이다. 대표적으로 두 가지를 들 수 있을 것인데 첫 번째는 무엇이 포기해도 되는 것인지, 무엇이 신경 쓰지 않아도 되는 것인지 구분이 어려운 경우가 많다는 것이다. 즉, 생각하는 것보다 선택이 어려울 때가 많다는 것이다.
 두 번째는 포기하고 싶고 신경 쓰지 않으려 하는데 그것이 외부적 요인이든 내부적 요인이든 쉽지 않은 상황이 있다는 것이다. 이것은 경험에 의한 이성적 문제이기도 하고, 주위 환경의 문제이기도 하며, 본능의 영향 때문이기도 하다.
 때문에 우리는 정보를 찾아보고, 누군가와 상담하고 대화하고, 맡길 수 있는 것은 맡기고, 해 볼 수 있는 것은 해보고, 스스로 고민하고 생각하며 이러한 문제를 줄이려 늘 노력해야 한다.
 많은 것들을 신경 쓰고, 많은 일들을 하려 하면 발전을 얻을 수도 있을 것이나, 그것은 힘든 일이고 중요한 것을 잃거나 놓치게 될 수도 있다. 반대로 신경을 쓰는 것을 줄이다 못해 신경을 써야 할 일들까지 외면하는 것 역시 문제가 된다. 현재 나 자신의 상황과 역량을 고려하여 적절한 균형을 찾고 생각을 도움이 되는 쪽으로 바꾸려 해야 할 것이다.

그럼에도 문명의 발달은 계속되어야 한다.

 그렇다면 문명은 인간을 힘들게 하니 사라져야 하고, 인간은 다른 동물들과 같이 원시적인 삶을 살아야 할까?
 아니 그렇게 되어선 안 될 일이다
 지금의 발달된 문명이 사라지게 될 때 가장 고통받고 불편한 삶을 살아야 하는 이들은 바로 사회적 약자들이다.
 문명의 발달은 기술의 발달과 떨어뜨려 볼 수 없는 불가분의 관계이다.
 의수, 의족, 보청기, 인공 안구의 연구와 같이 발달된 기술과 발전된 문명이 없다면 장애인들은 훨씬 더 불편하고 힘든 삶을 살아야 할 것이며, 아픈 이들은 치료받지 못하고 고통을 계속 견뎌야 하거나 그대로 죽게 될 것이다.
 굶어 죽어 가고 있는 가난한 국가의 아이들을 구하고 싶어도 인력과 식량을 운송할 마땅한 교통수단이 없다면 구할 수 없을 것이다. 아니 애초에 발달한 기술이 없었다면 먼 나라의 사정을 알기도 어렵고, 그러한 사정을 알리기도 어려웠을 것이다.

 많은 이들이 문명이 발달하지 않은 시대엔 사람들이 지금보다 훨씬 더 행복했을 것이라고 생각한다.
 하지만 그는 모르는 일이고, 어쩌면 그 시절을 정말로 살아보지 못했기 때문에 할 수 있는 착각일 수도 있다.

세계가 신분과 계급에 얽매여 있던 그 옛날, 대부분의 사람들은 자신의 미래를 선택할 수 없었고, 불합리한 운명을 그저 참고 견디다 생을 마감해야만 했다. 혁명이라도 일어나지 않는 이상은 가난한 소작농의 자식으로 태어나면 자신 또한 평생을 그렇게 살아야 했고, 노예의 자식으로 태어나면 평생을 노예로 살아야 했다. 인신공양이 있던 지역에선 제물로 바쳐질 사람들은 불합리하게 살해당해야만 했다.

그보다 원시적인 사회에서는 맹수들에게 습격당해 잡아먹힐 것을 두려워하며 잠드는 등, 문명사회에서는 보기 힘들어진, 온갖 위험에서 오는 공포까지 참고 견뎌야만 했다.

운이 좋게 왕과 같은 높은 신분으로 태어났다고 해서 무조건 좋았을 것인가?

그 신분 때문에 자식을 죽이고 형제를 죽이고 주위 사람들 모두를 감시하고 두려워하던 이들이 얼마나 많았던가?

그 시대의 다른 사람들 보다 물질적으로는 풍요롭고 상대적으로 목숨을 지키기도 쉬웠겠지만, 사람들이 생각하는 것만큼 내키는 대로 마음대로 살았던 왕은 극소수일 뿐이다. 어린 시절부터 왕이 되기 위해 엄청난 공부를 해야만 했고, 왕이 되어선 수많은 책무에 치여 살아야 했다. 원래 사람 위에 선다는 것은 그런 것이다.

어디에나 어린 아기들의 죽음이 넘쳐나 아기가 태어나 100일, 1년이 지나도 살아있으면 축하를 받던 것이 그리 오래전 일이 아니다. 아이의 죽음이 몇 번을 반복되었다 하더라도 아이를 잃었을 때 부모의 가슴 찢어지는 슬픔이 사라질 리가 있는가?
 지금은 너무도 쉽게 예방하고 치료할 수 있는 '한센병'은 과거엔 불치병이었고 '문둥병'이라는 멸칭으로 불리며 세상의 온갖 멸시와 핍박을 다 받던 질병이었다. 그 시절, 그들이 사람들에게 돌을 맞고 쫓겨 다니며 마음에서도 피를 흘려야만 했던 그 아픔을 감히 상상할 수 있는가?

 어떤 이들은 사람이 병들고 다치고, 죽고 사는 모든 것은 운명이니 그냥 받아들이라고 할지도 모르겠다.
 하지만 그냥 운명이란 말을 그때그때 편리하게 이용하는 것은 아닌지 생각해 보아야 할 것이다.
 전적으로 운명을 받아들이는 삶이 옳다고 여기는 이들이라 해도 운명과 맞서 싸우려 하는 이들에게까지 그렇게 하라고 할 수는 없는 일이다.

 물론 문명의 발달로 인해서 생기는 부정적인 일들 또한 많다.
 하지만 우리가 노력해야 할 일은 그런 부정적인 문제들을 개선하고 타파하려는 것이지, 발달된 문명 그 자체를 적대하고 없애려 하는 것이 아닐 것이다.
 지금보다 문명과 기술이 더욱 발전하여 본인은 물론 그 가족까지 힘들게 하는 치매 환자들도 치료할 수 있게 되고, 지금의 기술로는 치료받지 못하는 (전맹) 시각장애인들도 치료를 받아 사랑하는 사람들의 모습과 살고 있는 세상을 볼 수 있게 되길 바란다.
 그렇게 지금은 해결하지 못하는 세상의 고통과 괴로움들이 하나둘 해결되어 가길 바라는 것이 맞지 않겠는가?
 문명의 발달은 계속되어야 한다. 단, 우리는 문명과 기술의 발전 방향이 점점 더 '인류와 세상의 공존과 번영'을 위해 이로운 쪽으로 치우치길 바라며, 그렇게 함께 노력해야 할 것이다.

2부. 어떻게 생각하고, 어떻게 살아갈 것인가

생각하는 힘

 생각하는 힘은 인간이 인간으로서 살게 하고, 인간이 지구상의 다른 생물들과 다른 특징을 갖게 하는 가장 큰 능력 중 하나이다. 그리고 그것은 당연히 생각을 계속하려고 해야만 발달하고 발달이 유지되는 것이다.
 몸이 힘들다고 운동을 멀리하는 것처럼, 머리가 힘들다는 이유로 생각하는 것을 멀리한다면, 인간의 다른 신체적·정신적 능력과 같이 생각하는 능력 또한 퇴보하게 되기 마련이다. 그것은 결국 당신에게 어떻게든 손해로 작용할 것이다. 생각하지 않으려 하는 이들은 무엇이라도 생각하는 이들에게 휘둘릴 수밖에 없다. 그들이 하는 생각이 좋은 것이든 나쁜 것이든 말이다.

 생각은 넓고 깊게 할 줄도 알아야 하지만, 멈추거나 끝낼 줄도 알아야 한다.
 무슨 일이든 보통은 '생각 없이 행동하는 것'보다는 '많은 생각을 하고 행동하는 것'이 좋지만, 그렇다고 생각이 지나치게 오래 계속되도록 해서는 안 된다.
 반드시 어떤 행동이 수반되어야 할 때 어느 정도 생각이 많은 것은 신중한 것이라 할 수 있지만, 정도가 지나쳐 생각만 하다가 때를 놓치거나 일이 끝나버리는 실수는 피해야 할 것이다. 그것은 오히려 생각을 안 하느니만 못한 일이 될 수도 있다.

어떤 문제에 대해 생각을 할 때는 우선 불필요한 생각과 필요한 생각을 구분할 줄 알아야 한다. 그렇게 해서 불필요한 생각을 하는 시간을 줄여서, 필요한 생각을 보다 넓고 깊게 할 수 있는 시간을 벌어야 하고, 너무 늦지 않게 적당한 때에 생각을 적절히 정리하여 최선의 결론을 도출해 낼 수 있어야 한다.

 이것은 살아있는 한 계속해서 노력해야 하는 것이나 이렇게 생각하는 힘이 일정 수준 이상으로 길러진다면 그것은 평생 큰 도움이 될 것이며, 어떠한 상황에서도 당신과 당신이 사랑하는 사람들을 지킬 수 있는 강력한 무기가 되기도 할 것이다.

 보통의 사람들이 몇 시간을 생각해도 정리하지 못하는 일을, 단 몇 분 만에 높은 수준으로 생각을 정리하는 이들도 있다. 그들은 그 문제에 대해 생각하는 시간을 줄인 만큼 더 많은 시간을 갖게 된다. 그리고 이런 시간의 차이가 조금씩 격차를 만들게 된다.

 그 누구도 처음부터 이런 능력을 갖고 있지는 않다. 경험과 연륜, 그리고 지식이 쌓임에 따라서 천천히 발전할 것이니 조바심을 내지 말고 꾸준히 노력할 일이다.

한 번이라도 더 생각하라.

 인간의 불행은 많은 경우 '쉽게 생각할 것'을 어렵게 생각하고, '어렵게 생각할 것'을 쉽게 생각하는 것에서 생겨난다.
 한참을 고심하고 있는 문제가 있다면 '너무 어렵게 생각하고 있는 것은 아닌지?' 생각해 볼 것이며, 그냥 쉽게 넘기려 하고 있는 문제가 있다면 '너무 쉽게 생각하고 있는 것은 아닌지?' 생각해 볼 것이다.

 모든 것을 항상 완벽하고 냉철하게 판단할 수 있는 사람은 없다. 사람으로서 본능에서 완전히 자유로울 순 없기 때문이다. 어느 시점에서든 본능이 개입하는 순간 판단력은 흐려지고, 본능의 방향으로 사고(思考)는 기울어지게 된다.
 이성적으로는 어떻게 행동해야 한다고 알면서도 감정을 이기지 못해 그렇게 하지 못하는 때가 있는 법이다. '결과가 좋지 않을 것.'이라는 생각이 든다면, '하면 안 된다.'는 생각이 든다면 어떻게든 감정을 다스리려 하고, 감정이 사그라들 시간을 벌어야 할 것이다. 그리하여 다시 생각할 일이다.
 그래도 충동을 다 억누르기 힘들다면, '그 행동을 했을 때 일어날 수 있는 최악의 결과'를 상상해 볼 것이다.
 하지만 그럼에도 불구하고 '안 된다는 것을 알면서도 마음이 가는 대로 행동하게 되는 것'을 다 없게 할 수는 없을 것이다. 어떻게 되든, 어떻게 하든 행동과 결과에 분명히 책임은 져야 하고, 생길 수 있는 문제와 후회를 감당할 수도 있어야 할 것이다.

 항상 이성적으로만 생각해서 판단을 내리는 것이 정답인 것은 아니다. 때로는 감정이 개입된 선택이 더 좋은 선택일 때도 있다. 사람은 항상 논리적으로 생각하고 행동하는 것이 아니고, 논리적인 선택과 결정이 항상 정답이 되는 것도 아니다. 마음이 먼저 움직이고, 그 뒤에 그것에 대해 이성적인 면으로 생각하는 것 또한 지극히 평범한 일이다.
 이러한 경우들 역시 완전히 결정을 내리기 전, 선택에 따른 결과를 한 번 더 생각해 봐야 할 것이다. 조금 뒤의 일만이 아니라 과연 그 선택을 오랜 시간이 지나도 후회하지 않을지 먼 뒤의 일까지 생각해 보는 것이 좋을 것이다.
 이것은 나중에 올 후회를 걱정하여 무조건 행동하지 말라는 말이 아니다. 단지 가능하다면 "무슨 일을 하기 전엔 한 번이라도 더 생각해 보는 것이 좋다."라는 당연하다면 당연한 말을 하는 것이다.
 한 번이라도 더 생각하여 내린 결정은 나중에 후회의 마음이 들더라도 '별생각 없이 가벼운 마음으로 저지른 일에 대한 후회'가 아니라, '고민해서 결정했던 일에 대한 후회'가 될 것이다. 똑같은 선택과 결과라도 이 둘의 차이는 결코 작지 않을 것이다.

 만약 내가 도저히 감당할 수 없다고 생각하는 문제가 발생하여 진심으로 절망스럽다고 느껴지는 상황에서도 이것이 정말로 어찌할 방법이 없는 문제인지 다시 생각해 보라.

어쩌면 어렵지 않은 방법이 있음에도 나와 내 주위의 사람들이 모르고 있을 수도, 못 보고 있을 수도 있다.
 그리고 사실은 방법을 알고 있음에도 하지 못하고 있는 것은 아닌지 생각해 보아야 할 것이다.

 어떤 때는 심사숙고 끝에 생각을 바꿔 다시 내린 결정보다 처음의 생각이 더 좋기도 할 것이다.
 생각할 시간까지도 줄여 조금이라도 빨리 행동하는 것이 좋을 때도 있을 것이다.
 그러나 그것이 한 번 더 생각해 보거나 생각을 신중하게 하지 않아도 된다는 말은 아니다.
 한 번이라도 더 생각해 보는 것은 처음엔 미처 생각하지 못했던 부분을 떠올리게 되는 등 문제가 발생할 위험을 줄이고, 더 나은 선택을 하고 더 나은 결정을 할 확률을 높이게 된다.
 생각할 시간이 조금도 주어지지 않는 급박한 상황이 아니라면, 생각하는 것을 번거로운 일이라 여기지 말고 한 번이라도 다시 생각해 보려는 습관을 들이려 해야 할 것이다.

과정은 결과에 영향을 주고, 결과는 과거에 영향을 준다.

'과거가 현재와 미래에 영향을 준다는 것', '과정이 결과에 영향을 준다는 것'은 거의 모든 사람들이 쉽게 받아들일 수 있을 것이다. 그러나 반대로 '현재와 미래의 일들이 과거에 영향을 준다는 것', '결과가 과정에 영향을 준다는 것'은 의아하게 생각할 사람들도 적잖이 있을 것이다.

 그러나 그것은 분명한 사실이고 생각해 보면 당연한 일이며, 누구에게나 예외 없이 해당되는 얘기이기도 하다.

 예를 들어 어떤 곳으로 여행을 갔을 때 그곳에서 좋은 일이 있었다면, 여행을 가기로 선택했던 과거의 일은 잘한 일로 생각될 것이다. 그러나 나쁜 일이 있었다면 과거의 그 선택을 하지 말아야 했다고 후회할 것이다.

 결과에 따라 과거의 일이 잘한 일도 될 수 있고, 잘못한 일도 될 수 있는 것이다.

 사업이 어려움에 처했을 때 끝까지 포기하지 않아서 결국 성공했다면, 그는 "포기하지 않았기에 성공했다."라고 말할 것이며, 결국 실패했다면 보통은 "빨리 포기하고 다른 일을 했어야 했다."라고 말할 것이다.

 사업이 여러 번 거듭해서 망했다고 해도 결국 성공했다면, 그는 "과거의 망한 사업들은 좋은 경험이자 밑거름이었고 성공을 위해 모두 필요한 것이었다."라고 사람들에게 말하기도 할 것이다. 하지만 끝내 성공하지 못했다면 그렇게 생각하지도 않고, 그렇게 말하지도 않을 것이다.

 결과가 과거에 영향을 준다는 사실에 대해 우리가 신경을 써야 하는 문제는 두 가지이다.
 첫째는 과거의 선택에 집착하거나 얽매이지 말아야 한다는 것이다. 비록 그 선택이 나쁜 결과에 영향을 주었다고 해도 꼭 그 선택이 잘못되었던 탓은 아니다. 그때 할 수 있던 선택을 한 것뿐이고, 그 순간엔 그것이 답이었을 수도 있다. 만약 다른 선택을 했더라도 어쩌면 더 나쁜 상황이 되었을지도 모르는 일이다.
 둘째는 일단 어떤 일을 선택하고 실행에 옮기기로 결정했을 때는 그 선택이 잘한 것인지 고민하기보다는 그 선택을 잘한 선택으로 만들기 위해 노력해야 한다는 것이다.
 그 선택을 했다는 과거 자체는 바뀔 수 없는 일이지만, 그 선택이 옳았던 것인지 아닌지는 이후의 행동으로 바뀔 수 있는 일이다.

 과거의 경험과 기억을 이용하되, 얽매이지 말아야 할 것이다.
 그리고 도움이 되지 않는 과거에 머무르지 말아야 한다. 과거는 필요할 때 잠시 찾는 것으로 충분하다.

가면을 쓴 모습도 당신이다.

"가면을 쓴 모습이 아닌 진짜 자신의 모습을 찾으라!"라는 식의 말은 긍정적으로 활용될 수도 있는 말이지만, 그렇다고 그대로의 의미로 받아들이고 생각해서는 위험한 말이다.

'가면(페르소나)'를 벗은 진짜 그 자신의 모습은 굳이 찾으려 할 필요도 없다. 당신이 온전히 혼자 있는 시간에서의 모습이 보통은 당신의 진짜 모습이며, 타인과 함께 있을 때 저절로 떠오르는 생각들이나 느낌 역시 당신의 진짜 모습에서 나오는 것들이다.

이런 때에도 이성의 영향은 사라지지 않기 때문에 이 모습조차 자신의 모습이 아니라고 생각할지도 모르겠다.

그렇지만 이성이란 것이 전혀 존재하지 않고 오로지 본능만 존재하여 그에 따라 행동하는 것이 정말 당신의 진짜 모습일까?

혼자 있을 때조차 이성과 본능의 영향을 모두 받는 것이 보통의 사람이라면 당연한 일이다. 당신의 진짜 모습은 그런 이성적인 부분까지 모두 포함하여 나타나는 것이다.

이성을 가진 인간은 누구나 상황에 따라서 처세를 다르게 한다.

'가면'이라 표현되는 것은 인간의 이성에 의해 만들어지고 꾸며진 행동양식이다.

혼자가 아닐 때 인간은 누구나 본능과 이성이 어우러져 만들어진 가면을 쓰게 되는데, 이 가면은 절대로 부정적인 것이 아니다. 인간에게 이성이 존재한다는 것을 보여주는 증거이기도 하며, 인간관계를 원활하게 하고 사회를 평화롭게 하는 긍정적인 면도 갖고 있다.

 타인과 함께 있을 때 정말로 가면을 쓰지 않는 인간이라면 이성이라 할 만한 것이 존재하지 않는 단순한 동물과도 같은 존재이거나, 반대로 인간을 초월한 '신'이나 '성인(聖人)'과 같은 존재일 것이다. 그러니 쉽게 가면을 벗으려 하지도 말고 가면을 벗으라는 식의 말들을 잘못 받아들이지도 않도록 조심해야 할 것이다.

 가면을 쓰지 않아도 되는 완벽한 존재를 꿈꾸는 이도 있겠으나 인간이 신이 되지 않는 한 그것은 불가능한 일이다. 평생 그 어떤 사람과도 만나지 않고 혼자서만 살아간다면 가능할 수도 있겠으나 현대사회에서는 그 또한 불가능에 가까운 일이다.

 의식하지 않아도 자신도 모르게, 생존과 번식을 위한 본능이 이성을 움직여 타인에게 자신을 좋은 사람으로 보이게 한다.

 가면을 썼다고 생각한다면, 그 상황에서 그러한 가면을 만든 것도, 쓰는 것을 선택한 것도 당신이라는 것을 알아야 한다. 완전히 같은 상황과 조건이라 해도 사람들은 저마다 개인의 특성에 따라 다른 가면을 쓰게 된다. 비슷한 가면은 있어도 똑같은 가면은 없다. 본인의 개성과 이성적 능력에 의해서 스스로 만든 가면을 쓰고 있는 모습 또한 당신의 모습인 것이다. 그렇게 가면을 쓰고 있는 모습 또한 자신의 모습 중 하나라고 있는 그대로의 당신을 받아들일 줄 알아야 한다.

때때로 가면을 벗고 싶다고 생각할 정도로 사람들과 어울리는 것이 괴로운 때가 있을 것이다.

그때의 당신은 무척 약해져 있는 상태이거나, 그 가면을 쓰고 있는 시간이 너무 길어 스트레스가 지나치게 커진 상태일 것이다. 혹은 다른 가면들과 비교해서도 특히 괴로운 가면을 쓰고 있는 것일 수도 있다.

그렇게 가면을 쓴 것 같은 모습이 정말 견디기 어렵다면 세 가지 해결 방법이 있을 것이다.

첫 번째 방법은 그러한 상황을 가능하면 되도록 피하는 것이고, 두 번째 방법은 그러한 상황을 피할 수 없다면 불편한 느낌을 줄일 수 있도록 말과 행동을 조금씩 편하게 바꾸는 식으로, 쓰고 있는 가면을 조정하는 것이다.

마지막 세 번째 방법은 가장 어렵고 오래 걸리지만 무엇보다 큰 도움이 되는 방법이기도 하다. 그 가면이 좋은 사람으로 보이도록 하기 위한 가면일 때, 바로 그 가면이 불편한 것으로 느껴지지 않도록 인격적 성숙을 이루어 자신의 진짜 모습을 바꾸는 것이다. 가면을 쓴 모습이 진짜 자기 모습이 될 수 있는 것처럼 내가 진짜라고 생각하는 모습 또한 바뀔 수 있다. (상황에 따라서는 악역을 연기하는 가면을 쓸 때도 있을 것인데, 이때는 반대로 그 가면을 쓴 모습이 내 진짜 모습이 되지 않도록 조심해야 할 것이다.)

그럼에도 오랫동안 익숙해진 가면을 쓰고 있을 때도 힘겨움을 느낄 때가 있으며, 쓰고 싶지 않은 가면을 써야 할 때도 있을 것이다.

 때문에 사람에게는 가면을 벗고 있을 수 있는 시간, 온전히 혼자 있는 시간이 필요한 것이기도 하다.

인생의 의미와 목적

 내 인생의 의미는 무엇인지? 인생의 목적은 무엇인지? 왜 살아야 하고 무엇을 위해 살아야 하는지? 인간의 삶에 대한 사색(思索)은 인간이 그런 생각을 할 수 있는 힘을 가졌을 때부터 존재해 왔었다.
 그러나 인생의 의미와 목적에 대해 생각하고 찾으려 하기에 앞서 '도대체 지금 내가 왜 인생의 의미에 대해서 생각하고 있는 것인지?', '어째서 인생의 의미를 찾으려 하거나 필요로 하는지?'를 먼저 생각해 볼 필요가 있겠다.
 현재에 만족하지 못하고 더 나은 미래를 갈망해서인지? 삶에 지쳐 휴식을 원해서인지? 슬픔이나 외로움과 같은 감정에 의한 것인지? 아니면 불확실한 앞날에 대한 두려움과 혼란 때문인지… 어떤 것이든 당신이 찾고자 하는 당장의 인생의 의미와 목적은 그 이유들과 연결되어 있을 것이다.
 그리고 그것은 당신이 필요로 하는 인생의 의미와 목적을 정리하는 데도 도움이 될 것이다.

 사람이 살아가는 것에 의미는 없는 것이라 말하는 이들도 있으며, 반대로 의미는 분명히 있다고 하는 이들도 있다.
 자신의 삶의 의미와 목적을 찾았다고 생각하는 이들도 그 의미와 목적은 모두가 다르다. 어떤 이는 종교적인 것에, 어떤 이는 가족을 위하는 것에, 어떤 이는 타인을 위한 박애와 헌신에, 어떤 이는 개인의 행복에... 스스로가 인생의 의미와 목적으로 여길 만큼 조금이라도 더 중요하게 생각하는 것은 모두가 다르고 그렇게 각자의 답도 다르게 된다.

 삶의 의미와 목적은 없다고 생각하거나, 스스로 만들어가는 것이라고 생각하여 매 순간순간을 중요시하는 삶을 사는 것도 좋다.
 삶의 의미와 목적이 있다고 생각하여 나름의 답을 찾고자 하고, 찾은 그 의미와 목적을 위한 삶을 살아도 좋다.
 그래도 만족할 답을 찾지 못하고 생각하기를 계속하는 것도 좋다.
 끝까지 답을 찾지 못할지언정 무언가에 대해 깊이 생각하는 것 자체만으로 인간은 성장하는 법이다.
 그 어떤 것이라도 당신에게 도움이 될 수 있다면 그것으로 좋은 일, 충분한 일이라고 생각한다.

 사람의 생각은 시간의 흐름과 상황의 변화에 따라서 언제든 변할 수 있다.
 인생의 의미와 목적에 대한 것도 그렇다.
 "인생의 의미가 없는 줄 알았는데 드디어 인생의 의미를 찾았다."라고 하는 사람들도 있을 것이며, 반대로 "인생의 의미를 찾고자 그토록 노력했지만 그것이 무의미한 것을 알았다."라고 하는 사람들도 있을 것이다. 인생의 의미와 목적을 찾았다고 해도 살다 보면 얼마든지 또 변하고 달라질 수도 있다.

자신의 인생의 의미나 목적과 연결된 '어떤 실패'나 '존재의 사라짐'과 같은 일을 겪게 된다면 자신의 인생의 의미와 목적이 사라졌다고 생각하여 깊은 슬픔과 절망에 빠지게 될 것이다. 그러나 슬픔을 이겨내고 살다 보면 다시 새로운 인생의 의미를 만나거나 찾는 날도 올 것이다. 인생은 길다면 길고 예측할 수 없는 법이다.

더 행복해지고 싶다면

'행복'이란 것이 과연 무엇인지는 한마디로 정의하기 어렵겠지만, 인간이 느끼는 행복이란 것은 일반적으로 '기쁨이나 즐거움을 느끼고 만족하는 상태'라고 할 것이다.

 만족함과 결합되지 않은 일시적인 기쁨과 즐거움을 느꼈을 때는 단지 "기쁘다.", "즐겁다."라고 말할 뿐 그것만으로 "행복하다."라고 말하지는 않는다. 그것이 만족스러움을 느끼는 감정과 결합했을 때 비로소 인간이 생각하는 행복이라는 감정에 가깝게 된다.

 인간은 보통 어떤 목표와 할 일이 계속해서 있을 때 불행함을 떠올리지 않게 되기 마련이다. 무언가 몰두할 수 있는 일을 하는 것은 외부의 어떤 도움을 받지 않고서도 자신의 부정적 감정을 줄일 수 있는 가장 좋은 방법 중의 하나이기도 하다.

 그렇게 불행을 느끼지 않을 수는 있지만, 불행하지 않다는 것이 곧 행복하다는 말은 아니다. 위에서 말했듯 행복은 기쁨과 만족의 감정이 함께 떠오르지 않는다면 느껴지지 않는 것이기 때문이다.

 평범한 사람들은 대체로, 이렇게 행복하지도 않고 불행하지도 않은, 아무렇지도 않은 상태일 때가 많다. 그리고 그 아무렇지도 않은 마음에 어떤 생각이나 감정이 자리하느냐에 따라서 불행해질 수도 있고, 행복해질 수도 있다.

그렇게 아무렇지도 않은 상태에서도 "불행하지 않다면 행복한 것"이라는 말을 떠올려 행복한 감정을 이끌어 낼 수도 있는데, 그처럼 그런 말을 적절히 이용하는 것도 좋을 것이다. 그러나 항상 그런 식으로 생각해서 현재에 안주하고, 발전이나 긍정적 변화를 위한 노력을 소홀히 하게 되는 것도 좋은 일이라고 할 수는 없겠다.

 행복은 뜻밖의 행운이나 다른 누군가의 고마운 행동과 같이 외부적 요인에 의해 생길 수도 있지만, 스스로의 생각과 행동으로 만들 수도 있다.
 그렇게 스스로 만들어 느끼는 행복은 위에서 말한 것처럼 '아무런 변화도 없는 현재에 기쁨과 만족을 느낄 줄 아는 것'과 '달성할 수 있는 목표를 두고 이루어 기쁨과 만족을 느끼는 것' 모두를 통해서 얻을 수 있는데, 그 둘이 적당히 균형을 이루어 같이 있도록 하는 것이 좋을 것이다.

 그 어떤 일을 해도 행복을 느낄 수 있고, 반대로 어떤 일을 해도 공허함을 느낄 수도 있다. 그렇게 행복은 무엇보다 자신의 생각과 마음에 달려 있는 것이지만, 그 생각과 마음은 인간관계 등과 같은 주위 환경에 또 큰 영향을 받기 때문에, 행복을 잘 느낄 수 있는 환경을 만들기 위한 노력과 행동이 또 필요하기도 하다.

 행복한 사람들을 보고 행복을 느끼기도 하지만, 타인의 불행을 보고 행복을 느끼는 경우도 있다. 그 또한 본능에서 오는 자연스러운 감정의 하나지만, 그는 실제로 어떤 도움이 되지도 않고, 사람을 잘못된 방향으로 나아가게 할 수도 있는 감정이다.

 자신의 성장과 발전을 통해서 무언가를 이루기보다는, 남을 방해하고 실패를 유도하는 것으로 무언가를 이루려 한다면, 비록 성공할지라도 나 자신 자체가 성장하고 발전한 상황이 아니기 때문에 그 성공은 위태롭고 불안하기만 할 것이다.

 행복한 사람은 더 친절하게 주위를 대하고, 공격성을 드러내 남과 잘 다투려 하지도 않는다. 행복한 사람은 보고 있는 것 자체로 사람을 기분 좋게도 만든다.

 타인에게 피해를 주지 않는 것을 전제로 사람이 행복해지는 것은 그 자신만 행복해지는 것이 아니라 주위의 사람들을 포함한 세상 모든 이들이 더 행복해지는 것과도 연관되어 있다. 행복은 연결되어 있기도 한 것이다.

 다른 이의 행복이 내 행복이 될 수도 있다. 자신의 행복을 위해 노력하되 그보다 더 좋은 것은 함께 행복해지고자 하는 것이다.

행복의 기준

 앞선 글에서 말했듯이 만족하는 삶, 행복은 마음먹기에 따라 달린 것이지만 주위의 환경에도 영향을 받을 수밖에 없다. 환경이 달라지는 것은 생각도 달라지게 하며, 인간은 본능적으로 주위의 말에 늘 신경을 쓰고 영향을 받게 된다.
 정말 최소한의 것들만을 가진 삶을 살아도 본인이 행복하고 만족을 느낄 수 있다면 행복한 삶이다.
 그러나 그러한 삶이 '본인들의 기준으로 볼 때 힘이 들어 보이고 부족한 삶이라고 생각하는 이들'은 그의 행복하다는 생각과 말을 인정하지 않으려 할 것이다.
 "왜 그렇게 사느냐?", "행복하다고 말하지만 실제로는 행복하지 않은 것 아니냐?", "저 사람을 봐라 저 사람처럼 사는 것이 행복한 것이다." 라는 식으로 어디까지나 자신의 생각과 기준으로 타인의 삶을 정의하고 섣불리 말하기도 할 것이다.
 보통의 사람들은 단 한 명의 사람에게 이런 말을 들어도 신경을 쓰게 되기 마련인데, 여러 사람에게서 계속 같은 얘기를 듣다 보면 변하지 않을 것이라고 생각하던 확신마저 흔들리게 된다.
 그래도 개의치 않고 사는, 소신 있는 사람이라면 다행이겠으나 그렇지 않은 이라면, 자칫 내 삶은 정말 부족하고 잘못된 것인지 의심을 품게 될 수 있다. 그렇게 마음이 바뀜에 따라 똑같은 삶이라도 어제는 행복이었던 것이 오늘은 불행으로 변하게도 된다.

내 기준에 맞게 사람들을 변하게 만들고 싶은 것도, 다른 이의 말에 신경을 쓰는 것도 모두가 본능적으로는 당연한 일이다.
 하지만 말하는 이도, 듣는 이도 그런 본능적 감정에 휘둘려 잘못 생각하거나 판단하는 것은 아닌지 조심하고 잘 생각해야 할 것이다. 사실은 어떻게 해도 상관없는 일을 꼭 이렇게 해야 한다고 생각하거나, 정답이 하나가 아닌 문제를 마치 하나의 정답만 있다고 생각하고 있는 것은 아닌지 말이다.
 누군가의 인생에 대해 말하는 것은 조심하고 또 조심해야 할 일이다.
 단지 생각이 다른 것뿐인데 그를 인지하지 못하고, 그저 서로에게 불편만을 주는 말을 하는 것은 삼가야 할 것이다. 그리고 그런 말을 듣게 된다고 하더라도 그 말이 어떤 악의에 의한 것도 아니고, 손해를 주는 것도 아니라면, 담아두거나 대응하지 말고 그대로 흘려보내는 것이 좋을 것이다.
 물론 상황에 따라서는 개선을 위한 조언을 해줄 수도 있고, 그 조언을 받아들이는 선택을 할 수도 있다. 하지만 자칫 불행을 불러올 수 있는, 다른 이의 삶의 근간을 송두리째 부정하는 식의 조언은 '그것이 꼭 필요한 특별한 상황이 아니라면 하지도 말고, 받아들이지도 말아야 한다는 것'을 항상 먼저 생각해야 할 것이다.

 내가 행복한지 아닌지의 결정은 대체 누가 하는 것인가?
 남들이 저마다의 기준으로 그때그때 정해주는 것인가? 아니면 내가 스스로 정하는 것인가?

사람마다 행복의 기준이 다르듯이 내가 생각하는 행복의 기준도 시간이 지나며 달라질 수 있다. 그렇게 스스로 생각하는 행복의 기준이 달라진다고 해도 나쁜 것은 아니다. 그렇지만 '남의 생각과 말에 휘둘려 달라지게 된 것인지?', '내게 좋은 방향으로 자연스럽게 달라지게 된 것인지?'는 잘 생각해 보아야 할 것이다.

필요 없는 것을 버린다는 것

"필요 없는 것을 갖지 않으려 하고, 버리려 해야 한다."라는 말을 종종 들을 때가 있을 것이다. 마음과 행동을 절제하는 데 도움이 될 수 있는 충분히 좋은 말이지만, 자칫 꼭 무언가를 가진다는 것이 나쁘다는 의미로 받아들여선 안 될 것이다.
 단지 지나친 욕심과 그로 인해 발생할 수 있는 문제들을 경계하고 주의하라는 말로 생각하고 받아들여야 할 것이다.
 무언가를 갖는다는 것은 그로 인해서 생기는 책임과 생길 수 있는 후회, 그리고 그것을 잃었을 때의 고통과 상실감까지 모두 포함하여 가진다는 것이다.
 소유한다는 것은 당장의 기쁨만 보지 말고 이런 나중의 일 또한 생각해야만 한다.

 사람들은 그 잃었을 때 느껴지는 상실감, 손해를 보는 느낌과 같은 부정적 감정 때문에 불필요한 정도를 떠나 어떤 불편을 주는 물건조차 버리지 못하는 경우가 많다. 그럴 때는 '버릴 때의 그 일시적인 감정'보다 '버리지 못해서 오래도록 지속되는 불편'이 훨씬 더 좋지 않은 것이라는 생각을 할 수 있어야 할 것이다.
 덧붙여 한 번 소유했던 물건은 번거로울지언정 버리려 하는 것보다는 가능하면 필요한 이에게 나누려 하는 것이 좋겠다.

그렇다고 뒤에 발생할 문제를 너무 신경 써서 모든 소유나 만남 자체를 꺼리고 두려워할 필요도 없을 것이다. 뒤에 올 문제와 비교해서도 누릴 기쁨이 더 큰 것이라면, 그런 문제들을 충분히 감당하고 이겨낼 수 있다고 생각한다면 괜찮을 것이다.

때로는 얻었던 기쁨과 행복보다 상실과 헤어짐으로 인한 슬픔이 더 클지라도 괜찮다. 그것은 앞으로의 인생에 도움이 되는 하나의 경험이 되기도 하고, 그런 슬픔과 고통을 극복할 때 당신은 한층 더 성장할 수도 있을 것이다. 그리고 함께했을 때의 그 기쁨과 행복을 더 큰 것으로 만들려 하면 될 것이다. 나중을 생각하여 피하고 두려워만 한다면 아무것도 하지 못하고, 아무것도 이루지 못할 것이다.

기쁨과 행복을 많이 주었던 것일수록 갑작스레 그것을 잃었을 때의 고통은 크다. 잃게 되었을 때를 생각하고 한편으론 마음의 준비를 하는 것도 좋을 것이지만, 그러면 거리를 두게 되고 괜한 걱정과 괴로움이 생기게 된다. 그러니 가장 좋은 방법은 언제 사라질지도 모르는 존재들과 함께 있는 순간 모두를 소중히 여기고 대하는 것이기도 하다.

필요하고 필요하지 않은 것은 사람과 상황에 따라 다르며, 너무 갖지 않으려는 삶을 사는 것보다는 어느 정도 가지려 하는 삶을 사는 것이 세상과 사람들을 더 행복하게 만들기 쉽다.

이에 대한 몇 가지 예를 들어 보자.

"꽃을 선물하거나 장식에 사용하는 것이 사람이 살아가는데 반드시 필요한 것이냐?"라고 묻는다면 대부분 "아니."라고 대답할 것이다.

그러나 꽃을 재배하거나 팔아서 생계를 유지하는 사람들에게는 실제로 생존과 큰 관계가 있기도 하며, 내가 꽃을 보고 행복과 만족을 느끼거나 누군가에게 꽃을 주어서 그 사람이 기뻐한다면? 그는 필요한 것이 된다.

 옷이라는 것은 가릴 곳을 가리고 몸을 따뜻하게 보호만 하면 된다고 생각하여 단순히 예쁘기만 한 옷은 필요 없는 것이라고 생각하는 사람들도 있을 것이다. 그러나 예쁜 옷을 입은 자신의 모습에 행복을 느낀다면? 사랑하는 자녀에게 예쁜 옷을 입혀주고 행복을 느낀다면? 그 역시 필요한 것이 된다.

 이러한 예쁜 옷에 대한 소비는 인간에게 창의력을 발휘할 기회를 주며 패션의 발전, 문화의 형성과 다양성의 발달에 영향을 주는 등 많은 긍정적 효과 또한 미친다.

 대량의 미술품을 개인이 소유하는 것은 지나친 소유, 불필요한 소유라고 생각할 수도 있겠다. 하지만 그 역시 그가 본인이 감당할 수 있는 수준에서 소유하는 것으로 행복을 느끼거나 어떤 이익이 생긴다면? 그는 그에게 필요한 것일 것이다.

 오히려 많은 사람들을 행복하게 하고 인생을 풍요롭게 하는 예술의 발전에도 도움을 주었다고도 생각할 수 있을 것이다.

 예를 들자면 얼마든지 더 들 수 있을 것이고, 끝이 없을 것인데 과연 이러한 소유들이 나쁘게 생각되는가?

 필요 없는 것을 가지려 하지 않는 생각과 실천은 모든 이들에게 필요하고 분명히 도움이 되는 것이다. 탐욕과 그로 인해 피폐해지는 삶을 예방하고 멈추는 데 보편적으로 큰 도움이 될 것이다.

 그렇다고 그에 너무 집착하거나, 그러지 못하는 자신을 너무 책망하지는 말아야 한다. 또한 나는 필요하지 않다고 생각하는 것을 남이 소유하고 있다고 사정을 알지도 못하면서 비난하거나 안 좋게 생각하지도 말아야 할 것이다.

 누군가는 필요 없다고 생각하는 것이 누군가에겐 필요한 것일 수도 있다.

 필요로 하지 않았던 것이 필요하게 될 수도 있다.

 평범한 정도의 적당한 소유는 다른 사람들과 사회에 도움을 주고 그 자신도 행복하게 만들기 마련이다.

 가지려 하는 것이 문제가 되는 것은 그 목표를 잘못 정하는 것에 있고, 그 과정을 잘못 선택하는 것에 있으며, 결국 갖지 못한 것에 대해 지나친 스트레스와 집착을 보이는 것에 있다.

 우리에게 필요한 것은 어디까지나 너무 지나친 소유욕을 경계하는 것이고, 소유의 선택과 방법에 있어 적절히 균형을 맞추고 조절을 잘 하는 것일 것이다.

불필요한 신경 쓰기를 줄이는 방법

 정신적 고통을 줄이고, 행복한 삶을 살기 위해서는 신경을 써야 할 문제를 잘 구분하고, 불필요한 신경을 쓰는 것을 줄이는 것이 중요하다. 결코 쉽지 않은 문제이나 도움이 될 방법들이 없는 것은 아니다.
 그 방법들을 얘기하기에 앞서 우선 너무 많은 방법을 찾고 그것들을 다 실행하려는 것을 피하라는 말을 하고 싶다.
 신경을 쓰는 것을 줄이려고 수십 가지 이상의 많은 방법들을 찾고 그것을 신경 쓰게 된다는 것이 무언가 이상하게 생각되지 않는가? 그런 많은 방법들을 기억하려 노력하는 것 또한 불필요하게 신경 쓰는 일을 늘린다면 늘리는 일이다.
 항상 방법은 가장 중요한 것들로 최소화하여 실행하려 노력해야 할 것이다. 확실히 도움이 되겠다 싶은 한두 가지의 방법만 기억하고 실행하는 것을 권장하며, 그래도 해결이 되지 않는 문제가 있다면 그때 다른 방법들을 찾아봐도 될 것이다.

 이에 대해 가장 간단하면서도 효과적이라고 생각하는 두 가지 방법을 추천하고 싶다.
 첫 번째 방법은 스스로 반문해 보는 것이다.
 '이게 정말 이렇게까지 신경을 써야 하는 일인가?', '이 일에 대해 신경을 쓰지 않는다면 어떻게 될까?' 스스로 생각해 보고 답을 내리는 것이다. 간단한 방법이지만 실제로 이는 정말 큰 도움이 될 것이다.

두 번째 방법은 신경 쓰고 있는 문제에 대해 다른 사람들과 대화를 해보는 것이다.

 솔직하게 "내가 지금 이런 문제를 신경을 쓰고 있는데, 과연 이렇게 신경을 쓰는 것이 맞는 것인지? 아니라면 무슨 좋은 해결 방법이 없는지?" 주위의 사람들과 대화해 보고, 같이 답을 찾아보는 것이다. 이는 스스로 반문하여 결론을 내리지 못했을 때도 도움이 될 것이다.

 그리고 스스로 반문하여 얻은 결론도 때론 주위의 사람들과 대화를 통해 수정하거나 다시 내려야 할 때도 있다. 세상은 복잡하게 얽혀 있으며 혼자만 사는 세상이 아니기 때문이다.

 예를 들어 가족과 집안일에 전혀 신경을 쓰지 않는 배우자가 있다고 하자.

 그 배우자에게 그 문제에 대해 얘기했을 때 그가 답하길 "난 가족과 집안일에 신경을 완전히 끄기로 했어. 지금 하는 일들에 집중하고 신경 쓰는 게 더 중요해."라고 한다면, 그것은 바람직한 일인가? 아마도 많은 이들이 "아니"라고 할 것이다. 설사 그렇게 행동한다고 해도 아무 말도 하지 않고 행동하는 것이 아니라, 처음부터 왜 그렇게 생각했는지 이유를 말하고 대화한 뒤 행동하는 것이라면 그 일이 끝나기까지 가족의 이해와 지원을 기대할 수도 있을 것이며, 중간중간 대화를 통해 조정도 할 수 있을 것이다.

 불필요한 신경 쓰기를 줄이는 것뿐 아니라, 그 밖의 많은 문제들도 스스로 반문하여 생각하고, 주위 사람들에게 물어보고 대화하는 이

간단한 두 가지 방법으로 큰 도움을 받을 수 있을 것이다.

 그렇지만 이러한 방법들이나 다른 수많은 방법들도 '도움이 될 수 있는 방법'들에 불과하다는 분명한 한계가 있다. 사람들은 간단한 방법이라고 해도 좀처럼 실행하지 못하는 문제 또한 있다. 그 어떤 방법을 써도 당신이 불필요하다고 생각하는 문제에 대해 신경을 쓰는 것을 완전히 없애기는 힘들 것이다.

 애초에 사람의 성격은 쉽게 바뀌는 것이 아니고, 오래전부터 지금까지 사람들에게 남아 있는 문제는 결국 어떻게든 완전히 해결이 되지 않았다는 말이기도 하다.

 한순간에 모든 것을 바꾸기는 너무도 힘들고, 오래도록 꾸준한 노력이 필요하다. 이러한 문제들에 대해서는 시간을 두어 조금씩 나아지려 하고, 그렇게 조금씩 나아지는 것에 대해 만족해 가며 계속 노력해야만 한다. 이 책에서도 몇 번이고 말해지는 뻔한 얘기일지라도 근본적으로는 이것밖에 방법이 없다고도 할 것이다.

부정적으로 생각하는 감정들도 도움이 되곤 한다.

 욕심과 욕망, 무언가를 가지고 싶어 하는 소유욕이 나쁘기만 한 것인가? 우월감과 열등감, 질투와 분노의 감정과 같이 일반적으로 부정적으로 생각하는 감정들은 나쁘기만 한 것이고 없어져야만 하는 것일까?
 그렇지 않다. 약물에 의한 호르몬의 조절과 같이 외부적 요인에 의해 생기는 것이 아닌, 인간의 모든 감정들은 '생존과 번식을 위한 본능에서 오는 것'이라는 것을 생각해 볼 때 기본적으로 필요하고 도움이 되기 때문에 생겨난 것들이다.
 단지 정도가 지나쳐 본인을 해할 정도가 되거나 타인에게 피해를 끼치는 악행으로 이어지지 않도록 적절하게 조절되고 관리되는 것이 필요하고, 그러한 조절과 관리의 능력을 기를 필요가 있을 뿐이다.
 인간이 부정적으로 여기기 쉬운 감정들 또한 사회와 문화, 인간의 삶 전반적인 부분을 유지하고, 발전시키는 데 도움이 되기도 하는 긍정적인 면이 있다.
 예를 들어 불의나 불합리한 현실에 분노하는 감정이 없었다면, 세상은 지금보다 훨씬 더 어지럽고 어두웠을 것이며, 인간에게 욕심과 욕망이 없었다면 지금과 같이 발전된 형태의 인간의 삶은 없었을 것이고, 아예 인간이라는 종 자체가 사라졌을 수도 있다.

 나를 위해서도 주위의 사람들을 위해서도 나에게 생기는 그런 감정들을 좀 더 객관적으로 바라보고, 적절히 해소하거나 도움이 되는 방향으로 이용할 수 있다면 좋을 것이다.

 또, 사람들이 그런 감정을 보일 때 '왜 그런 감정을 보이는지?', '왜 그렇게 생각하는지?' 이해할 수 있다면 인간관계에 있어 도움이 되는 것은 물론, 사람을 상대하는 일 등 사업이나 일적인 면에서도 도움이 될 것이고, 여러 사회적 현상과 문제들의 예방과 해결에도 도움이 될 수 있을 것이다. 그리고 그런 감정이 나와 연관되거나 나를 향했을 때 대처하는 데도 역시 도움이 될 것이다.

 이 책이 쓰인 목적이 그렇듯, 이러한 것에 조금이라도 도움이 되었으면 좋겠다는 생각으로 다음의 글들에서 그런 감정과 문제들에 대해 좀 더 자세히 다뤄보고자 한다.

나쁜 기억이 오래가는 것은 당신을 위해서이다.

누구나 과거에 있었던 안 좋았던 일에 대한 기억, 나쁜 기억이 떠올라 분노나 부끄러움과 같은 감정에 갑작스레 휩싸이는 때가 있다.

그러나 원래 나쁜 기억이 오래가는 것은 당신을 괴롭히기 위해서가 아니라 당신을 돕기 위해서이다.

오랫동안 떠오르지 않았던 나쁜 기억이라 해도 무언가 방아쇠가 되는 것을 보거나 그런 상황을 만나게 되었을 때 그 기억은 갑자기 떠오를 것이다. 과거 그 싫었던 상황을 다음엔 피할 수 있도록, 똑같은 실수나 똑같은 잘못을 저지르지 않도록 주의와 경각심을 주는 것이다.

그러나 그것이 당신에게 도움을 주는 것이 아니라, 오히려 아주 오랫동안 당신을 괴롭히고 있는 상황이라면 생각을 다음과 같이 해보면 좋을 것이다.

말했듯이 안 좋은 기억, 괴로운 기억이 이렇게 떠오르고 오래가는 것은 어디까지나 내가 같은 실수나 잘못을 저지르지 않도록, 같은 상황에 처해지지 않도록 하기 위함이라고 말이다.

그때의 당신과 지금의 당신은 다른 사람이라고 생각할 수도 있겠다. 과거의 당신과 달리 지금의 당신은 그때 했던 일을 하지 않으려 하는 사람이기 때문이다.

아무것도 행동할 것이 없는 상황에서 갑자기 안좋은 기억이 떠오른 것이라면 그 생각이 오래가지 않도록 다른 생각을 하거나 다른 일을 함으로써 그 기억을 덮어두어야 할 것이다.

그렇다고 해도 과거의 나도 지금의 나도 '나'인 것도 사실이다.
 지나간 모든 일들이 쌓여 지금의 당신이 존재한다. 과거의 일에 대한 책임을 져야 하는 것도 당연한 일이다.
 그러니 앞으로 당신을 괴롭게 할 일을 또 저지르지 않으려, 책임져야 할 실수와 잘못을 또 저지르지 않으려 그런 기억들을 안고서 그렇게 노력하며 살아야 할 것이다.
 나쁜 기억, 싫은 기억이 오래가는 것은 그래서이다.

 나쁜 기억 자체를 완전히 지우고 싶다는 생각도 들 것이다. 그러나 기억상실증에 걸리는 것처럼 특별한 상황이 되지 않는 한, 아무리 오랜 시간이 지나도 나쁜 기억은 완전히 지워지지 않는다. 완전히 잊었다고 생각할 만큼 아주 오랜 시간 동안 떠오르지 않다가도 어느 순간 갑자기 떠올려지곤 할 것이다.
 그렇게 잊을 순 없다 하더라도 좋은 기억으로 덮을 수는 있다. 그때와 같거나 비슷한 상황에 처했을 때 이번엔 올바른 선택, 올바른 행동을 했다고 확신하게 된다면 나쁜 기억은 좋은 기억으로 덮이고, 비로소 당신은 당신의 과거를 스스로 용서할 수 있게 되고, 그 나쁜 기억들이 주는 괴로움에서 벗어날 수 있게 될 것이다.
 그때가 오기를 기다리는 것도 좋지만, 그때를 만들려고 노력하는 것도 좋을 것이다.

걱정이 많아도 괜찮다.

 수많은 걱정들은 단순히 걱정으로 끝나고 마는 경우가 많다. 때문에 "누구나 오늘을 산다. 내일의 일은 내일 걱정하라.", "일이 닥쳤을 때 그때 걱정하라."라는 식의 '걱정을 하지 말 것'을 권하는 말들이 있다. 이런 말들은 불필요한 걱정을 해소하는 데 유용하게 이용될 수도 있지만, 정말로 모든 걱정에 대해 그렇게 생각할 것은 아니다.
 어떤 이들은 걱정이란 것은 모두 불필요하고 안 좋은 것이니 모든 걱정을 없애야 한다고 극단적으로 말하기까지 한다. 하지만 걱정을 전혀 하지 않는다는 것은 불가능한 일이며, 그렇게 해서도 안 될 일이다. 걱정은 무조건 없애려고 하거나 피하려 해야 할 것이 절대 아니다.

 야생의 환경에서는 걱정이 많아서 조심성도 많은 이들이 생존할 확률이 높았던 것처럼, 걱정 자체는 생존을 위한 자연스러운 감정이며, 많은 면에서 도움이 되는 것이기도 하다.
 걱정은 안전과도 맞닿아 있다. 지금도 여전히 사회의 많은 부분에서 걱정해야 할 일을 걱정하지 않고, 신경 쓸 일을 신경 쓰지 않아서 크고 작은 많은 사고가 일어나고 있다. 정말 최소한의 작은 대비만 해두었어도 사고를 막을 수 있는 경우는 많고, 그런 면에서의 걱정은 사람들을 보다 안전한 환경에서 살 수 있도록 한다.
 이처럼 걱정 자체를 좋지 않은 것, 필요 없는 것이라고 여기고 무작정 덮어두려 하는 것은 결코 바람직한 일이라 볼 수 없는 것이다.

걱정은 현재의 상황, 어떤 상황에 대한 불안감을 느끼는 문제인식의 단계로, 개인적인 면에서도 상황을 나아지게 하기 위한 해결책을 찾고, 그를 위한 노력을 할 수 있도록 하는 긍정적인 면도 있다. 그러한 걱정의 긍정적 면들을 결코 간과할 수 없다.

 일상생활에서도 걱정을 덮어두어 생기는 문제는 대단히 많다.

 예를 들어 당신이 다른 사람과 함께 있는 자리에서 상대방에게 상처를 줄 수 있는 말을 하고 그로 인해 분위기가 이상해지는 일이 있었다고 하자. 그리고 당신이 그에 대해 별다른 말을 하지 않고 상황을 그냥 넘겨 버렸다고 할 때, 그렇게 상황을 그냥 넘긴 것이 나중에라도 걱정이 될 수 있다. 그 경우 할 수 있다면 기회를 보아 사과를 하는 것이 좋을 것이다. 상대가 "괜찮다."라고 "신경도 안 썼다."라고 말할지라도 말이다. 그리고 다시 그런 말을 하여 같은 일로 걱정하고 사과하는 일이 없도록 조심하는 기회로 삼는 것이 좋을 것이다. (그렇게 사과하는 일이 자주 반복되게 되면 상대가 나를 소심한 사람으로 생각하게 되거나, 불편하게 생각하게 되는 등 다른 문제가 생길 수도 있기 때문이다.)

 그렇게 하지 않고 걱정하지 않아도 될 일이라고 자기 편한 대로 생각하고 끝까지 그냥 넘기게 된다면, 상황에 따라선 큰 문제가 될 수도 있다. 상대가 그 순간 말은 안 했어도 정말 큰 상처를 받았을 수도 있고, 그로 인해 당신을 미워하거나 복수하려는 마음을 품을 수도 있다. 정말 아무 일 없이 넘어간다고 해도 나중에 혹시 모를 문제가 생겼을 때 다시 불거져 문제를 더 크게 만들 수도 있는 일이다.

사람들은 매일같이 '내일 비가 와서 몸이 젖지는 않을까?' 걱정을 하곤 한다. 그래서 보통 일기예보 등을 통해서 내일의 날씨를 살피고 비가 올 확률이 높다고 한다면 우산이나 우비를 미리 준비하는 방법으로 걱정을 해소한다.

물론, '비가 오면 어때? 비 오면 그냥 젖으면 되고, 그래서 감기 걸리면 걸리는 거지.'라고 생각하고, 걱정할 것이 아니라고 넘기는 사람들도 있을 것이다. 꼭 비에 젖는다고 해서 감기에 걸리는 것도 아니고, 그렇게 해서 그냥 몸이 젖고 마는 정도라면 그리 큰 피해가 아니기 때문에 뭐 괜찮다면 괜찮을 수도 있겠다.

그런데 그런 이라고 해도 몇 달 동안 힘들여 농사지은 작물을 며칠간 햇볕에 말리는 작업을 한다고 한다면, 그때도 비가 오는 것을 신경 쓰기 않을 것인가?

누군가 "비가 오고 안 오고 하는 것은 하늘에 달린 문제니 걱정하지 말고 신경 쓰지 말라."라고 한다면 그는 바람직한 조언으로 여겨지는가? 아니면 "그 며칠 동안만이라도 매일 일기예보를 확인하고, 그래도 모르니 수시로 비가 오는지 날씨를 확인해서 대처하라."는 것이 바람직한 조언으로 여겨지는가?

걱정을 무조건 괜한 것, 필요 없는 것이라고 간주하고 덮어두는 것은 다양한 곳에서 많은 문제를 일으킬 수 있고, 또 그렇게 실제로 많은 문제가 일어나기도 한다.

걱정했던 일이 실제로 일어나는 경우도 많다는 이러한 사실 때문에도 주위에서 걱정하지 말라는 말을 들어도 쉽게 걱정을 줄이기 힘들기도 한 것이다.

 물론 걱정이 너무 지나친 것도 좋지 않다. 하지만 앞서 말했듯 모든 걱정이 필요 없는 것처럼 생각하고 그러한 방향으로 행동하는 것 또한 좋은 것이 아니다.
 우리가 피해야 하는 것은 걱정을 좋게 해소하지 못하고, 걱정만 계속하여 걱정의 늪에서 헤어 나오지 못하는 것이다.
 걱정이 많은 성격이어도 괜찮다. 그것이 당신의 삶을 너무 힘들게 하는 것이 아니라면 말이다. 단순히 걱정이 많다는 것 자체로 당신이 문제가 있다고 생각하거나 자책하지 마라. 그 자체는 아무런 문제가 되지 않고, 당신이 잘못된 것도 아니다.
 재차 말하지만 걱정이 든다는 것 자체는 본능에 의한 지극히 자연스러운 일이다. 그래도 걱정이 많은 것이 싫다면, 걱정할 일이 많이 생기는 환경을 바꾸려 노력해야 할 것이고, 걱정을 해소하는 연습을 통해 걱정을 줄여가는 노력을 하면 될 것이다.

걱정이 가져오는 행복들

 세상엔 자신을 걱정하는 것만으로도 모자라 사회의 다양한 문제들을 걱정하고, 세상의 미래를 걱정하고, 자신이 모르는 사람들의 앞날까지 걱정하는 이들도 많다. 그리고 그런 걱정들을 해소하기 위해서 행동한 이들로 인해 아주 오래전부터 많은 이들이 도움을 받아 왔던 것이 사실이다.

 걱정이란 것은 새롭게 떠오르고 사라지는 것들도 많지만, 평생을 두고 매일같이 계속되는 것들도 있다. 그렇지만 앞서 말했듯 결코 모든 걱정들이 나쁜 것도 아니고, 없어져야 할 것들도 아니다.
 몇 가지 예를 들어 보자.
 환경오염이 계속되어 지독히 오염된 미래를 살아갈 사람들과 동물들을 걱정하는 사람들이 많다. 당장 그들과 상관이 없어도 말이다. 그래서 이들은 쓰레기를 덜 만들려고 하거나 불필요한 소비를 줄이려는 등 아주 작은 것일지라도 할 수 있는 실천을 통해 걱정을 해소한다.
 사람들이 내게 실망하거나 나를 나쁘고 위험한 사람으로 생각하여 나를 피하는 것을 걱정하는 사람들이 많다. 그래서 이들은 늘 만나는 사람들 모두를 친절하게 대하려 하고, 나 자신의 진짜 모습 또한 그런 사람으로 바꾸려 노력한다.
 건강을 잃을까 두려워하고, 병에 걸렸을 때 그 병을 이겨내지 못할까 걱정을 하는 사람들이 많다. 그래서 이들은 아무리 바쁜 때라도 시간을 내어 조금이라도 운동을 계속하고, 식단을 조절하는 등의 노력을 한다.

 과연 이런 많은 걱정들이 이들을 불행하게 하고 있다고 생각하는가? 이런 걱정들을 해소하기 위한 작은 행동과 실천들이 오히려 삶을 더 행복하고 좋은 것으로 만들고 있는 것이 아닐까?

 사람들은 무조건 걱정이 없는 것이 좋은 것이라 생각하지만, 꼭 그런 것은 아니다. 걱정이 많아도 행복한 사람들도 얼마든지 있는 것이다.

걱정을 해소하는 연습

 걱정 없는 삶이 행복한 삶이라 생각할지 몰라도 앞서 얘기한 경우들과 같이 꼭 그런 것도 아니며, 걱정이 너무 없는 삶은 발전 또한 기대하기 힘들다.

 또한 걱정을 효과적으로 해소하는 연습이 되지 않은 사람은 정말 걱정할 문제가 생겼을 때 크게 당황하고 몇 배, 몇십 배는 더 큰 피해를 입어 그만큼 더 큰 후회를 하게 될 수도 있다. 그러한 후회는 한순간에 낙관적이던 성격을 비관적으로 바꿀 수도 있고, 주위의 말과 사람들을 습관처럼 불신하게 할 위험도 있다.

 충분히 일어날 가능성이 있는 걱정도 '설마 일어나겠어?'라는 생각으로 무시하고 그냥 지나친다면, 그 설마 하던 일이 벌어졌을 때 배신감과 충격은 당신을 몇 배로 힘들게 할 것이다. 걱정을 덮어두고 외면하려고만 하고 걱정을 올바르게 해소할 줄 모르면 당신은 그 걱정에 대해 항상 불리한 상태로 있을 것이다.

 아무런 걱정도 하지 말라는 말이 일시적인 위로는 될지언정, 많은 경우 근본적인 문제를 해소하는 것에는 도움이 되지 못한다. 걱정을 피하려 하지 말고 마주하여 걱정의 성격에 따라 방법을 달리하여 해소하려 해야 한다.

 보통 "걱정하지 마라."라는 식의 말들이 도움이 될 때는, 정말 아무리 걱정을 해봤자 해결이 되지 않을 문제이면서 자신이 그를 위해 할 수 있는 일이 아무것도 없는, 그런 일에 대해서 걱정을 할 때다. 즉, 정말 불필요한 걱정들을 할 때이다.

 하지만 다시 한번 말해 그런 말들은 모든 경우에 적용될 수 있는 것이 아니며, 필요한 걱정도 회피할 수 있게 하고, 단순히 걱정이 많은 것을 이유로 자책하게도 할 수 있는 양면성 또한 가진 말들이다.

 불필요한 걱정을 지울 때도 그 걱정에 대해 진지하게 생각해 보고 '왜 걱정할 필요가 없는 불필요한 걱정'인지 결론을 내린 뒤에 잊으려 해야 한다. 그렇지 않고 누군가가 무턱대고 하는 걱정하지 말라는 말을 듣고, 걱정이 들 때마다 걱정을 무시하고 덮어두는 것이 습관처럼 돼버린다면, 그 걱정은 다시 생각나길 반복하여 오랫동안 당신을 불편하게 할 것이다. 그리고 만약 필요한 걱정조차 그렇게 무시하게 된다면, 훗날 감당하기 어려운 큰 문제로 돌아올 수도 있다.

 거듭 강조하여 걱정은 상황에 맞게 효과적으로 해소되어야만 한다. 언제나 당신 주변의 말들은 무조건 신뢰할 것이 아니며, 때에 따라 맞는 경우들이 있어 그 말이 도움이 되는 상황을 만났을 때 적절히 이용해야만 할 것들이다.

 그렇다면 걱정을 어떻게 줄이고 해소해야 한다는 말인가?
 우선 그 걱정을 없애기 위해서 내가 조금이라도 할 수 있는 일이 있는지 생각해 볼 것이다. 아무리 생각하고 알아봐도 할 수 있는 일이 없고, 방법이 없다고 결론을 내린다면? 보통은 그 걱정은 불필요한 걱정일 확률이 높으니 다시 떠올리려 하지 않는 것이 좋을 것이다. 더 할 일이 없다고 결론을 내렸을 때도 그렇다.
 조금이라도 할 수 있는 일이 있는 경우라면? 조금 더 할 수 있는 여유가 있다면? 그 할 수 있는 일을 함으로써 걱정을 해소하는 것이 바람직할 것이다.

 그래도 걱정의 정리가 어렵고 잘되지 않는다면 아래와 같은 방법들이 도움이 될 것이다.
 첫 번째 방법은 지식과 경험을 넓히거나 걱정에 연관된 정보를 찾고 확인하는 것이다.
 걱정은 보통 그것에 대해 모르기 때문에 생기곤 한다. 고대인들이나 어린아이가 하늘이 무너질까 두려워하는 것은 하늘이 어떤 것이고 무너질 수 없다는 것을 모르기 때문이다. 바다 너머엔 엄청난 괴물이 살거나 낭떠러지가 있다고 생각하여 바다를 건너는 것을 걱정하거나 두려워하는 것은 바닷속에 무엇이 있는지 잘 모르고, 지구가 둥글다는 것을 모르기 때문이다.
 많은 걱정들은 몰랐던 것을 앎으로 인해서 생기지 않을 수 있고, 해소될 수 있다.

 두 번째 방법은 평상시 생각하는 능력을 길러 자신감을 향상시키는 것이다.
 '만약 예상하지 못한 문제가 생기더라도 자신에겐 효과적으로 대처할 수 있는 능력이 있다.'고 여기게 된다면 역시 걱정을 줄이는 데 도움이 될 것이다. 그뿐만 아니라 생각하는 능력과 자신감의 향상은 실제로 정말 어떤 문제가 발생했을 때도 큰 도움이 된다.

 그럼에도 모든 것에 대해 알기는 힘들고, 괜찮다는 것을 알게 되어도 걱정이 되는 문제들이 있게 된다. 정말 걱정할 필요가 없다고 생각하면서도 쉽게 없애지 못하는 걱정들도 있을 것이다.
 이런 때에 걱정을 떠오르지 않게 하거나, 잊는 것으로 해소하는 방법은 우선 신뢰할 수 있으며 현명한 지인에게 그를 말하는 방법이 있다. 말하는 것만으로도 걱정과 그 스트레스는 상당 부분 해소되기도 하고, 상대가 그 걱정의 본질을 보고 걱정할 필요가 없다고 합리적 근거를 들어 적절히 말해 주는 것은 더욱 큰 도움이 된다.
 하지만 여러 사정으로 타인에게 걱정을 말하기 어려울 때도 있을 것이다.
 그때 불필요한 걱정을 스스로 해소하는 가장 좋은 방법 중의 하나는 무엇이라도 다른 할 일을 찾아서 하는 것이다. 따스한 햇볕을 쬐는 산책도 좋고, 어디든지 여행을 떠나도 좋고, 땀을 흘리는 운동을 해보는 것도 좋다. 가만히 걱정만 하고 있는 상태를 벗어날 수 있도록 일단 무엇이든 하는 것이 도움이 될 것이다.
 걱정이 바람직한 방향으로 해소되지 못하고, 불필요한 걱정들이 계속 쌓이고 깊어지기만 한다면 나중엔 정말 고치기 힘든 병으로까지 발전하게 될 수도 있다.

걱정을 효과적으로 다룰 줄 아는 사람들에겐 가끔은 해결이 되지 않을 무의미한 걱정도 도움이 되고 즐거울 때가 있다.
 우선 그 걱정에 대해 객관적 거리를 두고, 걱정에 대해 고민해 보는 것은 생각하는 힘을 기르는 데도 유용하다.
 내가 어떻게 할 수 있는 것은 아니라고 해도 그 문제를 해결하기 위한 방법을 여러모로 생각해 보고, 몰랐던 지식을 새롭게 알게 되는 과정은 즐거울 것이며, 괜찮은 답까지 찾아냈을 때는 적잖은 지적 쾌감 또한 느낄 수 있을 것이다.
 마음속에 여유가 있고, 약간의 시간적 여유도 있다면 때로는 무의미하게 생각되는 걱정도 즐길 수 있는 것이다.

 걱정을 지나치게 키우는 것 또한 당연히 피해야 할 것이다. 본능에 의한 모든 감정들이 그렇듯, 도움이 되어야 할 감정인 '걱정' 또한 너무 지나치면 오히려 해가 되기 마련이다.
 개개인의 걱정의 많고 적음의 차이는 먼 옛날부터 있어 왔던 것이지만, 현대 문명사회는 걱정이 없던 사람도 걱정을 하게 되는 일이 많게끔 걱정거리 또한 아주 많아졌다.
 그러나 정말 필요한 걱정은 당신의 생각보다 무조건 적을 것이며, 걱정할 일이라고 해도 '이것이 과연 내가 걱정해야 할 일인지?', '이렇게까지 걱정할 필요가 있는지?'를 따져 생각할 필요도 있을 것이다.

 정리하여 말하자면, 걱정에 대한 문제를 개인이 바람직한 방법으로 해소하기 위해서는 '해결할 수 있고 긍정적인 결과로 상황을 이끌 수 있는 최소한의 걱정', '필요한 걱정'들만 남길 수 있도록, 걱정을 객관적으로 보고 판단하는 능력을 길러야 할 것이다. 그리고 '해결할 수 있는 걱정'이 든다면 할 수 있는 최선의 방법을 구하고 행동하여 해결하려 해야 할 것이다.

 그리고 더 생각할 필요가 없는 불필요한 걱정이라면 그 걱정을 떠올리지 않게 할 다른 생각을 하거나 하여 걱정을 흘려보내는 것이 좋을 것이다. 이러한 방법들이 걱정을 해소하는 바람직한 방법일 것이다.

 감정과 생각을 바꾸는 것, 그로 인한 습관이나 방식을 바꾸는 것은 절대로 쉬운 일이 아니다. 오랜 시간에 걸쳐 형성된 것이든, 어떤 강렬한 경험에 의해 갑자기 만들어진 것이든 한번 자리 잡은 인간의 특성은 쉽게 변하지 않는다.

 걱정에 관한 문제도 그렇다. 그저 조금씩 더 나아지게 하는 것으로 천천히 걱정을 효과적으로 대하고 해소하는 것을 연습해 보자. 오랜 시간이 걸리고 힘들지언정 바꾸려 행동하지 않는다면 아무것도 바뀌지 않을 것이다.

걱정에 대한 조언을 할 때는

 누군가 나에게 걱정을 얘기할 때, 꼭 모든 걱정에 대해 확실한 조언을 해줄 필요는 없다. 단지 걱정을 들어주기만 하고 "괜찮을 것 같다."라는 식으로 간단히 답하는 것으로 충분할 때도 있다. 하지만 어떤 분명한 해결책을 원하는 진지한 걱정들도 있을 것이고, 그에 대해 조언을 해주고자 할 때는 다음의 글을 참고하면 좋을 것이다.

 앞서 말했듯 걱정의 대부분은 그것에 대해 잘 모를 때 생기게 된다. 때문에 누군가 자신에게 걱정을 말하는 이가 있다면, 그 걱정에 대해 왜 걱정할 필요가 왜 없는지를 설명하고, 어떤 행동이 필요한 문제라면 그에 대해서 같이 얘기하는 것이 좋다.
 무턱대고 "걱정하는 일의 대부분은 일어나지 않는다. 그러니 걱정할 필요가 없다.", "그럴 일 없으니 걱정하지 말아라."라는 식으로 대충대충 귀찮은 듯 설득하려 하는 것은 바람직하지 않다.
 예를 들어 만약 아이가 하늘이 무너질까 걱정한다면, "우리가 보는 하늘은 공기가 쌓여있는 안전한 공간이다.", "가벼운 공기로 되어 있어 무너져도 괜찮다."라는 식의 아이의 눈높이에 맞는 설명을 해주는 식으로 걱정을 해소해 주는 것이 좋다. 그것은 아이의 걱정을 효과적으로 해소해 주는 것은 물론, 하늘에 대한 다른 질문과 호기심으로 연결되어 아이의 지적 성장과 발전을 기대할 수도 있게 할 것이다.
 아는 사람이 볼 때는 쓸데없는 걱정, 불필요한 걱정으로 보일 수도 있겠지만, 그렇다고 "넌 왜 쓸데없는 걱정을 하냐?", "그런 일 절대 안 생기니까 걱정 안 해도 돼!"라는 식으로 대답하고 더 이상 그 걱정에 대해 말을 못 하게 한다면, 아이는 고민과 걱정이 있어도 누군가에게 말하는 것을 어려워하게 될 것이다. 또, 나중에 사실을 알게 되기까지 걱정은 오래도록 남아 아이에게 공포와 스트레스를 줄 것이다. 걱정이 좋은 방법으로 해소되지 못했기 때문이다.

 걱정에 대한 조언을 할 때 본인이 잘 설명할 수 없는 문제이거나 설명할 시간이 없다고 한다면, 나중에라도 알아보고 알려준다고 하거나 같이 알아보자고 말하고 말한 그대로 하는 것이 좋다.
 당신이 어떻게든 시간을 내기 힘들다면, 관련된 책을 찾아보거나 스스로 문제를 해결할 방법을 찾아보도록 권하는 것도 방법이다. 그때 "방법을 알게 된다면 나에게도 꼭 알려 달라."라는 말 또한 덧붙이면 좋을 것이다.

 누군가가 나에게 걱정을 혼자 담아두지 않고 말하는 것은 그럴만한 이유가 있기 때문이다. 당신이 그런 걱정의 얘기를 들었을 때 항상 무조건 걱정은 필요 없는 것이라며 모호한 설명으로 넘기려 하는 것은 좋지 않다.
 단순히 용기를 받고자 하는 의미나 상황에서 걱정을 말하는 것이라면, 그때야말로 "걱정하지 마라. 잘될 것이다.", "잘할 것이다."라는 용기를 주는 말을 하면 된다.

그러나 고민을 나누고자 하거나 어떤 답을 찾고자 걱정을 말하는 것이라면, 그럴 때는 자신의 경험을 들어서 말하든, 어디선가 들은 얘기를 예로 들어 말하든 진지하게 그에 대한 자신의 생각을 말해주는 것이 좋고, 걱정할 필요가 없다고 생각해도 왜 걱정할 필요가 없는지를 같이 설명해 주는 것이 좋다.

 단순히 '걱정하는 일은 거의 일어나지 않는다'는 식의 모호한 이유를 들면서 그냥 걱정하지 말라는 말만 하고 대화를 끝내려 한다면 상대는 앞으로 당신에게 고민을 얘기할 필요를 느끼지 못할 것이고, 만에 하나 걱정했던 문제가 생긴다면, 불합리한 일이지만, 그때 왜 걱정하지 말라고 했냐면서 당신을 원망할 수도 있다.

 걱정하는 문제에 대해서 "어떻게 해야 할지?"에 대한 결정은 걱정을 말한 그 자신이 내리게 할 필요도 있다.

 어떤 걱정이 있는데 누군가의 "걱정할 필요가 없다."라는 말을 듣고 그 말대로 걱정을 무시하고 아무것도 하지 않았을 때, 정말로 아무런 문제가 일어나지 않는다면 다행인 일이지만, 문제가 일어난다면 괜한 감정의 불화가 생겨날 수 있다.

 걱정을 말하는 상대가 그 걱정의 해소에 대해 스스로 판단하고 결정하게 할 필요가 있는 것이다. (여기서 말하는 걱정은 어디까지나 개인적인 고민, 사적인 성격의 고민이다. 업무와 연관된 걱정, 공적인 성격의 걱정이 아니다.)

 물론 상황은 여러 가지이고, 어떠한 설명도 없이 단호하게 걱정하지 말라는 말을 해주는 것으로 충분한 때도 있다. 하지만 보통은 그럴 때도 "내 생각으로는 걱정할 필요가 없을 것 같다."라는 식으로 결론은 상대가 내리도록 조언을 해주는 것이 좋을 것이다. 어떻게 말해주는 것이 좋은지 정말 잘 모르겠을 때는 사실 그대로 "말은 이렇게 했지만 나도 잘 모르겠다. 여기저기 더 알아보고 생각해 봐라."라는 식으로 답하는 것이 좋을 것이다.

 누군가 나에게 걱정을 얘기한다면, 그 걱정을 말하는 의도와 그 걱정의 성격을 먼저 파악해야 할 것이며, 그 뒤에 '어떻게 답해주는 것이 좋을지?', '내가 답해줄 수 있는 문제인지?'를 생각하고 말해야 할 것이다.'
 그러지 않고 모든 걱정에 대해 습관처럼 "걱정하지 마라! 괜찮다."라고 답하는 것도 좋지 않고, 불필요하게 항상 진지한 답변을 해주는 것도 바람직한 일은 아니다.
 세상 대부분의 일들은 너무 어렵게 생각할 것도 아니지만, 너무 쉽게 생각할 것도 아니다. 걱정에 대한 조언을 해줄 때도 그렇다. 너무 어렵게도 너무 쉽게도 생각하진 말아야 할 것이다.

질투의 해소

 많은 이들은 질투라는 감정을 부정적으로 생각한다. 하지만 절대로 질투라는 감정 또한 그 자체가 나쁜 것은 아니고, 질투하는 마음이 든다고 해서 당신을 부정적으로 생각할 필요도 없다.
 질투라는 감정 역시 누구나 생길 수 있는 본능에 의한 자연스러운 감정이고, 노력의 계기, 자신을 발전시키는 원동력으로 작용하여 도움이 될 수도 있는 감정이다.
 문제는 정도가 지나치거나 잘못된 방향으로 질투를 하는 것에 있다. 자신을 발전시키려는 노력은 전혀 하지 않고서 남을 깎아내리는 등의 태도를 보이고 감정에 휘둘리게 되는 것은 피해야 할 일이다.
 필요한 것은 나를 발전시키고 타인을 미워하지 않는 건강한 질투이고, 질투라는 감정을 그러한 방향으로 이용하는 것이다.

 스스로 추스르지 못하고, 발전을 위한 원동력으로 방향을 잡지 못한 질투는 대개는 질투의 대상이 아닌 질투를 가진 자신에게만 피해가 되기 마련이다.
 그 집착과 정도가 심할수록 당연히 그러한 피해는 커지며, 때로는 돌이킬 수 없는 상황으로 발전할 수도 있게 된다.
 내가 질투하거나 시샘한다는 것을 모르는 상대는 정작 아무런 피해를 받지 않으며, 그 시간과 에너지의 낭비로 인한 피해는 오롯이 질투하는 이, 시샘하는 이 본인의 것이기도 하다.

위험과 손해의 부담을 안고서라도 상대가 알 수 있게끔 겉으로 질투를 표현한다고 해도 결국 가장 불행해지는 것은 대부분 질투하는 이가 되기 마련이다.

그렇다면 우리는 왜 질투의 감정을 갖게 되는 것일까?
질투의 감정은 근본적으로, 상대가 나에게 직접적으로 어떤 행동을 하는 것은 아니지만, 실제로 그렇든 그렇지 않든, 나와 비교하여 상대가 우위에 있어 상대의 존재가 내 생존이나 번식을 위협하거나 불리함을 준다고 본능적으로 느끼게 되면 생겨나게 된다. 그렇기 때문에 상대가 자신의 생존과 번식에 전혀 관계가 없다고 느낀다면 생기지 않는다. 그렇게 생각하지 않으려고 생각을 바꿔 없앨 수도 있고, 완전히 없애지는 못해도 적어도 문제가 되지 않을 만큼 줄일 수는 있다.

질투의 감정이 생기는 경우는 다시 두 가지로 나누어 볼 수 있다.
첫 번째는 상대가 직접적으로 자신의 생존과 번식에 영향을 주는 경우이다.
실제로 연애나 결혼에 있어 한 사람을 두고 다른 이들과 경쟁하고 있는 상황과 같은 경우를 생각하면 될 것이다.
내가 호감이나 애정을 느끼지 못하는 사람이 다른 이에게 잘해주는 것을 보면 보통은 질투의 마음이 들지 않지만, 내가 마음에 두고 있던 사람이 다른 이에게 잘해주는 것을 보면 질투의 마음이 들게 된다.
사람에 따라선 전자의 경우에도 질투를 느낄 수 있는데, 이는 다음에 설명할 두 번째에 해당되는 질투이기도 하다. 단지 다른 사람들에게 사랑받는다는 것이, 내가 갖지 못한 것(이 경우엔 사람들에게 인기 있거나 많은 애정을 받는 것, 원만한 인간관계와 같은 것 등이 될 수 있을 것이다)을 가진 것이 자신보다 생존과 번식에 유리하다 느끼고, 그 유리함이 내게 상대적으로 불리함으로 작용한다고 여기게 되는 것이다.

 두 번째는 간접적으로 생존과 번식에 불리함을 주거나, 준다고 인식하는 경우이다.
 위와 같이 직접적으로 영향을 받는 것이 상황이 아니어도, 단순히 신경 쓰고 있는 어떤 분야(들)에서 상대가 나보다 뛰어나거나 뛰어나다고 인식하고, 그 상대로 인해서 나의 생존과 번식이 불리하게 된다고 느끼게 되면 질투심이 생겨나게 된다.
 예를 들어 어떤 시험이나 경기에서 1등을 하는 사람은 보통 자신과 큰 차이가 나는 10등, 20등을 하는 사람에게 그 분야에서 질투를 느끼지 않는다. (경우에 따라서는 위기감을 가질 수는 있겠다.) 그러나 외모 등의 다른 부분에 대한 평가가 개입하여 어떻게든 자신보다 생존과 번식에 있어 상대적으로 우위에 서거나 자신의 생존과 번식에 위협을 준다고 생각하게 된다면, 이 다른 이유로 인해 질투심을 갖게 될 수 있다.

 이러한 두 번째 경우의 질투는 본능이 주는 착각에 의한 감정인 경우도 많다.

 실제로는 자신의 생존과 번식에 아무런 영향을 주지 않는데 무의식적으로라도 영향을 받는 것으로 잘못 인식하는 것이다. 누군가 나보다 우위에 있게 되는 것 자체가 실제로는 그렇지 않더라도 마치 내 위치가 낮아진 것처럼, 내가 불리해진 것처럼 느껴지게 한다.

 이때 자칫하면 그 사람과 전혀 상관없는 자신의 좋지 않은 상황을 마치 그 사람 때문인 것처럼 느끼게도 되는데, 이런 감정이 지나치게 되면 근거 없는 폄하를 하거나, 사람에 대한 부정적인 분위기를 조성하려고 하는 등 눈으로 보이는 공격성을 드러내게도 된다. (이런 이유로 공격을 당하는 사람은 왜 이 사람이 이렇게 나를 적대하는지 쉽게 이해하지 못해 당혹감을 느끼게도 된다.)

 내게 없는 것을 가진 것, 내게 부족한 것을 많이 가진 것에 대해 질투를 느끼는 것도 바로 이런 착각에 이뤄지는 질투이다.

 예를 들어 걷지 못하는 이가 평범하게 걷는 보통의 사람들을 보고 질투를 느끼는 것이나, 가난한 이가 자신과 상관없는 부자를 보고 질투를 느끼는 것이다.

 물론 질투의 마음이 들지 않는 이도 있겠지만, 그런 질투의 마음이 든다고 해서 그것이 또, 잘못된 것도 아니고 나쁜 것도 아니다. 본능이 주는 착각에 의한 감정일지라도 그런 감정이 떠오르는 것은 스스로 어쩔 수 없는 부분도 있기 때문이다. 조심해야 할 것은 그 감정을 다스리지 못하고 증오나 직접적인 공격을 하는 것으로 발전되지 않도록 하는 것이다. '실제로는 나와 상관이 없는데도 그 질투의 대상이 되는 사람들'은 그 어떤 잘못도 없음이다.

 이처럼 질투의 감정은 그것이 사실이든 아니든, 본능적으로 그 사람으로 인해서 자신의 생존과 번식이 불리해진다고 느낄 때 생기는 것이기 때문에, 평상시 자신의 생존과 번식이 불안하다고 잘 느끼지 않는 사람, 즉 자존감이 높은 사람은 질투를 잘 느끼지 않으며, 질투를 느껴도 그 정도가 심해지는 경우가 잘 없게 된다.
 자존감과도 상관없이, 상대가 자신보다 상대적으로 뛰어난 면이 많다고 생각해도 세대가 크게 차이 나거나 하여 자신의 생존과 번식에 관계가 없다고 생각하면 질투를 느끼지 않으며, 만약 도저히 극복할 수 없는 차이가 있다고 한다면 그 차이를 인정하고 질투를 포기하게 되기도 한다.
 질투의 감정을 조절하고자 한다면, 이러한 사실들을 참고하는 것도 좋을 것이나.

 질투를 느끼는 사람에게 무엇이라도 문제가 있기를 바라고, 문제라고 생각되는 것을 찾으면 그 크기를 최대한 키우려 하고, 문제가 없다면 문제를 만들려 하는 것은 질투를 해소하는 잘못된 방법이지만, 너무도 많은 이들이 이런 방법을 택한다. 자신의 위치를 높이는 것보다 훨씬 더 쉽고 편한 방법이기 때문이다.
 진짜로 마음에 둔 이성을 두고 다투는 것과 같은 질투의 상황이라면, 내 다른 장점을 키워 나를 발전시키거나 상대에게 시간을 들여 노력하는 것으로(물론 그 과정에서 상대에게 어떤 불편을 주어선 안된다.) 상대가 나를 돌아보도록, 상대의 마음이 내게 기울어지도록 하는 것이 좋을 것이다. 포기해야 할 때는 포기할 줄도 알아야 하고, 그 감정에 삼켜지지 않도록 마음을 조절해야 하는 것도 물론이다.

 그런 상황이 아니고, 본능이 주는 착각에 의해 이뤄지는 질투라면 다음과 같이 생각해 보면 좋을 것이다.

 그 사람이 아무리 잘나가고 잘된다고 해도, 그것은 나와 상관없는 그 사람의 인생이라고 말이다. 그렇게 사실은 나와 상관없는 그 사람이 잘된다고 해서 내가 잘되지 못하는 것은 아니고 불행해지는 것도 아니다. 불행해진다면 그것은 그 사람 때문이 아니라 스스로의 생각과 마음 때문일 것이다.

 현대 문명사회에서는 비교의 대상을 끊임없이 접하게 되고, 그로 인해 질투를 느끼기도 쉽다. 그것이 질투의 조절을 어렵게 하고, 많은 이를 불행하게 한다.

 하지만 잘못된 것을 알아도 본능에서 오는 그 강력한 감정의 조절은 쉽지 않은 일이다. 아무리 도움이 될 수 있는 감정이라도 적절히 조절하지 못할 것이라면 처음부터 멀리하는 것이 낫다. 타인과의 비교를 하지 말라는 것은 이러한 사실을 잘 알고 있기 때문에 하는 조언일 것이다.

 많은 사람들은 계속해서 더 나은 대상을 찾고 비교함으로써 자신의 생존과 번식이 불리한 것처럼 착각을 하게 된다. 사실은 이미 충분하고, 평균보다 훨씬 더 유리한 위치에 있더라도 말이다.

 비교하는 마음, 질투하는 마음을 조절하고 이용할 줄 안다면 발전의 큰 원동력이 되는 긍정적 효과로 작용하겠지만, 절제되지 못하는 비교와 질투는 불행의 방향으로만 인간을 이끌게 되기 마련이다.
 질투의 감정이 발전을 위한 긍정적 작용을 하고 있는 것이 아니라 잘못된 증오와 시기, 극심한 자책감과 같은 당장 자신에게 해가 되는 감정들을 불러일으키고 있는 것은 아닌지 살펴야 한다. 만약 자신이 그런 상황에 있다는 판단이 든다면 그러한 감정, 그 상황에서 빨리 벗어나려 해야 할 것이다.

 질투는 다른 사람과 자신을 비교하는 것에서 생겨난다. 그리고 이런 질투와 비교는 하지 않으려고 해도 완전히 없앨 수 없으며, 완전히 없앨 수 있다고 해도 그 또한 좋은 일이라고 보기는 힘든 일이다. 여러 번 말했듯이 질투나 비교와 같은 감정들 또한 필요한 감정이며, 긍정적인 방향으로 이용할 수도 있기 때문이다.
 흔히 타인과 비교를 하지 말라고 하지만, 할 수 있다면, 자신과 타인의 비교를 적절히 하여 자신에게 도움이 되는 방향으로 이용하는 것이 당연히 좋을 것이다. 이를 능숙하게 하기 위해선 마음에 여유를 가져야 하며, 자존감을 높이고, 가치관을 바꾸고, 환경을 바꾸려는 시도를 하는 등 꾸준한 노력과 그에 맞는 행동이 필요하다.

공포와 두려움

 본능에서 만들어지는 공포와 두려움 또한 부정적이기만 한 것은 아니다.
 많은 이들이 공포와 두려움이 없는 세상을 꿈꾸고 바라지만, 그렇다고 인간이 느낄 수 있는 모든 공포와 두려움이 사라질 수는 없고, 사라져서도 안된다.
 멀리해야 하고 없애야 하는 공포와 두려움은 '없어도 되고 겪지 않아도 되는 부당한 경우의 것'들이다.
 공포와 두려움 자체는 생명을 유지하기 위해 반드시 필요한 감정이다. 우리는 모든 경우를 다 이성적으로 판단할 수는 없는데, 본능에서 오는 공포와 두려움이 없다면 생존 자체가 늘 위태로운 상황이 되며, 실제로 세상엔 어처구니없을 정도로 쉽게 목숨을 잃거나 위험에 처하는 일들이 넘쳐날 것이다.
 예를 들어 건물의 높은 곳에 있다가 건물 밖으로 나가기 위해서는 우리는 이성적 판단으로 엘리베이터나 계단을 찾아 이용하게 되는데, 이성적 판단이 작용하지 못하는 때라도 본능적으로 느끼는 공포의 감정이 시간을 단축하기 위해 높은 곳에서 뛰어내리는 것을 방지한다.
 형벌을 받는 것, 다른 이들에게 배척받는 것에 대한 두려움이 없다면 많은 사람들은 아무렇지 않게 범죄를 저지를 것이며, 범죄의 수위는 중간에 조절되지 않을 것이다. 실제로 이러한 두려움과 위험 때문에 많은 반사회성 성격장애를 가진 이들, 극히 위험한 생각을 가진 이들조차 평범한 사람 또는 좋은 사람의 가면을 쓰고 살아가고 있다.

 공포와 두려움이 없다면 사람들은 멈춰야 할 곳에서 멈추지 못하고, 해서는 안 될 일을 쉽게 저지를 것이다. 그리하여 세상은 혼란과 사고로 넘쳐날 것이고, 이윽고 완전한 파국을 맞이하게 될 것이다.

 무언가를 두려워하여 긴장된 마음을 적절히 갖는 것은 주의력을 향상시켜 실수를 방지하고 좋은 결과를 갖게 한다. 또, 공포와 두려움에 대면했을 때 그를 극복하고자 노력하는 것은 인간을 성장하게도 한다.
 공포와 두려움 또한 반드시 필요한 감정이며, 우리 삶에 긍정적 영향을 많이 미치고 있는 것이다.
 역시 조심해야 할 것은 지나친 공포와 두려움에 삼켜져 자신을 잃는 것이다. 이 공포와 두려움이 어디서 오는 것인지를 생각하고, '필요 이상으로 두려워하는 것은 아닌지?', '내 생존을 위한 감정이 오히려 내 생존을 위협하는 것은 아닌지?' 살펴보아야 할 것이다. 그리고 갑작스럽게 공포와 맞닥뜨리게 되어도 현명하게 대처할 수 있도록 평상시 늘 자신을 단련하고 마음을 다스리는 연습 또한 필요할 것이다.

 미래에 대한 불안감이 조금도 없고, 죽음에 대한 공포가 없는 사람은 없다.
 단지 그런 감정에 언제까지 휩싸여 있다면 아무것도 할 수 없기 때문에 떠올리지 않으려 하거나 감정을 가라앉혀 두고 있을 뿐이다. 당장은 아무런 불안이나 공포를 느끼지 않는다고 해도 언제든 그런 감정들은 다시 떠오르곤 할 것이다.
 하고자 한다면 생각만으로도 그런 감정들에 끝도 없이 빠져 들어갈 수도 있는데, 이는 어떻게든 피하고 벗어나야만 할 일이다. 불안과 공포는 그러한 감정들이 원래 있는 이유와 같이 자신을 지키고 보호하며, 자신의 능력을 향상시키고 미래를 대비하는 준비를 하는 것과 같은 긍정적인 방향으로 이용하려 해야 할 것이다.

화를 다스리는 연습

 당신이 화가 났을 때 화를 다스리고 싶다면, 무엇에 대해 왜 화가 났는지? 어떻게 하면 이 화가 풀릴 수 있을 것인지? 글을 쓰거나 천천히 생각을 하는 것으로 정리를 해 보면 도움이 될 것이다. 그것은 무작정 화를 억누르는 것이 아니라, 화를 줄이고 해소하는 하나의 방법이다.
 상황을 피하고 다른 것으로 주의를 돌리는 것 또한 당연하게도 화를 다스리는 데 큰 도움이 된다. 이성적으로 생각해 보는 것 또한 그런 방법이고, 그렇게 생각을 정리해 보는 것은 상대에게 자신의 화를 설명하여 해소하고자 할 때도 도움이 된다.
 갑작스러운 일로 격한 화의 감정을 느낄 때 "화를 다스리자!"라는 단 한마디의 생각을 떠올리거나 혼잣말을 해 보라. 이런 생각이나 말을 하고 안 하고는 큰 차이가 있고, 화를 다스리는데 생각보다 더 큰 도움이 되곤 할 것이다.
 혼자서는 어떻게 해도 화를 잘 다스릴 수 없다면, 누군가와 그에 대해 같이 얘기해 보는 것도 좋겠다.

 기쁨이나 슬픔의 감정이 시간이 지나며 낮아지고 사라지듯 '화'라는 감정 또한 다시 떠올리지 않는 이상 서서히 낮아지게 되고 해소되게 되어 있다.
 순간의 강한 충동을 이기지 못하고 화를 내게 된다면, 화를 상대방에게 표출하는 것 자체가 더욱 큰 흥분으로 작용하여 상황을 크게 악화시키게 되기 쉽다. 화를 다스리려는 노력은 무엇보다 당신을 위해서 가장 필요한 일이고, 당신 주위 사람들을 위해서도 필요한 일이다.
 당신이 할 수 있는 가장 어리석은 일 중 하나는 그 화를 전혀 상관없는 이에게 드러내고 푸는 일이다.

 화를 낼 줄도 알아야 한다. 그러나 그 화는 정당한 것이어야 하며, 잘못된 방향으로 잘못된 형태로 표출되어서는 안된다. 그렇게 정당한 이유로 생긴 것이며, 긍정적 방향으로 적절히 표출되는 화는 스스로를 지키고 발전시키는 데 도움이 될 것이다.
 화의 감정이 들 때면, 언제나 '화를 내지 말아야 할 것에 화를 내는 것은 아닌지?', '지나친 것은 아닌지?'를 먼저 생각해 봐야 할 것이며, 최선의 방향으로 그 화를 표출하고 이용할 수 있도록 화를 다스릴 줄 알아야 할 것이다.

우월감과 열등감

 의식하든 의식하지 못하든 우월감과 열등감을 살면서 한 번도 느껴 보지 않은 사람은 없다. 이런 감정들 또한 배우지 않아도 저절로 떠오르는 본능에 의한 것이기 때문이다.
 우월감과 열등감과 같은 감정들도 부정적인 면만 있는 것은 아니다. 우월감으로 느껴지는 만족에서 오는 행복은 다른 만족에서 오는 행복과 다를 것이 없으며, 우월감과 열등감 모두 성장과 발전의 계기가 되기도 한다.

 문제는 이 감정들이 부정적으로 생각하는 다른 감정들과 같이 잘못된 방향으로 가기 쉽고, 쉽게 폭주하는 데 있다. 때문에 이런 감정들을 다스리기 힘들다면 역시 처음부터 멀리하려 하는 것이 좋을 것이다.
 우월감과 열등감은 단순히 상대적으로 느끼는 정신적 반응임에도 불구하고 실제의 생활과 행복의 정도에 적지 않은 영향을 줄 때가 많다. 없어도 될 우월감과 열등감 때문에 스트레스를 받고 불행을 느끼게 되는 것은 당연히 피하는 것이 좋을 것이다.

 그러나 처음에 말했듯 아무리 멀리하려 해도 우월감과 열등감을 완전히 느끼지 않게 될 수는 없다.
 그럴 때마다 다음과 같이 생각하고 마음을 다스리려 노력해 보자.
 우선 일시적으로 우월감이나 열등감이 들 때, 도움이 되는 것이 아니라면 최대한 빨리 그 감정을 없애려 해야 한다. 우월감과 열등감이 길어지다 못해 우월의식, 열등의식이 뿌리 깊게 자리하게 해선 안 될 일이다. 이는 이 두 감정을 성장과 발전의 동력으로 이용할 때도 마찬가지이다. 그 감정들이 너무 길게 유지되지 않도록, 그 감정들에 깊게 빠져들어 가지 않도록 항상 조심해야 한다.

 노력해서 없앨 수 있는 열등감은 노력을 통해 없애려 해야 할 것이고, 노력으로 없앨 수 없거나 없앨 수 있어도 결과적으로 큰 손해나 피해를 줄 수 있는 열등감은 그냥 무시하고 잊으려 해야 할 것이다.

 자신을 발전시켜 우월감을 느끼려 하는 것은 좋은 면도 있겠지만, 남을 깎아내리거나 공격해서 얻는 우월감은 좋을 것이 하나도 없다.

 우월감을 느끼고자 한다면 남이 아니라 어제의 자기 자신과 비교해서 얻는 것이 좋을 것이다. 그리고 어떤 우월감이라고 해도 절대 남에게 그것을 드러내지 말 것이다.

 우월감과 열등감은 오로지 비교에서만 생길 수 있는 감정이다. 접하게 되는 사람과 상황에 따라서 달라지기도 하지만, 비교의 범위를 어디까지로 한정하느냐에 따라 달라지게 되기 마련이다.

 비교는 적당한 곳에서 그쳐야만 한다. 노력을 통해 열등감을 극복하면 같은 이유로 느끼는 열등감을 줄이게 될 수 있을 것이지만, 비교를 그치지 않고 계속 반복하게 된다면 언제까지고 열등감의 늪에서 빠져나올 수 없게 될 것이다.

자기합리화에 대한 문제

사람들은 누구나 많든 적든 자기합리화를 하면서 살아가게 된다. 앞선 감정들과 같이 당연히 이 자기합리화라는 정신적 작용 또한 필요한 것이며, 사람들이 보통 생각하는 것보다 긍정적인 효과를 낼 때도 많다.

예를 들어 '최선을 다했으나 결국 실패했을 때, 그래도 좋은 경험이었고 어떻게든 도움이 된 일이라고 여기고 마음을 다시 잡는 것', '아이가 값비싼 그릇을 깼을 때, 깨진 그릇을 아까워하지 않고 아이가 다치지 않아서 다행이라고 생각하고 여기려 하는 것' 등은 자기합리화가 긍정적으로 작용하는 일이라 할 수 있다.

자기합리화를 하거나 기억을 왜곡하는 등의 방어기제는 근본적으로 생존을 위한 본능적인 작용의 일종일 뿐, 행여 내게 그런 작용이 이뤄진다고 해서 자신을 혐오하거나 할 필요는 없다. 이러한 정신적 작용은 '어떤 문제로 인한 과도한 스트레스'에서 벗어나기 위한 우리 뇌의 전략이기도 하다. 다만 이러한 방어기제들이 지나치게 자주 일어나거나 오히려 내게 불리하게 작용하는 것은 아닌지 주의해야 할 필요가 있을 뿐이다.

문제에 대해 생각을 하고 어떤 결론을 내리려 할 때는 우선 자신이 자기합리화를 하고 있는 것은 아닌지 생각해 보아야 할 것이다. 그리고 자기합리화를 하고 있다고 인식하게 된다면 '그 정도가 지나친 것은 아닌지?', '자기합리화가 개입된 결론을 내림으로써 오히려 내게 이득이 되는 것이 아니라 손해가 되는 것은 아닌지?', '자기합리화를 하게 된 원인 자체를 줄일 수는 없는지?' 등 생각과 고민을 통해 긍정적 방향으로 이끌어야 할 것이다.

 자신도 모르게 자기합리화와 같은 방어적 작용이 이뤄진다는 것은 그것의 원인이 되는 문제가 있다는 것이다. 그 원인이 자신의 행동으로 인한 것이고, 고칠 수 있는 것이라면 자기합리화를 반복할 것이 아니라 그 원인을 고쳐야 할 것이다.

 긍정적인 성격의 자기합리화라도 너무 자주 있거나 지나쳐선 오히려 해가 될 것이다. 그리고 논쟁에 있어 섣불리 자기합리화한 생각을 타인에게 설득하거나 강요하려 하는 것은 조심하고 피해야만 한다.

인간의 호기심

공포영화를 볼 때 '밖에 나가면 위험한데, 왜 굳이 밖에 나가서 위험을 초래하는지 모르겠다.'는 생각을 해 본 적이 있을 것이다.

하지만 그는 불안을 해소하려는 본능에서 오는 자연스러운 행동이다. 확인하지 않으면 불안하기 때문이다.

관객은 상황을 알고 있기 때문에 나가선 안 된다고 생각하는 것이고, 영화 속의 등장인물은 상황을 모르기 때문에 불안감을 해소하고 자신의 안전을 지키기 위한 행동을 하는 것이다. 문제가 없다는 것을 확인하면 불안이 해소될 것이고, 문제가 있다면 그것을 처리해야만 안심할 수 있을 것이다.

인간이 다른 생물들과 다르게 발달된 문명을 가지게 된 가장 큰 원인 중 하나는 무엇보다 다른 생물들과 비교할 수 없을 만큼 왕성한 호기심에 있다.

호기심을 느끼게 할만한 대상이 있을 때 인간은 단순히 대상을 확인하는 것에 그치지 않고, 그 물체가 주는 단편적인 정보를 넘어서서 연결과 확장을 시도하여 복합적으로 생각하고 활용하는 능력 또한 갖추고 있다. 때문에 다른 생물들은 호기심을 갖지 않을 것에도 호기심을 갖게 되고, 하나의 현상을 봐도 다양한 호기심을 느낄 수 있다.

이 물체를 다른 어떤 일에 쓸 수는 없는지? 이 물체를 이용하거나 변형하여 무언가를 할 수 없는지? 그 물체는 어디에서 어떻게 만들어진 것이며 왜 이런 특징을 가지고 있는지? 등 생각과 호기심을 끝없이 확장할 수 있는 것이다. 이것은 실제로 인간 사회의 놀라운 발전과 번영을 가져왔다.

 그러나 호기심이 고양이를 죽일 수도 있는 법이다. 잘못된 방향의 호기심은 물론, 긍정적 방향의 호기심도 지나치면 불행을 불러일으킬 수 있다.
 사회에서 금기로 치부하는 일이나 범죄에 대해서도 호기심을 느낄 수는 있다. 하지만 그것을 직접 행할 만큼 그 호기심의 크기를 키워선 안 될 일이다. 그에 대한 호기심의 크기가 안 좋은 결과에 대한 걱정과 공포를 넘어설 때 불행해지는 것은 그 자신만이 아닐 것이다.
 호기심을 갖지 말아야 할 것에 대해 호기심을 갖게 되는 것을 조심하라. 만약 그러한 것에 호기심을 갖게 되었다면 그 호기심이 멈출 수 없도록 커져 가지 않도록 생각과 마음을 최대한 빨리 정리해야 할 것이다.

멸망을 대비하는 사람들 '프레퍼(Prepper)'

프레퍼(Prepper)라 불리는 생존주의자들은 여러 방법으로 재난에 대비한다.

일상생활에 거의 아무런 영향이 없을 정도로 최소한의 대비를 하는 이들도 있지만, 장기간 생존이 가능한 지하 벙커를 만드는 등 많은 재산과 노력을 들이는 경우도 적지 않다.

이러한 생존주의자가 아니더라도 '인류 멸망에 가까운 상황에서의 생존', '무인도에서의 생존' 등 혼자 또는 소수의 사람들만 살아남은 세상에서의 생존을 상상하면 사람들은 두려움과 불안뿐만이 아니라 어떤 즐거움 또한 느끼게 된다. 그것은 인간의 생존의 본능에서 자연스럽게 떠오르는 즐거움과 행복감이다.

위험 상황에 대한 대응 방법을 알아두고, 최소한의 대비를 해두는 등 어느 정도의 준비와 대비는 여러모로 좋은 점이 많겠으나 일상생활에 지장이 생길 정도로 그것을 지나치게 신경 쓰고 많은 시간과 노력, 재력을 들이는 것은 해(害)가 될 수도 있다.

그렇지만 그조차 섣불리 옳다 그르다를 말할 수는 없겠다. 그것이 언젠가 쓰이는 일이 있을지, 결국엔 쓰이지 않는 무의미한 일이 될지는 모르는 일이기도 하기 때문이다.

그렇지만 현재로서는 그 어떤 재난에도 대처할 수 있는, 완벽한 대비책을 세우는 것은 불가능한 일이다. 지구 전체가 괴멸될 정도의 재난이 일어나 죽는 것보다는 당장의 병이나 사고로 죽을 확률이 훨씬 더 높기도 하다.

 아무리 막대한 돈을 들이고 많은 준비를 한다고 해도 정말로 인류의 멸망을 위협할 정도의 재난이 일어난다면, 그런 재난에서 살아남을 확률을 조금 높이는 정도가 될 것이다.

 하지만 평상시 생활에 무리를 주지 않는 정도의 소비와 활동은 나름의 즐거움을 주는 하나의 취미가 될 수도 있고, 불안과 걱정이 큰 이들에게는 심리적 안정을 얻는 방법이 될 수도 있다. 그것 또한 삶의 형태 중 하나라 할 것이다.

 단, 아무리 많은 자원을 확보하고 어떤 준비를 해 둔다고 하더라도 위기에서 가장 힘이 되는 것은 '장기적인 안목', '신속하면서도 정확한 판단력', '어려운 상황을 극복하고 타개할 수 있게 하는 지식과 힘'과 같은 개인의 능력이다.

 재난에서 살아남는 상황을 상상하고 준비하는 사람이 있다면 무엇보다 자기 관리를 통한 능력의 향상을 소홀히 해서는 안 될 것이다. 어떤 위기 상황에서도 효율적으로 움직일 수 있도록 건강과 체력을 유지해야 할 것이며, 어떤 상황에서라도 최선의 선택을 할 수 있는 판단력과 지식을 갖추려 노력해야 할 것이다. 그는 걱정하는 재난이 오지 않더라도 항상 큰 도움이 되기도 할 것이다.

 또 하나 얘기하고 싶은 것은 만약의 사태에서의 개인적인 생존을 생각하는 것도 좋지만, 막을 수 있는 재난은 모두가 힘을 합쳐 함께 막으려 노력하는 것이 훨씬 더 효과적이기도 하다는 것이다. 모두의 생존을 위하는 것이, 다른 사람들의 생존을 위하는 것이 곧 내 생존을 위하는 길이기도 하다.

보상을 바라는 마음

 인간은 자신에게 시간이든 돈이든 무언가 손해가 발생했다고 생각하면 많은 적든 어떠한 보상을 바라게 된다.
 그런 보상을 바라는 마음 또한 당연히 들 수 있는 것이지만, 잘못된 방향으로 가지 않도록 조심해야 할 것이고, 내가 좋아서 한 일까지 어떠한 손해를 입었다고 생각해선 안 될 것이다.

 단지 자기가 좋아서라는 이유로 어떤 사람을 위해서 시간과 노력을 들인 이는, 상대가 그에 대해 어떤 보상을 하지 않는다고 해서 나쁜 감정을 품어선 안 된다.
 상대가 감사의 말이라도 해주면 고마운 것이고, 그렇지 않더라도 실망하거나 서운함을 느낄 필요는 없다.
 어떤 형태든 상대에게서 보상이 돌아온다면 그는 더욱 기쁜 일이겠지만, 그러한 보상이 따르지 않는다고 해도 실망할 일은 아니다. 당신이 좋아서 한 일의 과정에서 느꼈던 즐거움, 그 자체가 보상이라 할 수 있는 것이 아닌가?
 그저 내가 좋아서 한 일이다. 처음부터 어떤 보상을 기대하진 말아야 할 것이다.
 만약 상대가 그만두라고 해도 서운해할 것도 아니다. 내가 좋아서 한 일이 때로는 상대에게 불편한 일이 될 수도 있는 것이다.

누군가 자신을 위해서 노력하고 애쓴 것을 알게 된 이는, 상대가 당신을 위해 쓴 시간과 노력을 생각해서라도 감사의 표현을 전하는 것이 좋다. (상대의 그러한 노력이 계속되길 원하지 않는 경우가 아니라면 말이다.) 보통은 말 한마디로도 상대는 큰 만족과 기쁨을 누릴 것이며, 당신을 위해 또 노력해 주려 할 것이다.

그러나 상대가 당신이 해 줄 수 있는 것 이상의 큰 것을 바란다면 그러한 상대와는 거리를 두라. 그렇지 않다면 상대는 당신에게 집착하게 될 것이고, 언제나 그 자신이 들인 것보다 큰 것을 요구할 것이다.

어떤 보상을 바라지 않고 단지 내가 좋아서 하는 일들도 있지만, 보통은 처음부터 보상을 바라고 하는 일들이 훨씬 더 많다. 그때 보상이 기대한 것보다 작다고 느껴지면 불만과 분노의 감정이 생기게 된다.

예를 들어, 공부를 한 것에 비해 성적이 좋게 나오지 않았다고 느끼거나, 운동을 열심히 한 것 같은데 기대한 것보다 살이 적게 빠졌거나 몸이 좋아지지 않았다고 느끼면 실망과 함께 어떤 분노의 감정을 느끼게 되는 것이다. 직장 생활이나 사업을 하면서 한 일에 비해서 보수나 수입이 적다고 느끼는 경우에도 그렇다.

인간관계에서도 이러한 것은 예외가 아니다. "내가 이만큼 해줬는데 이것밖에 못해줘?"라는 식으로 실망하거나 악감정을 갖게 되는 일도 흔한 일이다.

처음부터 약속된 보상이 제대로 지급되지 않은 것이라면 이러한 감정은 정당한 보상을 받을 수 있도록 행동하게 하는 긍정적인 면이 있지만, 그런 경우에도 그 분노의 감정을 자칫 상관없는 대상에게 쏟거나 지나친 분노의 감정에 휩싸여 자신을 해치게 되는 일은 피해야 할 것이다.

 그보다 더 빈번히 발생하고 주의해야 할 것은 처음부터 돌아올 보상의 정도를 알 수 없는 경우이다. 확실히 정해진 보상이 없기 때문에 그 보상의 크기를 스스로 정하게 되는데, 이 보상에 대한 기대치를 잘 조절하고 그 후의 마음과 행동을 바람직한 방향으로 유도해야 할 것이다.

 사람들은 보통 자신이 한 것보다 큰 보상이 돌아오기를 바라는데, 자신의 능력과 상황을 생각하여 지나치게 높은 기대치를 갖지 않도록 조심해야 한다. 기대치를 높게 가지는 것보다는 기대치를 낮게 가지는 것이 좋은데, 기대치가 낮을수록 만족하여 기쁨과 행복의 감정을 느낄 확률이 높아지기 때문이다. 그렇지만 이는 어떤 일에 대해서는 발전을 방해하거나 제대로 된 보상을 받지 못했어도 행동하지 않게 할 수 있는 단점이 있기도 하다.

 인간관계에 있어서는 대체로 기대치를 낮추는 것이 좋을 것이나, 일적인 면에서는 너무 높지도 낮지도 않은 적당한 수준의 기대치를 갖는 것이 좋을 것이다. 만약 기대치가 너무 높다면 바람직하지 않은 분노나 자책하는 마음을 갖게 되기 쉽고, 그 일을 너무 무리하게 하게 하거나 포기하게도 할 것이다. 반대로 기대치가 너무 낮다면 문제가 있어도 그냥 넘어가고 더 좋은 결과를 낼 수 있는 효과적인 방법을 찾으려 하지도 않을 것이다.

사람들은 종종 잘못된 보상심리를 갖곤 한다.

남들과 상관없는 지극히 개인적인 고생을 했음에도, 그 고생에 대해 남들이 알아주고 대우받기를 바라는 이들도 있고, 그 사람이 바라지도 않은 일, 필요 없는 일을 해주고서도 그에 대한 어떤 보상을 바라는 이들도 있다.

내가 당한 손해를 너무 크게 생각하여 과도한 보상을 요구하거나, '내가 겪은 고통은 너도 겪어야 한다'라고 생각하고 행동하는 일은 특히 자주 볼 수 있는 일이기도 하다.

당연히 이는 합리적이지 않으며 대부분의 사람들이 좋게 생각할 리 없는 일이다. 이런 잘못된 보상심리를 갖고 행동하지 않도록 상황을 항상 객관적으로 보려 하고, 마음을 다스리고 주의를 기울여야 할 것이다.

마음을 다스리고 조절하는 것의 어려움

많은 것을 가져도 불행한 이와 아무것도 없어도 행복한 이는 무엇 때문에 그런 것인지 모두가 알고 있다.
마음을 어떻게 얼마나 다스리고 조절할 수 있느냐에 따라 정말로 많은 것이 달라지게 된다.
평범한 인생이라 하더라도 살아오면서 고통스러웠던 일만 생각한다면 그의 인생은 고통으로 가득했던 인생이 될 것이며, 행복했던 일만 생각한다면 행복한 일이 많았던 인생이 될 것이다.

누구나 생각하고 마음먹기에 따라 상황이 완전히 달라질 수 있는 것을 알고 있다. 하지만 본능에서 오는 감정과 생각을 모두 이성적으로 다루기는 어렵고, 상황에 따라서 당장은 불가능한 것도 있기에 더더욱 쉬운 일이 아니다.
아무리 많은 것이 달라진 세상이라고 해도 인간의 기본적인 본능은 변함없이 그대로이며 끊임없이 우리에게 강력한 영향을 미치고 있다. 이성적으로는 순간적인 감정과 충동을 다스리고 조절해야 한다는 것을 알면서도 그러지 못하는 경우는 너무도 많다.
예를 들어 감정적인 보복이 실제로 어떠한 이득이 되는 것도 아니고, 무의미한 시간과 정신의 낭비가 된다고 해도 그를 절제하지 못하고 자신의 손해를 돌보지 않으면서까지 보복을 하려는 일은 너무도 흔한 일이다. 이는 보통의 인간이 가진 평범한 성향이다. 다만 사람마다 그 정도의 차이가 있을 뿐이다.

 인격적인 성숙함의 정도에 따라 차이는 있지만, 그럴만한 계기를 만나게 되면 크든 작든 누구나 이런 성향을 언제든 드러낼 수 있다. 자신이 그런 보복을 가하는 사람이 되지도 말고, 보복을 당하는 사람이 되지도 않도록 신경을 써야 할 것이다.

 운이 좋아 그런 계기를 만나지 않기를 바랄 수도 있지만, 그런 상황이 되는 것을 피하려 노력하기도 해야 한다.

 인간의 마음과 감정은 한순간에 완전히 바뀌곤 한다.

 그러나 이러한 마음과 감정의 변화가 나타나는 정도나 그에 대해 어떻게 대처하는지는 모두 제각각인데, 이는 오랜 시간에 걸쳐 이루어진 성격과 성품에 크게 영향을 받는다. 물론 선천적인 개성의 차이나 주변 환경, 현재 그 자신이 처해있는 상황이나 컨디션 등 다른 조건에 따라서도 차이가 있을 것이니 지닌 성격과 성품이 그 이상으로 큰 영향을 미치게 된다.

 그리고 이러한 성격과 성품과 같은 것들은 노력하여 스스로 만들고 바꿀 수 있다는 것에서 더욱 중요하게 생각할 문제이다.

 마음을 다스리고 조절하는 능력은 천천히 성장할 수도 있지만, 어떤 계기로 한순간에 크게 성장할 수도 있다. 어떤 경우라도 자신에게 도움이 되고 발전을 가져올 수 있는 방향으로 신경 쓰는 것만을 잊지 않도록 하자.

지나친 것도 부족한 것도 좋지 않다.

 앞에서도 여러 번 다루었지만, 어떤 감정이라도 지나치거나 부족하면 좋지 않다는 것은 당연한 얘기이다.
 행복과 같은 감정은 많을수록 클수록 좋다고 생각할 수 있지만, 그렇다고 지나치게 행복을 추구하고 집착하는 것 또한 피해야 할 일이다. 자칫하면 현재의 삶을 무의미하게 느껴지게 할 수도 있고, 오히려 그것이 불행을 만들거나 키울 수도 있기 때문이다.

 인간은 자기 자신에 대한 애증이 복잡하게 얽혀 있는 존재이고, 보통은 한쪽이 너무 지나치지 않도록 어느 정도 균형을 이루고 있다.
 종종 한 쪽의 감정이 지배적으로 커지기도 하는데 지나치게 자신을 사랑하는 것도 문제지만, 지나치게 자신을 미워하는 것도 문제이다. 지나친 자기애나 지나친 자기혐오는 그 자신과 주위 모두를 불행하게 할 수 있다.
 사람마다 어느 한쪽이 더 크고 작은 정도는 있겠지만, 최선의 형태는 자신을 좋아하는 마음이 지나치지 않는 선에서 항상 주도권을 갖고 있도록 하는 것이다.

 지나친 자랑도 좋지 않고, 지나친 겸손도 좋지 않듯이 대부분의 행동과 표현 또한 그렇다.
 사람들의 별다른 의미 없는 말과 행동에 하나하나 모두 예민하게 반응할 필요도 없다. 대체로 적당히 받아들이고 적당히 넘기면 될 뿐이다.

 이런 것을 잘하고자 한다면 상황을 읽을 줄 알아야 할 것이며, 의도를 파악할 줄 알아야 하는데, 그를 위해선 치우치지 않은 균형 잡힌 마음과 균형 잡힌 시각으로 사람을 대하고 보는 것이 또 필요하다.

 조화롭고 균형 잡힌 세상이 아름답고 이상적으로 여겨지듯 인간의 마음과 관계도 그렇다. 항상 너무 지나치지도 않게 너무 부족하지도 않게 균형을 이루도록 해야 할 것이다.

재능과 행복

 뛰어난 재능을 가진다는 것은 축복이면서 또한 불행이기도 하다.
 대부분의 재능들은 갑작스러운 사고에 의해서든, 나이를 먹어서든 언젠가는 사라지게 된다. 그렇게 재능을 잃었을 때 그 재능의 크기만큼 고통과 괴로움도 크기 마련이다. 가진 것이 컸던 만큼 잃는 것도 큰 법이다.
 그래서 재능을 가진 사람들은 항상 그러한 두려움과 불안을 안고 살아가기도 한다.

 압도적이지 않은 재능을 가진 이들은 그 재능의 분야로 들어섰을 때, 원하든 원하지 않든 압도적인 재능을 가진 어떤 이와 만나게 되기 마련이다. 그리고 그로 인해 무척이나 괴로운 방황과 좌절의 시기를 겪게 된다.
 그래도 좋아하는 일을 계속하고 살 수 있다면 다행이겠으나 늘 마음 어딘가는 그 압도적인 재능을 가진 이의 그림자로 그늘이 져 있을 것이다. 세월의 흐름과 각별한 노력으로 그늘이 옅어질 수는 있겠으나 완전히 사라지진 않을 것이다.
 이는 억지로 부정하려 할 것도 아니고, 자책하거나 미움을 가질 일도 아니다. 이럴 때 '마음을 편히 하면서 나 또한 발전할 수 있는 방법'은 그냥 있는 그대로를 인정하고, 그런 상대를 미워하거나 부정하지 말고 그에게서 무언가를 배우고 느끼려 하며, 자신이 할 수 있는 노력을 하는 것이다.

 압도적인 재능을 가졌다고 해서 반드시 좋은 것만도 아니다. 압도적인 재능은 인생에 대한 자유와 선택의 여지를 줄이게 되기 때문이다.
 압도적인 재능을 타고난 이들은 무엇을 해야 할지 모르는 이들, 자신의 재능을 찾는 이들에게 부러움의 대상이 되며, 같은 길을 걷는 이에겐 선망과 질시의 대상이 되기도 한다.
 그러나 다르게 생각하면 그의 진로는 정해진 것과 같이 여겨질 수도 있고, 주변의 이들은 그가 다른 길을 선택하는 것을 쉽게 허용하려 하지 않을 것이다. 심지어 대중들은 자신이 갖지 못한 재능을 낭비한다고 생각하여 억지와도 같은 분노와 질투의 감정으로 그를 몰아세우기도 할 것이다.
 그럴 때 가진 재능과 상관없는 일을 하고 싶은 마음이 강하다면, 그 마음이 강할수록 그의 고민과 고통은 더 커지게도 된다.
 재능을 따른 삶을 받아들이고 살아가는 이들은 주위의 기대로부터 오는 '거대한 부담감과 두려움'이나 인생을 살아가는 데 있어 '다른 길을 선택할 수 없었다는 괴로움'과 같은, 때로는 그 자신도 설명하기 어려운 여러 복잡한 감정들을 계속해서 안고 살아가게 되는 경우가 많다.
 그러한 감정은 자칫 그들을 잘못된 것을 의지하게 하고, 삶을 송두리째 망치게도 할 수 있다. 늘 많은 사람들에 둘러싸여 화려한 삶을 살아가는 것을 행복하다고 느끼는 이들도 있을 것이나, 감정과 상황은 달라지기 쉽고 그런 행복 속에서도 커다란 외로움과 두려움을 시시때 때로 느끼고 괴로워하는 이들도 있다.

 만약 누구나 인정하는 재능을 갖고 있으며, 그러한 재능으로 성공한 이들 중 외로움이나 커다란 불안과 같은 고통을 겪고 있는 이가 있다면, 말해 주고 싶은 것은 당신이 그러한 외로움과 고통을 느끼고 있는 것은 어떤 재능을 갖고 태어나서도 아니고, 그 길을 선택해서도 아니라는 것이다.
 어떠한 상황이라도 상관없이 외로움과 고통을 느낄 수 있는 것은 단지 인간이기 때문이다.
 인간은 누구나 외로움을 갖고 있으며, 타인이 그 사람을 보고 생각하는 것과 다르게 현실을 고통스럽게 여기고 있는 이들도 있다. 자신에게 없는 것을 갖고 싶어 하는 것, 자신이 갖지 못한 것을 갖고 있는 이를 동경하는 것도 당연한 심리이다.
 '그 사람은 늘 많은 사람들과 함께 있으니 평생 외로움을 느끼지 않을 거야.'라는 생각, '세상에 나 홀로 외로운 것만 같은 기분'들은 모두 착각이다.
 외로움과 두려움이 없는 사람은 없다. 설령 당장은 느끼지 못할지라도 그저 덮여 있을 뿐, 그런 감정들은 언제든 몇 번이고 떠오르고 다시 또 떠오를 것이다.
 사람들은 그러한 외로움에서 벗어나고자 어떠한 상황에서도 자신을 온전히 이해해 줄 수 있는 사람을 찾지만 안타깝게도 그는 이뤄질 수 없는 일이다. 인간은 단 한 명의 사람, 그 자신 하나조차도 완전히 다 이해하지 못하는 존재이기 때문이다.

 밤하늘의 별들은 마치 한곳에 모여 있거나, 서로 연결되어 있는 것처럼 보이기도 한다. 그렇지만 실제로는 서로가 지극히 먼 거리를 떨어져 홀로 존재하고 있다. 인간 또한 그렇게 다른 사람들과 연결되어 있는 것처럼 보이면서도 홀로 있는 존재이다.

 그렇다고 행여 너무 낙담하거나 슬퍼하진 않아도 된다. 우리는 서로의 연결을 상상할 수 있으며, 서로의 외로움을 달래고 위로해 주는 존재이기도 하기 때문이다.

 그럼에도 재능을 갖지 못하거나 재능이 부족하다고 느끼는 이들은 자신은 그보다 더한 고통이라도 감수할 수 있으니 큰 재능을 타고났었기를 바란다.

 그런 생각 또한 당연히 할 수 있는 것이다. 그렇다면 부러워하기만 할 것이 아니라 노력해야 할 것이다. 많은 재능들은 노력에 따라 만들어지기도 하고 커지기도 한다. 그리고 노력한 만큼 실력은 어떻게든 향상될 것이다. 노력한 뒤의 나는 분명히 그전의 나보다 뛰어날 수밖에 없다.

 세상 다시없는 재능을 갖고 있는 이들도 충분한 노력과 운이 없다면 성공할 수 없는 법인데, 재능조차 부족한 내가 노력조차 하지 않고 어떻게 성공하길 바라겠는가.

 결국 성공하진 못할지라도 너무 낙담할 일도 아닐 것이다. 처음부터 성공이 어려운 것을 알고 시작했던 일이고, 적어도 노력하는 과정에서 행복을 느끼고 어떤 발전을 이루었다면 그런 것도 좋다면 좋은 일이 아니겠는가.

 아무런 재능이 없다고 생각하는 이들도 있을 것이다. 어쩌면 정말 놀라운 재능이 있음에도 그가 살고 있는 시대가, 그가 살고 있는 사회가 그 재능이 힘을 발휘하지 못하거나 재능을 찾기 힘든 곳일 수도 있다.
 재능의 크기와 가진 것의 크기가 행복과 비례하는 것은 아니다. 재능을 키우며 성공을 향해 노력하는 삶도 좋겠지만, 그 시간을 좋아하는 사람들과 보내거나 좋아하는 일을 하는 등 다른 것으로 보내도 좋을 것이다.
 그냥 각자가 각자의 인생을 살면서 스스로의 행복을 찾고 만족할 수 있다면 그것으로 충분한 일이다. 아무것도 하지 않고 다른 인생을 부러워만 하거나, 다른 이의 인생을 함부로 평가하고 폄하하는 일만이 피해야 할 일이다.

 사람들은 다른 사람들이 생각하는 것보다, 보이는 것보다 행복할 수도 있고, 행복하지 않을 수도 있다. 속으로는 어떤 외로움이나 고민을 갖고 있을지도 쉽게 알 수 없는 일이다.
 재능의 유무와 크기는 행복의 한 조건이 될 수는 있지만 행복 자체가 되지는 않는다. 어떻게 이용하고, 어떻게 생각하고, 어떻게 대하느냐가 중요할 뿐이다.

행운과 불운

아무것도 하지 않고 행운이 찾아오기만 기다려 봤자 소용없는 일이다. 행운은 아무것도 하지 않는 이들을 보지 못하고 그대로 지나칠 것이기 때문이다.
그러나 불운은 아무것도 하지 않아도 때때로 찾아올 것이다.

행운에 대해 생각하고 행동하되, 기대하여 의지하지는 말아야 한다.
불운이 닥쳤을 때는 괴롭고 슬플 것이나 그대로 머물러 있지는 말아야 한다.

이념과 사상

 인간의 이성은 인간에게 지구상의 다른 생물들이 갖기 힘든 '이념'과 '사상'이란 것을 존재하게 한다.
 지극히 이성적인 과정으로 만들어지는 것 같은 그 이념과 사상 역시 어쩔 수 없이 인간의 본능에 영향을 받아 만들어지게 되는데. 어떤 이념과 사상을 판단하고 받아들이는 것 또한 본능의 영향을 받게 되기 마련이다.
 개인이 갖게 되는 이념과 사상은 살면서 자연스럽게 형성되기도 하지만, 누군가의 말이나 글을 읽고 단시간에 형성되기도 하는데, 그 이념과 사상이 마음 깊이 자리하기 전 몇 번이고 다시 생각하여 조심해야 할 것이다.

 어떤 이념과 사상을 말하고 주입하려는 이들은 사례와 이유를 논리적 형식으로 들어가며 설명을 붙이고, 갖가지 방법으로 그것이 맞는 것처럼 보이게 하려 한다. 그리고 그는 실제로 많은 이들을 효과적으로 설득하거나 현혹시키는 것에 성공하기도 한다. 말로써 사람의 마음을 움직이는 것이 능숙한 이들에게는 거짓된 것을 진실로 보이게 하는 것이 그리 어려운 일이 아니다.
 사람들은 그 이념과 사상의 본질적 내용이나 가치보다, 말하는 이의 언변에 홀리거나 사회적 영향력 같은 것을 보고 처음부터 기울어진 생각으로 접근하여 그가 말하는 이념과 사상을 받아들이기도 하는데,

거듭 강조하여 이는 조심하고 또 조심할 일이다.

 한번 형성된 이념과 사상은 쉽게 바뀌지 않고, 평생 그 사람에게 영향을 줄 수도 있기 때문이다. 나아가 행동하는 것으로 주변 사람들에게도 적지 않은 영향을 주게 된다.

 보통 이념과 사상은 대립되는 개념이 있어도 '맞고 틀리다'의 문제가 아닌 '다르다'의 문제로 생각되는 경우가 많고, 장단점이 혼재하기 때문에 논리적으로 확실하게 부정하는 것이 대단히 어려운 경우가 많다. 때문에 더욱 잘못 생각하기 쉬운 경향이 있기도 하다.

 한번 받아들인 이념과 사상이 잘못된 것이었다고 인정하는 것은 본능적으로 자신이 어리석은 자로 생각되고, 불리한 위치에 놓이게 한다고 느끼게 하기 때문에 자신을 속여서라도, 스스로 어떤 논리를 만들어서라도 계속 자신의 판단이 옳았다고 여기려 하고 그렇게 계속 주장을 하게 되기 마련이다.

 하지만 그 이념과 사상이 생각했던 것과 다르게 처음부터 잘못된 것이거나 문제가 있던 것이라면 그 선택을 고집하여 생기는 피해가 훨씬 더 큰 것이고, 그런 사실을 알면서도 생각을 고집하는 것은 어리석은 일이다.

 과거의 선택이 확실히 '옳은 것이 아니었음'을 것을 알게 된다면 잘못된 선택을 계속 고집하는 것이 아니라, 그를 바로잡을 수 있는 용기와 지혜를 보여야 할 것이다. 그는 본능의 영향을 이겨내는 훌륭하고 대단한 일이기도 하다.

또한 과거엔 옳았던 이념과 사상도 시대의 흐름과 상황의 변화에 따라 더 이상 옳지 않은 것이 될 수 있다는 것도 생각해야 할 것이다. 그렇게 항상 유연한 생각을 갖고 모든 것을 대할 줄 아는 이가 진정 지혜로운 이일 것이다.

 인간은 수많은 이념과 사상을 만들 정도로 영리한 존재이지만, 그와 관련하여 착각하거나 잘못된 행동을 할 수 있는 미숙한 존재이기도 하다.
 다른 생각을 접하게 될 때는 '틀린 것'과 '다른 것'을 구별할 줄 알아야 할 것이며, '다른 것'을 '틀린 것'이라고 공격해서도 안 될 것이다.

 올바른 신념을 갖는 것은 평생 도움이 될 것이며, 죽어서도 많은 이들에게 훌륭한 사람이었다는 인정을 받게 할 것이다. 그러나 잘못된 신념을 갖고 고집하게 되면 그는 그 자신뿐 아니라 많은 이들을 불행하게 할 것이다. 그리고 그가 죽었을 때, 그가 아무리 많은 지식을 가졌었다고 하더라도, 아무리 높은 사회적 지위에 있었다고 하더라도 그는 결국 사람들에게 안타깝고 어리석었던 이로 기억될 것이다.

집단을 이루고 소속되고 싶어 하는 심리

인간은 사회적 동물이다. 어떻게든 무리를 지어 집단을 이루고 그 안에 있으려 하며, 집단 안에서도 필요에 따라 또 다른 집단들을 만들기도 한다.

집단을 만들려 하고, 집단 안에서도 확실한 내 편을 만들려 하고, 집단 내·외부를 가리지 않고 적을 만들어 편끼리 유대를 강화하려 하는 것은 모두 그것이 생존에 유리하다 느끼는 본능 때문이다. 집단을 이루고, 집단에 소속되는 것은 모두 본능적 불안감을 줄여주기도 하고 더 효율적으로 목적의 성취를 이룰 수 있게도 한다.

인간은 태어나면서부터 반드시 하나 이상의 집단에 소속되게 된다.

인류라는 공동체, 국가, 가족, 직장, 학교, 동호회 등의 크고 작은 집단들 중 자신의 선택과 상관없이 또는 자신의 선택에 따라 집단에 소속되게 되고, 하나가 아니라 동시에 여러 집단에 소속되어 있게 된다.

소속된 집단에 대해 중요하게 여기는 인식은 모두 차이가 있어 '생명체', '인간'과 같은 큰 틀에서의 집단을 중요하게 생각하는 이들도 있고, '국가나 가정', '자신이 소속된 특정 집단'과 같은 보다 작은 집단을 중요하게 생각하는 이들도 있다.

보통은 소수로 구성된 작은 규모의 집단을 중요하게 생각하게 되는데, 이는 자신이 그 집단의 구성원이라는 것을 실감하기 쉽기 때문이다. 또, 자신을 필요로 한다는 느낌을 받거나 집단에 확실히 체감할 수 있는 역할이나 위치가 있다고 생각할 때 집단에 대한 소속감이 생기고 강해지는데, 너무 큰 틀의 집단에선 그런 느낌을 잘 느끼기 어렵기도 하기 때문이다.

 자신이 중요하게 여기는 집단에서 소외되거나 제외되는 것에 대한 불안과 두려움은 누구나 어느 정도 있기 마련이지만, 그 불안과 두려움이 너무 커지지 않도록 주의해야 한다. 그리고 그런 불안과 두려움에 영향받아 행동하는 것을 조심해야 한다.
그런 불안과 두려움 때문에 사람들은 집단에서 자신을 크게 부각시키고 싶어 하기도 하고, 제외되거나 소외되지 않도록 손해를 기꺼이 감수하기도 한다.
 이런 생각과 감정 때문에 원래라면 하지 않았을 선택을 하거나 자칫 무리한 일을 하게도 되는데, 만약 그런 행동들이 자신을 잘못된 방향으로 나아가게 하거나 해칠 수 있는 것이라면 다시 생각해 보아야 할 것이다.
 불합리한 강요에 따르게 되거나 부당하게 이용당할 것이라면, 그 집단을 어떻게든 떠나는 것이 좋다. 자의에 의한 것이든 타의에 의한 것이든 집단을 벗어나는 것이 두렵거나 힘들게 느껴질 수 있지만, 막상 떠나게 되면 생각했던 것보다 훨씬 괜찮은 경우가 많다. 그리고 찾고자 한다면 당신에게 도움이 되는 집단은 얼마든지 새로 찾을 수 있을 것이다.
 자신이 속해 있는 집단이 잘되도록 애쓰고 노력하는 것은 좋지만, 그 집단이 '절대'라고 생각할 것은 아니다.

같은 집단의 구성원이라고 해도 나타나는 행동과 전략은 제각각이다. 가급적 눈에 띄지 않는 것을 선호하는 이들도 있으며, 최대한 눈에 띄려 애쓰는 이들도 있다. 자기가 앞서서 행동하는 이들도 있으며, 자신은 행동하지 않고 남을 움직이려 하는 이들도 있다. 소속된 집단을 비판하는 이들도 있고, 합리적 비판조차 용납하지 못하는 이들도 있다. 집단을 바꾸려 하는 이들도 있고, 변하지 않고 그대로가 좋다고 생각하여 행동하는 이들도 있다.

아예 집단을 이루는 것 자체를 선호하지 않는 이들도 있다. 얽매이는 것을 싫어하거나, 집단 안에서 발생하는 인간관계에 부담과 피로를 느끼거나, 과거 좋지 않았던 경험이 있다거나 하는 등 그 이유는 여러 가지이다.

그러나 그런 경우라도 기본적으로 주위로부터 관심과 인정을 받고 싶은 본능은 여전히 남아 있고, 필요하다면 언제든 집단에 소속되거나 집단을 만들 것이다.

집단을 이루는 것은 인간의 본능에서 오는 일반적인 행위이고, 성향이다.

소속된 집단의 영향을 받는 구성원으로서 그 집단이 최대한 좋은 방향으로 발전하고 유지되기를 바라는 것도, 나에게 유리한 방향으로 집단이 움직이길 바라거나, 그렇게 조정하려는 것도 자연스럽게 생길 수 있는 심리다.

 안정감이나 효율성과 같은 집단이 주는 장점을 누리면서 자신에게 도움이 되는 방향으로 집단을 생각하고 이용하되, 생길 수 있는 부정적 현상과 피해를 늘 조심해야 할 것이다.

인간의 성장 그리고 마음의 고통과 회복

몸과 정신의 발달은 놀랍도록 그 기본 원리가 같다.

신체적 능력과 정신적 능력 모두 성장 속도와 한계점 등의 선천적으로 타고난 차이가 존재하고, 어린아이에서 어른으로 성장하며 자연스럽게 강해지고 발달하는 부분도 있으며, 훈련과 경험을 통해서 발달을 이룰 수 있다.

(정신적 능력은 '지성'과 '마음'으로 분류할 수 있는데, 이 글에선 그중 '마음'을 두고 얘기하는 것이지만, '지성'으로 바꿔 생각해도 일치하는 부분이 많을 것이다. 위에서 말한 기본 원리는 같기 때문이다.)

현재 상태에서 감당할 수 없는 과도한 부하를 견디지 못하는 것도 그렇다.

체력이 약한 사람에게 갑자기 쉬지 않고 달려서 풀코스 마라톤을 완주하라고 하면 하지 못할 것이며, 물건을 50kg까지 들 수 있는 사람에게 100kg의 물건을 갑자기 들라고 하면 당연히 들지 못할 것이다. 이를 억지로 시키거나 잘못 무리하면 부상을 입을 수 있는 것은 물론, 자칫 죽음에 이르게 될 수도 있다.

이런 문제는 정신적인 부분에서도 같다. 본인이 감당할 수 없는 정신적 충격이나 스트레스는 그를 다치게 하고 심하면 죽게까지 할 것이다.

몸과 마음의 상처는 그 상처의 크기에 따라서 고통의 강도와 지속시간이 다르고 회복에 필요한 시간 또한 다르다. 그리고 스스로 치유할 수 없을 경우엔 적절한 치료를 받아야 한다.

 사람마다 체력에 차이가 있고 똑같은 자극이라도 고통을 느끼는 정도는 다르다.
상처를 입었을 때 회복의 속도도 다르다.
 인간의 마음 또한 그렇다. 똑같은 충격이라도 사람에 따라서 느끼는 고통과 견뎌낼 수 있는 정도가 다르고, 회복 속도도 다르다.
 그렇게 회복 속도에 차이가 있기는 하지만, 신체의 자연치유력과 같이 마음 또한 자연치유력이 있어 보통은 시간이 지나며 자연히 상처가 아물게 된다.
 그러나 언젠가는 자연히 나을 상처라도 상처가 아물지 못하도록 상처를 계속 벌리고 자극한다면 상처는 아무리 오랜 시간이 지나도 낫지 않고, 심하면 악화되어 더 큰 고통과 피해를 줄 것이다.

 오랜 시간을 두고 몸을 단련하듯 마음도 단련이 필요하다.
 그리고 상처를 입었을 때는 휴식이 필요하고, 상처가 낫지 못하도록 상처를 자극하는 것들과 떨어져 스스로를 보호해야 한다.
 만약 스스로 회복할 수 없는 상처라고 생각할 때는 참지 말고 주위에 도움을 요청하고 치료받으려 해야 할 것이다. 몸의 상처든 마음의 상처든 적절한 치료를 받으면 더 빠르게 나을 수도 있으며, 오히려 상처 받았던 곳이 전보다 더 튼튼해지는 결과를 얻을 수도 있다. 그렇지 못한다고 하더라도 최소한 상처가 자연히 아물 때까지 고통을 덜 수는 있을 것이다.
 흉터 또한 남지 않거나, 되도록 작게 남도록 신경 쓰는 것이 좋을 것이다. 몸에 남은 흉터와 같이 마음에 남은 흉터도 심하다면 또 다른 괴로움의 원인이 될 수 있기 때문이다.

학교에서의 공부의 의미, 공부가 필요한 이유

 많은 이들이 학교에서의 공부는 사회에 나와선 쓸모가 없거나 거의 도움이 되지 않는 것들이 많다고 말한다.
 공부의 목적과 효과가 단지 '앞으로 필요하거나 쓸모 있는 지식을 쌓는 것'이라고 생각한다면 그렇게 생각할 수도 있겠으나 공부를 통해 얻을 수 있는 것은 그러한 지식만이 아니다.
 문해력, 논리력, 암기력, 수리력과 같은 능력의 향상과 두뇌의 발달, 생각하는 힘을 길러주는 효과가 있는 것이다.
 예를 들어 사회에 나오고 학교에서 배운 고등수학을 전혀 쓰지 않게 된다고 하더라도 수학의 공부는 다른 많은 분야에 활용될 수 있는 수학적 사고를 길러주어 도움을 주게 된다. 글을 읽고 이해하는 능력인 문해력 등의 다른 능력들도 사회 전반적 활동은 물론, 일상생활의 다양한 활동에 큰 도움이 된다.
 모든 사람이 올림픽에 출전하거나 금메달을 따기 위해서 운동하는 것이 아니듯이 공부 또한 원래는 진학이나 1등을 하기 위해서 하는 것이 아니다. 기본적으로 두뇌의 발달과 두뇌의 건강을 위한 측면에서 접근할 필요가 있는 것이다.

 시간과 에너지의 소비가 필요한 모든 것들이 그러하듯 공부 또한 당연히 목표가 있는 것이 시작과 지속에 있어 큰 도움이 된다.
 다음 시험에선 10점을 더 올려 보겠다거나, 외국어를 배워 그 나라의 사람과 대화를 하고 싶다거나 어떤 것이라도 목표가 있는 것과 그렇지 않은 것은 큰 차이가 있을 수밖에 없다. 할 필요가 없다고 생각하는 것을 왜 하려 하겠는가?

 어떤 목적이 부재한 상황에서의 공부는 억지로 시키는 것도, 억지로 하는 것도 무척 힘든 일이다. 스스로 공부가 필요한 이유를 생각하고 납득해야 할 것이며, 목표를 가져야 할 것이다.

 누군가에게 공부를 시키고자 할 때도 마찬가지이다. 공부가 필요한 확실한 목표를 갖도록 동기를 부여하는 것이 좋을 것이다. 어렵게 생각할 것 없이 칭찬과 같은 작은 보상들 또한 그런 목표와 동기가 된다.

 그런 면에서 학생들에게 시험은 공부에 대한 좋은 동기부여가 되고, 지속하는 데 큰 효과를 발휘한다.

 시험으로 인해 발생하는 문제는 시험의 결과로 지나치게 스트레스를 주거나 받는 것에 있는 것이지 시험이란 것 자체가 문제가 있는 것은 아니고 무조건 없애야 하려 할 것도 아니다.

 시험은 현재의 자기 수준을 알게 하고, 목표를 정하는 데 큰 도움이 되는, 긍정적인 면이 많기 때문에 이런 긍정적인 면을 보다 크게 하고 부정적인 면을 줄이려 해야 할 것이다.

 목표를 너무 크게만 둔다면 중간에 좌절하거나 포기할 수도 있다. 때문에 그리 어렵지 않게 이룰 수 있는 작은 목표들을 중간중간 두고, 성취를 이루는 기쁨을 반복하여 점진적으로 발전해나가는 것이 좋다.

하루에 1시간도 공부하기 힘들었던 것이 2시간, 3시간을 할 수 있게 되고, 풀지 못했던 문제를 풀게 되었을 때의 작은 기쁨들이 쌓여 가다 보면, 정해두었던 큰 목표에 점점 더 가까이 다가갈 수 있게 될 것이다.

교과서를 기본으로 학교에서 이뤄지는 공부는 가장 효율적이고 대표적인 두뇌 훈련 중의 하나이다.
육체를 강하게 단련시키기 위해선 적절한 부하를 주어야 하듯, 두뇌를 발전시키기 위해서도 적절한 부하를 주어야 한다. 인간의 몸과 정신은 견딜 수 있는 적절한 고통과 괴로움이 있을 때 빠른 발전을 이루는 법이다.

아무리 노력해도 모든 사람이 100미터를 10초 이내에 달릴 수는 없고, 같은 운동을 해도 성장 속도가 다르듯이 공부에도 타고난 차이는 존재한다.
그러나 운동을 하면 운동을 하지 않을 때보다 신체적 능력이 발달하듯이 공부 또한 지적 능력의 성장과 발달을 가져온다. 남들과 비교할 것 없이 확실히 전보다 나아진 나를 만들 수 있는 것이다.
오랫동안 몸을 움직이지 않았던 이가 갑자기 하루 종일 운동을 하기는 힘들 듯이 공부 또한 그렇다. 공부에도 조금씩 단계를 높여가며 적응하는 시간이 필요하다. 그리하여 무언가를 공부하는 것에 대해 조금씩 즐거움을 느끼게 되고, 의지가 사라지게 되기 전에 잠시라도 습관화가 된다면 그는 평생에 도움이 되는 커다란 재산이 될 것이다. 무엇이든 한 번이라도 해봤던 것과 그렇지 않은 것은 실로 엄청난 차이가 있다.

 물론 교과서를 통한 공부, 학교에서의 공부만이 공부라고 오해할 것은 아니다. 어떤 것이라도 배우고 익히는 것은 모두 공부이다.
 어떤 일을 하면서도, 새로운 취미를 시작하면서도, 인간관계를 통해서도, 살면서 우리는 자연스럽게 늘 무언가를 배우고 익히게 된다.
 학교를 졸업했다고 해서 공부할 기회와 두뇌의 발달 기회가 끝난 것은 아니다.
무엇이라도 배우고 나 자신을 발전시키고자 하는 의지와 노력이 있다면 성인이 된 이후에도 얼마든지 계속 자신을 성장시킬 수 있다.
 공부라는 것에, 배운다는 것에 나이가 따로 있는 것도 아니다. 본인의 행복과 주위의 행복을 위해서라도 인간은 살아있는 한 계속 배우고 성장해야 하는 존재이다.

 그럼에도 난 공부가 싫고 성장하지 않아도 괜찮다고 생각하는 이들도 있을 것이다. 그것으로 만족하고 행복하다면 그런 것도 좋을지도 모른다.
 하지만 '다른 누군가에게 내 생각과 인생을 휘둘리기 싫다고 생각한다면?', '지금의 나보다 조금이라도 더 나은 내가 되고자 한다면?', '살면서 만나기 싫어도 만나게 되는 여러 문제들을 스스로 이겨내고, 슬기롭게 해결할 능력을 보다 더 갖추고자 한다면?' 배움을 피하지 말고 기회를 만들어 긍정적으로 다가서려 해야 할 것이다.
 그것은 비단 생각하는 힘과 능력을 길러주는 것뿐 아니라, 자신감과 자존감을 갖게 하고, 심리적 안정감을 향상시키는 효과 또한 따르게 되니 장점이 많은 일이다.

목표, 목적의 필요성

 분명한 목적을 갖는 것은 삶의 활기를 주고 발전의 큰 원동력이 된다. 반드시 모든 사람들이 그렇게 살아야만 하는 것도 아닐 것이나 뚜렷한 목적을 갖고 살아가는 것은 충분히 권장할 일이다.
 삶은 행동이 모여 이뤄지고, 어떠한 목적 없이 행해지는 의식적인 행동은 없다. 뚜렷하고 강한 목적과 같은 동기가 없다면 성장과 발전을 위한 고통을 견디거나 노력을 계속하는 것에 어떻게든 어려움을 겪게 된다.
 앞서 말한 운동이든 공부든 성과를 내기 위해서는 자신에게 맞는 체계적인 방법으로 시행하는 것도 중요하지만, 무엇보다 중요한 것은 꾸준히 하는 것이다. 목표와 목적을 가지는 것은 무언가를 시작하게 하는 것은 물론, 이 꾸준함이 있게 하는 데 정말 큰 도움이 된다.
 어떤 동기를 부여하는 얘기를 듣거나 글을 읽을 때 '꼭 해야지!' 하는 생각이 들어도, 잠시 뒤엔 하기 싫어져 안하는 것이 사람이며, 안 된다고 생각하면서도 해야 할 일을 나중으로 미루는 것이 사람이다.
 물론 습관이 형성되면 어떤 목적이 없어도 계속적인 실행이 가능하지만, 습관 또한 어느 순간 사라지거나 달라질 수 있다.
 때문에 무언가를 하고자 한다면, 이루고자 한다면, 막연히 하고자 하는 생각을 갖는 것이 아니라, 확실한 목적을 가지는 것이 좋다. 이는 어렵게 형성된 습관의 지속에도 도움이 된다.
 그냥 언제까지나 하루하루 주어지는 삶에 만족하고 살고자 한다면 모르겠으나 조금이라도 자신을 성장시키고 발전시키고자 한다면, 그러한 방향의 목적을 갖고 행동해야 할 것이다.

 삶의 목적과 그것을 이루기 위한 방법들은 정말로 다양하고, 사실은 목적 없이 사는 것처럼 보여도 그렇지 않은 경우도 많다.
 "나는 뚜렷한 목적이 없는 삶을 살겠다.", "하루하루를 그냥 행복하게 살겠다."라고 한다면 사실은 그것 역시 목적의 한 형태라 할 것이며, "정말로 아무것도 하지 않고 휴식을 취하겠다."라고 결정하고 행동하는 것 또한 그런 목적을 정하고 실천하는 일이라 할 것이다.
 개인의 성향과 상황에 따라선 그런 목적을 갖고 행동하는 것이 맞고 필요할 때도 있겠으나 어느 정도 안정과 발전을 얻기 전부터 그런 목적과 행동을 갖게 되는 것을 조심해야 할 것이며, 성장과 발전을 위한 목적을 갖는 것을 애써 외면하거나 스스로 어떤 변명을 만들어 기피하려 하는 것도 조심해야 할 것이다.

 목표를 이루고자 노력하는 것은 분명 사람을 성장하게 하지만, 때로는 목표가 없이 방황하는 삶을 살아도 성장할 때가 있다. 외로움이나 불안과 같은 감정, 혼자 있는 시간이 인간을 성장시키기도 하기 때문이다.
 그렇지만 어떠한 목표, 목적이 없는 삶이 너무 오래 계속되면 삶이 무미건조하게 느껴지기 쉽고, 사는 것 자체가 무의미하다는 식으로 생각하기도 쉽다. 무언가 하고 있는 일이 있어도 분명한 목표와 목적이 없는 이는 일상과 주위에 흥미를 잃고 무기력증에 빠지게도 된다. 때문에 그런 시간이 너무 길어지게 해선 안된다.

 사람을 행동하게 하는 의욕, 의지 또한 어떤 삶의 목적에 의해 만들어지기 마련이고, 삶의 목적이 변하면 달라지거나 사라지기도 한다.

 그래서도 사람은 인생의 의미와 목적을 찾게 되는데 인생의 목적을 너무 크게 가지려 할 필요는 없고, 하나만 가질 수 있는 것도 아니다. 그리 어렵지 않게 이룰 수 있는 작은 목적들을 계속해서 만들고 이루는 것도 좋고, 작은 목적들의 성취를 쌓아서 큰 목적을 이루려는 것도 좋겠다.

 꼭 어떤 대단한 목적을 찾으려 할 필요도 없고, 당장 어떤 목적이 없는 것 같아서 불안해할 필요도 없다.

 종종 지나온 삶과 지금의 삶, 앞으로의 삶에 대해 생각해 보는 시간을 갖고 정리해 보는 것으로 삶의 방향과 목적은 조금씩 윤곽이 뚜렷해질 것이다. 그리고 중간중간 다시 확인하고 조정하면서 삶의 변화에 따라 맞춰 가야 할 것이다.

 또, 누군가를 만나거나 새로운 일을 경험하면서 자연스럽게 목적이 생겨나게 되기도 한다.

 그렇지만 그렇게 어떠한 목적을 찾거나 정했다고 하더라도 그 목적이 절대로 바뀌지 않는다고 생각할 것도 아니다.

 덧붙여 말하여 당연한 얘기이겠지만 그렇다고 아무 목적이라도 다

괜찮다는 것은 아니다. 부정적인 방향의 목적은 가지지 않으려 해야 할 것이고, 처음엔 문제가 없는 것 같았던 목적도 나를 부정적 방향으로 계속 움직이게 한다면 그 목적을 바꾸거나 버려야 할 것이다.

 그리고 목적을 이루고자 하는 열망이 너무 지나치지 않도록 조심해야 할 것이다.

목적에 대한 열망이 지나치게 강할 경우 목적을 이루기 위한 수단을 가리지 않게 되고, 결코 좋지 않은 수단을 쓰게 될 수도 있기 때문이다. 목적을 이루고자 하는 열망을 갖는 것까지는 좋지만 잘못된 방법으로 목적을 이루고자 해선 안 될 것이며, 그런 유혹과 충동을 이겨내지 못할 정도로 열망이 지나쳐 자신을 잃는 것을 조심해야 할 것이다.

 때로 우리는 나와 내 주위를 불행하게 만들 수 있는 유혹을 만나곤 한다. 그런 유혹은 늘 가까이에 있고 전혀 생각하지 못한 때에 찾아오기도 한다.

 이러한 유혹에 빠지지 않게 하는 데에는 무엇보다 나와 주위를 해치지 않게 하는 바람직한 가치관이 있는지가 중요한데, 목적에 대한 열망이 너무 강하면 이 가치관 또한 흔들리고 변하게 될 수 있다.

 어떤 목적을 가지느냐에 따라선 만나지 않았을 유혹도 만나게 되고, 가치관을 흔들어 유혹에 쉽게 빠지게도 한다.

 당장 괜찮아 보여도 과연 괜찮은지 생각할 것이며, 문제를 못 보고 있거나 외면하고 있는 것은 아닌지도 생각하여 살펴야 할 것이다.

목적은 확실할수록 좋다.

 바람직한 목표와 목적을 갖는 것이 인간을 발전적인 방향으로 행동하게 한다는 것은 이견 없이 모두가 납득할 수 있는 얘기일 것이다.
 하지만 바람직한 성격의 목표와 목적이라도 아무렇게나 가져서 좋은 것은 아니다. 목표와 목적은 어느 쪽이든 막연하거나 추상적이어선 안 되고, 구체적이고 확실하게 존재하는 것이 좋다.
 예를 들어 당신이 '원어민과 무리 없이 의사소통이 가능한 수준으로 어떤 외국어를 배우겠다.'라는 확실한 목표가 있어도, 구체적인 목적이 없이 그저 외국어를 잘하고 싶다는 막연한 마음으로 학습을 시작하거나, 배움의 목적을 납득하지 못한 상황에서 강제적으로 학습을 하게 된다면, 적지 않은 스트레스와 괴로움을 계속 느끼게 될 것이며, 학습을 오래 유지하기 어렵게 될 것이다.
 그렇지만 알게 된 외국인 친구나 연인과 외국어로 대화를 하고 싶은 이유 등과 같이 외국어를 배우는 구체적인 목적이 있는 경우 상황은 훨씬 나아질 것이다. 이처럼 구체적인 목적 또한 구체적인 목표와 함께 필요한 것이다.
 당장 필요치 않아도 나중의 상황을 가정하고 대비해서 또는, 외국어를 잘하게 된 자신의 모습이 스스로 기쁘고 만족스러울 것 같아서 등의 경우도 모두 목적이 되겠지만, 위와 같이 보다 필요성이 크게 느껴지는 구체적인 목적을 가졌을 때보다는 목표를 달성하기 위한 노력을 적게 들일 확률이 높다. 이는 외국어든, 다른 과목의 공부든, 음악이든, 운동이든 무언가를 배우고 익히는 것에 모두 똑같이 해당되는 말이다.

처음의 마음을 오랫동안 계속 유지하는 것은 누구에게나 어려운 일이고, 확실하지 않은 막연한 목적은 금세 다른 것에 덮이거나 흐려지기 마련이다.

그렇게 달라지는 마음 때문에 어떤 행동을 꾸준히 계속하는 것은 쉽지 않은 일이다. 확실한 목적과 목표가 없거나 오랜 시간 반복하여 습관화된 상태가 아니라면 더욱 그렇다.

주위 환경은 끊임없이 변하고 인간의 상태도 시, 분 단위로 달라진다. 하나의 목적을 위해 움직여도 그 변화에 맞춰 중간중간 다른 행동을 하게 되는데, 이때 다시 그 목적을 위해 움직이는 상태로 돌아오는 것에도 적지 않은 힘이 든다.

예를 든다면 공부를 하다가 멈추고 중간에 밥을 먹거나 누군가와 만나 시간을 보낸 뒤, 다시 공부를 시작하려면 잘되지 않는 것이다. 보통 사람들은 "놀 때는 공부는 완전히 잊고, 노는데 집중해서 신나게 놀아야 한다."라고 말하지만, 완전히 꺼진 불을 다시 불붙이는 것은 좀처럼 쉽지 않기 때문에 조금이라도 계속 신경을 쓰고 있는 상태로 불씨를 살려두는 경우가 많다. 하지만 이런 것이 계속 반복된다면, 쉬어도 쉰 것 같지 않은 느낌에 피로와 스트레스가 쌓이고 커질 수도 있기 때문에 정말 그 말대로 하던 일에 대해 완전히 신경을 끌 줄도 알아야 할 것이다.

이때 완전히 꺼진 불을 다시 크게 피우기 위해선 불을 피울 준비를 하고 다시 불씨를 만들어야 하는데, 공부와 같은 경우엔 어떻게든 다시 공부할 마음을 먹는 것이 그 준비가 되고, 자리에 앉아 책을 펼치는 것이 불씨를 만드는 일이라 할 것이다. 일단 어떻게든 공부하는 자리에 앉는 것만으로도, 책을 다시 펼치는 것만으로도 정말 큰 도움이 되고 다시 불을 피울 수 있게 한다. 학교나 학원과 같이 외부의 도움을 받아서 하는 것이 아니라, 스스로 이렇게 하기 위해선 습관을 들인 뒤 습관을 지속하거나, 확실하고 강한 목적을 다시 떠올릴 필요가 있다. 이는 불씨나 피운 불을 꺼트리지 않고 계속 살려두기 위해서도 도움이 된다. 이와 같은 내용은 물론 학교 공부가 아니라 운동이나 다른 어떤 것을 배우거나 할 때도 마찬가지이다.

구체적인 목표를 정했음에도 그 목표를 잊거나 열의가 떨어질 수 있다. 그런 문제를 예방하기 위해선 '눈에 보이는 곳에 목표를 써 두어 자극을 받거나 매일 생각을 다지는 것'. '단기간에 이룰 수 있는 작은 목표들을 단계별로 정하고 이루어 큰 목표를 완성하는 것'과 같은 방법들을 사용할 수 있다.

구체적인 목적이 없어도 꾸준히 학습을 이어 나가는 경우도 있다. 단지 무언가를 배우고 익히는 것 자체에 즐거움을 느끼는 경우다. 이런 경우는 자신이 무언가를 배운다는 것, 무언가 자신이 더 나아지는 것 같은 느낌 자체에 행복과 기쁨을 느끼기 때문에 별다른 목적이 없어도 학습을 계속하게 된다.

 어쩌면 구체적 목적을 가지고 학습하는 것보다 이런 본능적 영향에 의해 학습하는 것을 더 좋게 생각할 수도 있겠다. 그러나 이 또한 목적을 가진 경우와 비교하여 단점이 존재한다.

 아무런 목적 없이 단지 배운다는 것 자체에 만족을 느끼는 경우는 꼭 그것이 아닌 다른 어떤 것을 배워도 기쁨과 만족을 느끼기 쉽기 때문에, 열중하던 것에 금방 싫증을 내고 다른 것에 눈을 돌리기도 쉽다는 문제가 있다.

 즐거움을 느끼는 것이 한두 가지나 소수의 경우로 한정된 경우, 그 분야에 많은 시간을 들이는 만큼 놀라운 업적을 남기고 대성할 수도 있겠으나 그렇지 않고 이것도 저것도 모든 것들이 다 고만고만하게 즐겁다면, 어느 것 하나 높은 성과를 내기 힘들고 어디까지나 취미 수준에 그칠 것이다.

 가진 재능의 크기에 상관없이 흩어진 노력을 하는 사람은 확실한 목적을 갖고 하나의 분야에 매진한 사람을 보통은 이기기 힘든 법이다.

 정리하여 말하자면, 확실하고 구체적인 목적과 목표를 정하고, 그 목적과 목표가 흐려지지 않도록 하면서, 큰 목표를 이루기 위한 달성 가능한 작은 목표들을 중간중간 두라는 것이다.

만족할 줄 알되, 만족하지 않을 줄도 알아야 한다.

 일이 끝난 뒤라면 적당히 만족할 줄 알아야 하되, 일이 다 끝나기도 전에 스스로 만족하여 도중에 그치는 것은 피해야 할 일이다.
 만족할 줄 아는 것과 일찍 포기하고 만족에 그치려 하는 것은 완전히 다른 얘기이다. 둘을 잘 구분하고 착각하지 않도록 해야 할 것이다.
 이를 위한 가장 쉬운 방법 중 하나는 역시 스스로 자문을 해보는 것이다. '끝나지 않은 일을 도중에 만족하고 포기하려는 것은 아닌가?' 하고 말이다.

 '스스로의 노력으로 도저히 어떻게 할 수 있는 일이 아니라면?', '나를 노력하게 하고 성장하게 해 줄 것이 아니라면?' 그 일에 대해서 완전히 만족하고 지나쳐도 좋을 것이다.
 하지만 끝난 일이라고 해도 '언제고 다음에 다시 찾아올 일이라면?', '부족함을 느꼈고 더 나아지길 원한다면?' 완전히 만족하고 지나치려 할 것이 아니다.
 당장의 결과에 적당히 만족하고 긍정적으로는 생각하되, 한 편으로는 결과에 대한 불만족스러운 마음도 갖고 있어야 할 것이다. 그것은 다시 노력하게 하고, 나 자신을 성장하게 할 원동력이 되어줄 것이다.
 언제나 중요한 것은 생각과 마음을 도움이 되는 쪽으로 다스리고 조절하며, 적절한 균형을 이루고 이용하는 것이다.

경쟁의 조절

 인간을 포함하여 모든 생물은 죽을 때까지 경쟁을 피해 살아갈 수 없게 된다.
 하지만 인간 외의 생물들의 경쟁은 대체로 생존과 번식에 정말 직접적으로 관계된 것들이지만, 현대 문명사회에서 인간이 만나게 되는 경쟁은 그렇지 않은 것들이 많다는 차이가 있다. 이는 사회의 구조가 복잡하고 다양하기 때문에 또, 많은 사람들이 어울려 살기 때문에 어쩔 수 없는 면이 있고, 자연스럽게 그렇게 된 부분도 있다.

 우리는 이러한 특징을 가진 인간 사회에서의 경쟁에 대해 어떻게 생각해야 할까?
 먼저 경쟁이 과도하고 과열되지 않도록 조심하고, 그런 사회를 만들려 노력할 필요는 분명히 있다고 하겠다. 그러나 어느 정도의 경쟁은 피할 수 없다는 것을 받아들여야 하고, 많은 경쟁들은 도움이 될 수 있으며, 도움이 되도록 이용할 수도 있다는 것도 유념해야 할 것이다.
 개체의 발전, 사회 전반적 발전 모두에 경쟁은 지대한 영향을 주며, 경쟁이 주는 긍정적 효과에 대해서는 이견을 찾기 힘들기도 하다.
 그러나 많은 이들이 경쟁이란 것 자체를 부정적으로 생각하는 경향이 있다. 그것은 패배와 실패에 대한 두려움 때문이며, 경쟁이 주는 심신의 고통과 스트레스 때문이다. 한편으로는 잘못된 경쟁이 만들어낸 사회적 문제들 때문이기도 하다.

그러나 앞서 말했듯 경쟁이 없는 인간 사회는 발전을 기대하기 힘들고, 나아가서는 질서를 붕괴시키고 공멸을 불러 많은 이들의 생존을 위태롭게 할 수도 있다.

 어떤 이들은 경쟁은 부정적이기만 한 것이며 협력만이 좋은 것이라 하면서 모든 경쟁을 없앨 것을 주장하기도 하지만, 그는 지극히 이상적이고 위험한 얘기이며, 처음부터 불가능한 일이다.
 협력이 필요한 때가 있으며, 경쟁이 필요한 때가 있다.
 같은 팀과 협력하면서 다른 팀과 경쟁하는, 협력과 경쟁이 모두 있는 때도 있다.
 만약 억지로라도 경쟁이란 것을 정말 모두 없애려 한다면, '경쟁이 아닌 협력'을 위해서라는 강요로 인간의 자유와 개성은 극도로 억눌러지게 될 것이며, 다양성 또한 크게 축소될 것이다.
 집단은 협력을 하지 않으려는 이, 동참하지 않는 이를 가만히 두지 않을 것이며, 그런 이들에게 개인이 항거하기 힘든 집단의 폭력으로 아무렇지도 않게 끔찍한 일을 저지를 것이다. 단체에 협력하지 않는 구성원이나 개성이 강한 구성원을 집단으로 따돌리고 공격하는 일은 지금도 흔히 일어나고 있는 일이다.
 인간의 사회, 현대 문명사회에서 경쟁을 완전히 없앤다는 것은 불가능한 것뿐만 아니라, 상황을 어렵게 하고 여러 위험을 초래할 수 있는 일이기도 하다.

만약 이와 같은 얘기가 쉽게 이해되지 않는다면, 경쟁이란 것이 정말 완전히 사라지게 되면 어떻게 되는지 몇 가지 예시를 들어 보겠다.

 한 명의 당선자, 소수의 당선자만 뽑는 모든 선거제도, 대의 민주주의는 사라져야 하며, 승패를 결정하는 세상의 모든 스포츠들도 사라져야 한다. 순위를 결정하고 시상하는 다른 모든 대회와 이벤트들도 사라져야 하는 것은 물론이다. 연애결혼이란 것도 존재하지 않으며, 직업 선택의 자유도 사라지게 된다. 기업과 장인들은 다른 것들보다 좋은 물건을 만들기 위해 노력하지 않아도 되고, 일하는 사람들은 같은 일을 하는 사람들보다 조금이라도 더 잘하려 해서는 안 된다. 모두 경쟁이 개입되어 있기 때문이다. 이러한 예시들은 얼마든지 더 들 수 있다.

 협력하는 일에 있어서 항상 모두가 적극적으로 열심히 참여할 것이라고 생각하는가? 인간의 본능적 성향과 다양성을 이해하지 못하는 개인의 이상에 치우친 얘기이다. 아무리 많은 재산을 가지고 있어도 일하고 싶어 하는 사람이 있는가 하면, 당장 굶어 죽게 생겼어도 일하기 싫어하는 사람도 있는 법이다.

 그렇게 경쟁이 아닌 협력의 이름으로 모든 것을 강제하고 통제하는 사회는 수많은 혼란과 문제를 일으키게 되고 점점 퇴화하여 사라질 위기에 처할 것이다.

 경쟁이 없는 사회가 올바른 것이며 아름답다고 생각하는 이상은 이상만으로 존재해야 하는 것이지 현실로 나오려 해서는 안 된다. 이상을 꿈꾸고 목표로 하는 것은 좋다. 하지만 결코 현실을 무시하거나 간과해서는 안 될 것이다.

 만약 정말로 "경쟁이 전혀 존재하지 않는 세상을 만들겠다."라고 말하는 사람이 있다면, 그는 '거짓말을 하고 있는 사람'이거나 '매우 어리석은 자' 둘 중의 하나이다. 어느 쪽이든 힘을 갖게 되면 위험한 사람이니 결코 큰 힘을 갖게 해서는 안 된다. 단지 혼자의 생각이나 주장만으로 끝난다면 다행이겠으나 그런 이가 큰 힘을 가지게 된다면 가진 힘의 크기만큼 주위에 영향을 미치게 되는데 그는 많은 이들과 사회를 혼란에 빠트리고 어렵게 할 것이다.

 경쟁을 무조건 없애려고만 하는 것이 아니라, 공정한 경쟁의 기회가 주어지도록 하는 것이 중요한 것이며, 경쟁에 져도 다시 도전할 수 있는 기회를 만들어 주고, 필요 이상의 좌절을 맛보지 않도록 하는 사회적 환경과 분위기 조성이 필요한 것이다. 경쟁이 너무 과열되지 않도록 하는 것도, 경쟁이 아닌 협력이 필요한 곳에서조차 경쟁을 하지 않도록 관리하고 유도하는 것도 그렇다.

 경쟁에서 져서 실망하고 낙담해도 좋다. 그것은 인간의 본능에서 오는 당연한 심리이며, 성장과 발전을 위한 노력의 원동력이 될 것이다. 다만 그 패배감에 긴 시간 얽매여 있거나 오히려 악효과를 낼 만큼 큰 영향을 받는 것을 조심해야 할 것이다.

 경쟁에서 이겨 승리의 기쁨을 누려도 좋다. 하지만 자신을 과신하게 되거나 그 승리의 쾌감에 중독되지 않도록 조심해야 할 것이다.

혹시나 지금 깊은 패배감에 빠져 좌절하고 있는 이가 있을까 하여 덧붙여 한 가지 더 말하고자 한다.

 개인의 환경과 상황에 따라 빈도는 다르지만, 사람은 평생 동안 다양한 경쟁을 만나게 된다. 살다 보면 한 번의 실패로 모든 것을 잃는다고 생각될 정도로 일생일대의 중요한 경쟁을 만날 수 있고, 그 경쟁에서 패배할 수도 있다. 승자가 있으면 반드시 패자도 있는 법이다.

 그러나 정말 물리적인 의미로 죽게 되는 것이 아니라 살아남아 시간이 계속 주어지는 패배라면 다시 생각해 보자.

 '정말로 모든 것이 끝이 난 것인가?'

 '많은 것을 포기해야 하고 무척 힘들지언정 다른 형태의 삶이 이어지는 것은 아닐까?'

 '어쩌면 다시 또 기회가 찾아오거나 만들 수 있지 않을까?'

 아무리 중요한 것이었다고 해도 언제나 '승패는 병가지상사(兵家之常事)'고 한 번의 패배로 인생 전체가 패배하는 것도 아닐 것이다. 이기는 것도 지는 것도 누구나 할 수 있는 일이다. 중요한 것은 그 이후 '어떻게 행동하느냐'이다.

지나친 경쟁 사회를 바꾸려면

 어느 정도의 경쟁은 필요한 것이며, 많은 도움이 되는 면도 있지만, 지나치게 과도하고 과열된 경쟁이 일상화된 사회는 결코 바람직하지 않다. 그리고 이런 지나친 경쟁 사회가 되는 것은 무엇보다도, 그렇게 될 수밖에 없게끔 사회적 분위기가 형성되는 것에 그 원인이 있다.

 사회적으로 어느 정도 일반화되어 있는 성공과 행복의 기준은 그 구성원인 개인의 성공과 행복의 기준에 큰 영향을 주게 되기 때문에 그 기준이 높아질수록 경쟁은 치열하게 될 수밖에 없다. 넘어야 하는 문턱은 높아지고 기준치 위의 자리는 점점 좁아지게 되기 때문이다.

 권력이나 부, 인기를 가진 이들을 사람들이 맹목적으로 추종하는 모습은 나도 저런 권력, 많은 돈, 인기를 얻고 싶다는 욕망이 들게 한다. 좋아하고 응원하는 정도를 벗어나 명백히 잘못한 것조차 사람들이 옹호하고 미화하는 모습을 보면, 그런 사람들을 혐오하는 마음이 들면서도 한편으로는 나도 그들이 추종하는 위치의 사람이 되고 싶다는 욕망이 생기게도 된다.
 높은 기준을 들어 그 기준을 채우지 못하는 이들을 무시하거나 인정하지 않는 모습도 그렇다. 예를 들어 평균 이상의 돈을 벌고 문제없이 잘 살고 있는 사람이라도 "그거 벌어서 되겠느냐?"라는 식의 말을 몇 번 듣게 되면 생각이 달라질 수 있는 것이다.

가진 재능이나 노력에 의해 얻은 것을 인정하지 말라는 말이 아니다. 사람을 좋아하여 응원을 보내고 칭찬하는 것이야 그 자체로 무슨 문제가 있겠는가? 단, 사람을 추종하여 무조건 옹호하는 식으로 잘못된 행동을 하거나, 사정을 알지도 못하면서 자신만의 기준으로 사람을 위아래로 나누고 그 기준 아래에 위치한 사람들을 함부로 무시하거나 폄하하는 것은 분명히 문제가 되는 일이다.

 사회 일반적으로 형성되어 있는 기준이 어떻든, 주위에서 뭐라고 하든 상관없이 그런 것들에 휘둘리지 않고, 스스로 성공과 행복의 기준을 적절히 정하고 그에 만족할 수 있다면 좋을 것이다. 그러나 끊임없이 느껴지고 들려오는 성공과 행복의 높은 기준은 그런 마음을 계속해서 흔들게 된다.

 지나친 경쟁 사회라는 것은 지나친 욕망이 만연해 있는 사회라는 말이다.
 인간이 욕망을 가지는 것은 어쩔 수 없는 것이고, 적절한 정도가 유지되는 것은 필요한 일이지만, 이 욕망이 과도할수록 문제가 생겨나고 커지게 된다. 사회적으로 과도하고 과열된 경쟁의 문제를 해결하려면 사람들이 지나친 욕망을 갖지 않는 사회적 분위기가 조성되도록 노력해야 한다. 그것은 또 경쟁을 둘러싼 문제뿐만이 아니라 다른 많은 사회적 문제들의 해결과 개선에도 도움이 될 것이다.
 물론 해결이 쉬운 문제는 아니다. 수많은 사람과 접하게 되고, 좋아

보이는 것들이 넘쳐나는 등 문명사회에서 인간의 욕망은 자연히 커질 수밖에 없는 문제가 있기도 하고, 다양한 문제들이 또 복합적으로 얽혀 있기 때문이다. '남들과의 과도한 비교', '남의 눈을 지나치게 신경 쓰는 태도', '높아지는 성공과 행복의 기준' 등 정말 다양한 것들이 인간의 욕망을 부추기고, 경쟁을 심화시키고 있다. 어느 하나의 문제만 해결해서 될 문제가 아니기 때문에 모두가 힘을 합쳐 전반적인 사회적 분위기를 조금씩 개선해 나가려는 노력이 필요할 것이다.

 일부의 사람들이 경쟁을 부추기는 사회를 만드는 문제도 있지만, 대중들이 스스로 그런 사회를 만들기도 한다. 문제를 사회로만 돌려 생각할 것이 아니다. 사회적 분위기는 결국 그 구성원인 개인들이 모여 만드는 것이기 때문이다.
 그런 사회를 바꾸기 위해서는 사람들 각자가 권력이나 부, 인기를 가진 사람을 맹목적으로 추종하여 갑싸고도는 것을 하지 말아야 할 것이며, 높은 기준을 들어 사람을 함부로 평가하고 무시하며 말하는 것을 피해야 할 것이다.
 또한, 올바른 가치관을 가지려 노력하고, 나를 불행하게 만들 수 있는 주위의 말과 분위기에 휘둘리지 않도록 굳은 심지와 높은 자존감을 갖는 것이 중요하다.

 다른 사람이나 다른 팀과 경쟁하는 스포츠나 게임을 즐기는 등 경쟁 상황을 좋아하는 사람들도 많다.

자신이 경쟁 상황에 놓이는 것은 별로 좋아하지 않는 사람이라도, 다른 사람들이 서로 경쟁하는 것은 보고 즐기는 경향을 많이 보이기도 한다.

 경쟁하는 것을 좋아하거나 타인들이 서로 경쟁하는 모습을 보고 좋아하는 것이야 본능적인 성향이기에 어쩔 수 없는 일이고, 그것이 잘못된 것이라고 말할 수도 없는 일이다. 하지만 그 경쟁에서 진 이를 함부로 평가하고, 심지어 모욕하거나 비난하기까지 하는 것은 분명 잘못된 일이다. 대중들은 이런 모습을 갖거나 보이지 않도록 스스로 조심해야 할 것이며, 그런 분위기가 형성되지 않도록 함께 노력할 필요도 있다.

실패가 주는 것

 실패는 고통스럽지만 사람을 겸손하게 한다. 그렇지만 실패를 겪은 뒤 겸손을 배우려 하기보다는, 미리 겸손하려 해야 할 것이다.
 한 번의 실패가 오랜 시간에 걸쳐 쌓인, 높은 자만심의 탑을 송두리째 허물어 버릴 수도 있다.
 대체로 자신이 익숙하고 자신 있는 분야에서만 활동하고, 실력에 더하여 상황과 운까지 늘 좋았던 이들은 실패를 겪을 확률도 낮아 자만심을 갖게 되기 쉽다. 자신이 지금 그렇게 자만심을 갖게 된 것은 아닌지 천천히 생각해 볼 필요가 있고, 그렇다고 생각한다면 그 자만심을 경계하고 겸손의 마음을 가지려 할 필요가 있을 것이다. 실패가 없었기에 생긴 자만심이 오히려 생기지 않았을 실패를 불러올 수도 있고, 그렇게 예상치 못한 실패는 사람을 깊은 좌절에 빠지게 할 수 있다.
 자신감을 가지되 자만심이 되지 않도록 조심하고, 겸손의 마음을 늘 잊지 않도록 해야 할 것이다.

 실패로 인해 자책하는 마음이 들 수는 있다. 그러나 한 번의 큰 실패든, 거듭되는 실패든 실패로 인해 자책이 지나쳐 자신감과 자존감까지는 잃지 말아야 한다.
 비록 실패했어도 당신은 그것을 시도할 수 있었던 사람이고, 실패를 딛고 언제든 다시 성공할 수 있는 사람이라는 것도 잊지 말아야 할 것이다. 그리고 나라는 사람의 가치는 그곳에서만 찾을 수 있는 것이 아닐 것이다.

 흔한 말이지만 실패는 누구나 할 수 있는 일이고, 평범하게 일어날 수 있는 일이다. 하지만 그 실패를 어떻게 받아들이고, 어떻게 이용하고 극복하느냐는 사람마다 큰 차이가 있다.
 어떤 이는 충분히 만회할 수 있으며 사람들이 별것 아니라고 생각할 만한 실패에도 크게 좌절하고 다시 일어나지 못하기도 하지만, 어떤 이는 다시는 일어나지 못할 것 같은 실패에서도 다시 일어서 사람들을 놀라게도 한다.
 실패를 어떻게 느끼고 생각할지는 당신의 일이고, 이 중 어떤 사람이 될지도 당신이 생각하고 결정할 문제이다. 실패한 것이 아니라 단지 상황이 조금 안 좋아졌을 뿐 아직 계속되고 있다고 생각해도 좋고, 그냥 실패한 것이라 인정하고 다음엔 실패하지 않기 위해서 더 노력하겠다고 생각해도 좋다. 어떻게든 긍정적인 방향으로 생각과 행동을 결정하면 될 일이다.
 "다른 이가 그랬으니 너도 그래야 한다."라는 식의 말은 와닿지 않을 때가 많을 것이다. 어디까지나 본인의 생각과 행동은 그 자신이 스스로 판단하여 결정해야 하는 문제이다.

선택이 계속되는 삶

 삶은 끝없는 선택의 연속으로 우리는 매 순간 선택을 통해 살고 있다. 어떤 일을 할 때는 무엇을 어떻게 할지, 일을 계속할지 멈출지를 수시로 선택하게 되고, 시간이 생겼을 때는 책을 보든, 잠을 자든, 여행을 떠나든, 아무것도 하지 않고 가만히 무언가에 대해 생각을 하든 무수한 선택지 중 하나를 택해 시간을 보내게 된다. 그것을 의식하든 의식하지 않든 삶은 항상 선택하는 것으로 계속되는 것이다.

 과거에 비해 현대인들은 선택하는 것에 대해 어려움을 느끼는 일이 많아졌다. 이것은 현대인이 과거의 사람들과 달리 선택하는 능력이 떨어졌거나 선택을 어려워하는 특성 같은 것이 생긴 것이 아니라, 다지 선택이 필요한 순간과 선택지가 과거와 비교할 수 없이 많아졌기 때문이다.
 익숙하지 않은 선택은 항상 어려운 법인데, 다양한 것들이 얽히고 존재하는 복잡한 문명사회에서 현대인들은 계속해서 새로운 선택의 기회를 만나게 되고, 늘 많은 것을 선택하며 살아가게 된다.

 만약 '왜 난 스스로 선택을 하지 못하고 남이 결정한 대로만 따라가기만 할까?'라는 식의 고민을 하는 이가 있다면 남이 결정한 길을 따르는 것 또한 선택이라는 것을 말해 주고 싶다. 선택에 드는 에너지를 줄이고, '난 그저 하라는 대로 했을 뿐'이라는 등 결과에 대한 책임도 줄일 수 있는 하나의 선택을 한 것이다.
 정말로 아무런 선택을 하지 않은 것이 아니기 때문에 그 또한 결과에 대한 책임에서 자유롭지도 않다.

 어떤 행동과 어떤 대상을 선택하는 것 역시 너무 어렵게 생각할 것도 아니고, 너무 쉽게 생각할 것도 아니다.
 선택은 중요하지만, 그 이상으로 중요한 것은 그 선택을 한 이후의 행동이라는 것 또한 유념할 일이다.

아무것도 하기 싫을 때는

 현재의 삶에 지쳐 아무것도 하고 싶지 않다는 생각이 찾아올 때가 있다.
 하지만 그렇다고 말 그대로 정말 아무것도 하지 않을 수는 없고, 그것은 불가능한 일이다. 잠을 잘 때조차 뇌는 활동하고, 아무것도 하지 않고 아무것도 생각하지 않으려 해도 곧 어떤 것이라도 저절로 생각하게 될 것이다.

 아무것도 하기 싫다는 것은 '정말 아무것도 하고 싶지 않은 것'이 아니라, '단지 하기 싫은 일을 하고 싶지 않아 하는 마음이 강해지고, 하기 싫은 일들이 급격히 많아진 상태'라 할 것이다.
 이럴 때는 평상시에 습관처럼 아무렇지 않게 했던 일들조차 하기 싫어지는 것은 물론, 좋아했던 일들조차 하기 싫어질 정도로 의욕이 저하되고 무기력함을 느낀다.
 행동하게 하는 동기와 목표가 흐려졌거나 몸과 마음이 지쳤을 때 특히 이런 상태가 되기 쉬운데 이는 휴식이 필요하다는 신호이기도 하다.
 그럴 땐 당연히 멈추어 생각하는 시간, 휴식의 시간이 필요하고 도움이 될 것이다. 이때 필요한 기간은 사람마다 상황마다 차이가 있으나, 보통은 그리 오랜 시간이 지나지 않아 다시 회복되거나, 마음을 가다듬고 새로운 목표를 찾아내거나 하여 움직이게 된다. 만약 그렇지 않고 무기력한 상태, 아무것도 하기 싫은 상태가 지나치게 오래 계속되는 것 같고, 스스로 그 상황을 벗어나기 힘들다고 느낀다면 그는 도움이 필요한 상황임을 자각해야 한다.

 이럴 때 주위에서 먼저 그를 도와주려 할 때 그 사람은 무기력한 상태가 계속되고 있는 상황이기 때문에 "난 이대로 아무것도 하지 않고 살다 죽고 싶고, 아무 문제가 없는데 왜 자신을 가만히 내버려 두지 않느냐!"라는 식으로 반발할 가능성도 높다.
 이런 증상이 심할 때 주변의 사람들이 무조건 강압적으로 말을 하거나 강제적인 조치를 취한다면 스트레스를 더하고 정신적 피로를 증가시켜 그 무기력하고 우울한 상황이 더 오래 지속될 수도 있다. 때문에 먼저 나서서 도움을 주고자 한다면, 상태를 보고 적절한 방법으로 도움을 주어야 할 것이며, 상황을 지켜보면서 자연스럽게 의욕을 불어넣을 수 있도록 접근해야 할 것이다.

 본인 스스로도 생각을 긍정적 방향으로 정리하려 노력하는 것이 좋다.
 아무것도 하지 않는 상황이 오래되면 보통은 저절로 현재의 상황에 대한 걱정과 불안감이 커져 가게 되기 마련인데, 이때 자신이 충분히 쉬었고 어느 정도 회복이 되었다고 생각한다면 무언가 작은 성취감을 느낄 것을 찾아서 다시 행동하거나 천천히 해야 할 일들을 다시 시작해 보자.
 오랜 멈춤과 휴식 중에 찾아오는 지금에 대한 걱정과 불안은 나를 바꾸고 싶고, 상황의 변화를 필요로 하는 마음이 들기 때문이다.

그리고 그때의 나를 바꾸고자 하는 행동은 정말 당신을 더 행복하게 만들 수도 있을 것이며, 전에는 결코 알 수 없었던 행복을 느끼게도 할 수 있을 것이다.
 혹시 이럴 때조차도 어느새 나태와 무기력이 습관처럼 자리 잡아 "그대로도 괜찮다.", "잘하고 있다.", "아무것도 하지 않아도 괜찮다.", "하고 싶은 대로 살아도 괜찮다.", "애쓰지 않아도 괜찮다."라는 등 일시적 위안을 주는 말들만을 찾아 듣고, 불안감을 덮은 채로 계속 그 상태에 안주하려 하는 것은 아닌지 생각해 보기도 해야 할 것이다. 정말 쉬어야 할 때도 쉬지 못하고 있는 상황이라면 생각의 변화를 위해서 그런 말들이 도움이 될 것이나 그렇지 않을 때는 오히려 해가 될 수도 있는 것이다.
 어떤 경우라도 타인이 말들은 상황에 따라 위로가 되고 도움이 될 수 있지만, 그 말을 듣고 당신이 어떻게 행동하든 당신의 인생이 어떻게 되든 그런 말을 한 이들이 결과를 책임져 주지는 않는다.
 자신의 감정을 스스로 조절하여 이용하는 것처럼 타인의 말들을 상황에 따라 적절히 이용하되, 맹신하지 말고 그 말들이 항상 맞는 말이라고도 생각해서도 안 될 것이다. 스스로의 선택과 행동으로 인한 결과에 대해 책임을 지는 것은 오롯이 그 자신이기 때문이다.

 몸이 지치면 마음도 지치게 되기 쉽지만, 마음이 지치는 것은 꼭 물리적으로 힘들고 바쁜 시간이 계속되어서만은 아니다.
 인간관계나 업무에서 오는 과도한 스트레스나 '현실과 미래에 대한 불안감', '잘하지 못할 것 같은 자신감의 저하'와 같은 심리적 원인으로도 마음은 일순간에 급격히 지칠 수 있다.

 언제든 생각을 할 수 있는 여유가 있을 때 당신이 지금 이토록 힘들어하는 이유가 대체 무엇 때문인지 이유를 잘 생각해 보고, 어떻게 해야 상황을 바꿀 수 있을지 고민하고 행동해야 할 것이다.

 '남들과의 비교'와 같은 감정들을 긍정적인 방향으로 이용하지 못하고 있는 것이라면 그에 대해 생각을 조절하고 다스리는 노력과 연습이 도움이 될 것이며, 피할 수 있는 일들까지 피하지 않고 과도한 스트레스를 받고 있는 것이라면 어떻게 해야 상황을 바꿀 수 있을지 방법을 찾아 행동해야 할 것이다.

 혼자서 생각을 다 정리할 수 없다면, 생각을 정리했어도 직접 실행에까지 옮기진 못하고 있다면 도움이 될만한 좋은 사람을 찾아 이야기를 나누거나 상황에 맞는 좋은 책과 글을 찾아 읽어보는 것도 좋을 것이다. 하지만 재차 말해 그런 말과 글들에 휘둘리지 말고, 상황에 맞게 긍정적 방향으로 적절히 이용해야 한다. 내 행동에 대한 결정은 기본적으로 내가 내리는 것이고, 책임도 내가 지는 것이 당연한 일이다.

마음이 지쳤을 때

 누구나 몸이 힘들 땐 몸을 누일 곳을 찾듯이, 마음이 힘들 땐 마음을 누일 곳을 찾게 된다.
 만약 당신에게 지치고 힘든 마음을 기대고 누일 수 있는 무언가가 있다면 참 다행한 일이다. 마음을 기대거나 누일 곳이 없어 그저 계속해서 참고 견디기만 하는 것은 너무나 힘들고, 괴로움이 쌓이고 쌓인다면 결국 언젠가 그 무게를 견디지 못하고 꺾여 쓰러지기도 할 것이기 때문이다.

 그렇지만 마땅히 마음의 휴식을 취할 곳이 없다고 해도 괜찮을 때도 있다.
 우리는 스스로 자신의 몸과 마음을 치유할 수 있는 '자연 치유력', '자기 치유력'을 가졌기 때문이다.
 그래도 때로는 스스로 회복하기 힘들 때도 있을 것이고, 보다 빨리 치유되길 바라기도 할 것이다. 그럴 땐 마음에 휴식을 줄 수 있는 어떤 존재가 필요하다.

 마음에 휴식을 줄 수 있는 것은 꼭 정해져 있는 것이 아니고 사람들마다 모두 제각각으로 차이가 있다. 변하지 않는 것도 있을 것이고, 변하는 것도 있을 것이다. 찾을 수도 있지만 스스로 만들 수도 있으며, 굳이 찾거나 만들려 하지 않아도 자연스럽게 있게 되는 경우도 많다.

 당신과 다른 사람들에게 어떤 해가 되지 않는다는 전제하에 당신의 마음이 편해지는 것이라면 그 어떤 것이라도 좋을 것이다.

 그것이 가족, 연인, 친구와 같은 사람이어도 좋고, 귀여운 동물이나 식물이어도 좋고, 어떤 풍경이나 음악 같은 것이어도 좋다. 돈이나 수집하여 모은 많은 물건들 또한 그런 것들이 될 수 있다. 그런 물질적인 것을 대상으로 하는 것 또한 그 자체로 나쁜 것은 아니다.

 그렇지만 어떤 것에든 너무 집착하거나 의지하지 않도록 조심해야 할 것이다. 그것이 오히려 당신의 마음을 해칠 수도 있기 때문이다.

 몸과 마음이 지치고 힘들어 멈추어 설 때가 반드시 나쁜 것만도 아니다.

 전에는 생각하지 못했던 것을 생각하게 하고, 주위를 둘러볼 시간을 갖게 하기도 하기 때문이다.

 그런 때에는 미처 알지 못했던 어떤 존재의 소중함을 발견하게 될 수도 있으며, 긍정적인 방향으로 나를 바꾸고 성장시킬 수도 있다.

 몸과 마음이 지치고 회복되는 것은 살아 있는 한 끊임없이 반복될 것이다.

 이번엔 도저히 회복되기 힘들다고 느끼는 때도 있을 것이다.

 그렇지만 충분히 회복될 수 있는 것조차 회복하지 못하게 되는 일이 없도록, 포기하려 할 것이 아니라 어떻게든 회복하려 의지를 갖고 노력해야만 할 것이다.

 만약 지금 이 글을 읽고 있는 당신이 그런 상황이라면, 멀리서나마 당신이 그렇게 하여 지치고 힘든 마음을 치유하길 응원하고 싶다.

이별을 겪고 마음을 어떻게 정리해야 할지 모르겠을 때

 살다 보면 도대체 어떻게 생각을 정리해야 할지 모르는 일을 만나곤 한다.
 담담하게 생각해 보려 해도 먹먹한 가슴을 다 어쩌지는 못하고, 함께하며 행복했던 기억은 이제 떠오를 때마다 마음을 아프고 슬프게도 한다.
 '왜 그때 그렇게 하지 않았을까?' 후회하는 마음이 떠오르고 전반적으로 우울한 마음에 사로잡혀 이 마음을 도대체 어떻게 정리해야 할까 모르겠다는 생각이 든다.
 자칫 잘못 생각을 정리하면 너무도 깊은 상처를 입을까 두렵고, 내일이 되면 힘들게 정리한 것이 다시 처음으로 돌아가 아무런 소용이 없게 될까 두렵다.
 당장은 그 어떤 방법도 없다. 누가 무슨 얘기를 어떻게 하든 마음 깊은 곳에 닿지 않을 것이다. 그냥 언젠가 시간이 해결해 줄 것이라 믿고 참고 견디는 수밖에 없다.
 익숙해질 수 없는 일이다. 오히려 전보다 더 큰 혼란과 가라앉은 마음이 당신을 지배한다면 지배하기도 할 것이다.
 '차라리 처음부터 만나지 않았었기를', '처음부터 없었던 일이기를' 바라는 마음도 들 것이다. 그래도 되돌린 순 없는 일이다. 그것 또한 너무도 마음을 괴롭게 한다.
 사람은 사람으로부터 고통받고 사람으로부터 치유 받는다고 하지 않았던가?

 '언젠가 이 고통을 치유해 줄 사람이 있게 되기를', '언젠가 이 슬픔을 덮어줄 사람이 있게 되기를' 바라고 희망하여 생각을 정리하고 잠들 수밖에 없다.

 그래도 조금이라도 진정이 되었을 때 그 어떤 말이라도 필요로 한다면 다음과 같은 말들을 해 줄 수 있을 것이다.

 도저히 할 의욕이 들지 않는다고 해도, '다른 생각을 할 수 있게 하는 그 어떤 일이라도 찾아 하는 것'이 조금은 상태를 나아지게 할 것이다. 생각을 전환하고 싶을 때, 기분을 바꾸고 싶을 때는 직접 몸을 움직여 행동하는 것이 정말 큰 도움이 된다. 인간은 새로운 자극이나 환경의 변화에 민감하게 반응하고 자연히 그에 대처하기 때문이다.

 평상시 좋아했던 일을 하는 것도, 운동을 하는 것도, 밖으로 나가 따듯한 햇볕을 쬐거나 시원한 바람을 쐬는 것도, 누군가 다른 사람과 대화를 하는 것도 어떤 것이라도 좋다. 무엇이라도 몸을 움직이고 신경을 돌릴 수 있는 것을 억지로라도 하게 되면, 신체에 가해지는 외부의 자극에 본능이 반응하고 뇌의 다른 부분을 활성화시켜 생각과 기분에도 영향을 주게 된다. 마음이 몸을 움직이지만, 행동이 마음을 움직이기도 하는 법이다.

 잊고 싶은 생각을 계속하게 될 때, 가라앉은 기분이 바뀌지 않을 때는 일단 그렇게 무엇이라도 몸을 움직여 행동을 해보라. 기회를 빌려 그럴 때 자신에게 보다 효과적인 행동을 찾고 알아둔다면 더욱 좋을 것이다.

그렇게 기분을 전환하면서 다음에 같은 일이 찾아왔을 때 지금과 같은 괴로움과 슬픔을 겪지 않도록 나를 바꾸고 준비하려고도 해야 할 것이다.

그 일이 사람을 만나서 생긴 일이라면, 다시 그런 일이 생길까 두려워하여 사람을 만나는 것을 피하려 하지 말고, 반대로 더 많은 사람들을 만나보려 해야 할 것이다.

복수의 마음을 품고 자신을 무너트리려고 할 것이 아니라, 지금보다 더 나은 나를 만들려 하고. 그 사람이 없어도 행복하려 해야 할 것이다. 재차 말하지만 그럼에도 쉽지 않은 일이다.

애정이 깊었을수록 그 사람이 없는 인생은 생각할 수 없고 무의미한 일이라 여겨질 것이다. 인간의 본능이 주는 영향은 그 정도로 강하고 이겨내기 힘든 일이다.

어찌할 것인가? 시간이 지나 상황이 바뀌든 내가 바뀌든, 무언가가 바뀌기만을 기다릴 것인지? 기다리지 않고 바꾸고자 할 것인지? 그 무엇이 되었든 선택은 당신의 몫이고 앞으로의 일은 예측할 수 없다.

지독한 마음의 고통에 온몸이 부서지는 것 같아도 살고자 하면 계속 살아질 것이다. 이 고통이 나를 망치게 할 것이 아니라 전보다 더 강한 나를, 더 성장한 나를 만들기를 바라고 그렇게 살아야 할 것이다.

나 자신이 미워질 때는

 살다 보면 자신이 미워질 때가 있다.
 그럴 때마다 항상 무턱대고 자기 자신을 미워하지 말라는 누군가의 공허한 위로를 듣고 그렇게 그냥 지나치듯 넘기려 한다면, 똑같은 미움의 감정이 언제고 다시 또 찾아올 수 있게 된다.
 같은 감정을 느낀다고 해도 그 감정을 느끼게 된 원인은 제각각이다. 모든 감정을 똑같이 생각하고, 똑같은 방법으로 대해서는 안 될 일이다.
 자신을 미워하는 감정 또한 그렇다. 그 감정의 원인을 먼저 생각해보고 그 원인에 따라 다르게 대처하여 효과적으로 해소하려 해야 할 것이다.
 행동함으로써 그 원인이 되는 문제를 없애거나 줄일 수 있다면 행동해야 할 것이며, 어떻게 행동하든 '원인이 되는 문제를 없애거나 줄이는 것이 불가능한 일'이거나 '더 큰 손해와 위험을 감수하거나 해야 하는 일'이라고 판단한다면, 그때는 정말 상관없는 누군가의 위로의 말을 이용해서라도, 지금 상태의 나를 미워하는 것을 멈출 수 있도록 생각을 근본적으로 다스리려 해야 할 것이다. 이러한 문제들에 대해서는 스스로 "뭐 어때?"라는 식으로 습관처럼 생각하고 말해보는 것도 큰 도움이 될 것이다.

 물론 자신을 미워하지 않아도 될 것까지 미워해서는 안 될 일이다.

절대로 당신이 잘못하지 않은 일로 당신을 미워할 필요는 없다.

선천적인 신체적 특징이나 태어났을 때의 환경 등과 같이 당신이 어떻게 할 수 있었던 문제가 아니라면, 일반적으로 당신이 노력하여 바꿀 수 있는 것이 아니라면, 당신은 그에 대해 아무것도 잘못한 것이 없다. 그런데도 그것에 대해 지적하고 당신이 문제가 있는 것처럼 말하는 이들이 있다면, 그들이 문제가 있는 것이고 잘못된 것이다.

선천적인 것, 바꿀 수 없는 것이 아니라도 그렇다. 단지 '다르다'는 것을 인지하지 못하거나 알면서도 인정하지 못하는 이들이 '다른 것을 틀린 것, 열등한 것'이라고 주장하며 공격하는 것은 그들이 잘못된 것이다.

이런 때 스스로를 미워한다면 미워할 사람은 그런 잘못된 생각과 태도를 보이는 이들이고, 그들에게 필요한 것은 그런 생각과 태도를 바꾸려 노력하는 것이다.

많은 이들이 말하는 "자신을 미워하지 말라."라는 말은 사실 이러한 문제들로 자신을 미워하지 말라는 말일 것이고, 그는 맞는 말이며 도움이 되는 말이다. 앞서 말한 공허한 위로가 되는 것은 '고칠 수 있는 잘못된 행동과 습성으로 인해 자신을 미워하는 감정이 생기는 것'에 대해서까지 무턱대고 자신을 미워하지 말라는 말, 상황에 상관없이 습관처럼 건네는 말들이다.

그래도 이렇게 미워하지 말아야 할 것을 미워하는 마음을 다스리고 통제할 수 없다면, 내 장점을 찾아서 살리고, 다른 능력을 향상시키는 것이 도움이 될 것이다.

자신의 싫은 부분이 더 이상 신경 쓰이지 않게 되거나, 그 싫었던 것까지 매력이 될 수 있도록 말이다.

사람들은 '미워하는 것은 사람이 아니라 행동이 되어야 한다'고 흔히 말한다. 하지만 자신을 미워할 만한 행동을 한 것은 다른 사람이 아닌 바로 그 자신이기에 자신에게 미움의 감정이 들 수밖에 없기도 하다. '그 사람에게 계속 상처를 주는 말과 행동을 하는 내가 밉다.', '항상 부정적인 생각을 하는 내가 밉다.', '참을성과 끈기가 부족해서 무슨 일이든 금방 그만두게 되는 내가 밉다.' 등과 같이 이처럼 자신의 성격과 행동으로 인해 자기 자신에게 미움의 감정이 드는 것은 자연스러운 일이고, 그것을 고치기 위해 도움이 되는 일이기도 하다. 그렇게 자기 자신을 미워하는 마음을 없애기 위해서 노력하는 계기와 원동력으로 삼아야 할 것이다. 힘들고 어려울지라도 생각과 행동은 보통 어떻게든 바꾸고 통제할 수 있는 법이다.

이렇게 자신에 대해 미워하는 마음을 갖는다고 해도, 미워할 것은 어디까지나 '그 잘못된 행동을 하는 나', '싫은 습성을 고치지 못하는 나'가 되어야 한다. 자신의 전부를 미워하는 것이 아니라 그 행동과 성향에 국한하여 '그런 행동과 성향을 보이는 나'를 미워해야 한다는 것이다.

'내가 싫어하는 내 모습'은 줄이고, '내가 좋아하는 내 모습'을 늘려가는 것을 목표로 삼아도 좋겠다.

정리하여 말하자면, 이상의 말은 자기 자신을 사랑하지 말라는 말도 아니고, 자신을 미워하라는 말도 아니다. 그저 자신을 미워하는 감정이 든다면, 그를 객관적으로 바라보고 진지하게 마주하려 해야 한다는 것이다. 그리고 그렇게 해서 생각이나 행동을 통해 근본적으로 바꿀 수 있는 것은 바꿈으로 다시 미움의 감정이 들지 않게 하는 것이 좋다는 말이다.

 모든 부정적인 감정들을 어떤 위로의 말을 이용하여 일시적으로 덮거나 무시하고 지나치려 한다면, 원인과 상황에 따라서 언제든 그 부정적인 감정은 다시 나타날 것이며, 그렇게 같은 감정과 행동이 반복되는 것으로 스스로를 미워하는 감정이 더욱 커질 수도 있다.

 항상 표면적인 해결과 치료보다는 근본적인 해결과 치료를 생각하고 바라야 할 것이다.

사람을 볼 때는

 가까이하고자 하는 사람을 볼 때는 그 사람이 가진 지식보다는 지혜를, 지혜보다는 인성을 보아야 한다. 훌륭한 인성, 존경받을 만한 인격을 갖춘 이를 가까이하는 것은 당신에게 어떻게든 도움이 될 것이다.
 살다 보면 마치 훌륭한 인격을 갖춘 것처럼 꾸미고 행동하는 이들을 종종 만나게 된다. 적절한 지위에 있으면서 어느 정도 이상의 지식을 갖추고, 말을 잘하는 이들은 대중들을 현혹시키고 많은 추종자들을 거느리기까지 한다.
 '많은 지식', '사회적 성공과 높은 지위', '겉으로 보이는 대중들에게 예의 있는 모습'과 같은 것들은 그가 인격적으로도 훌륭한 인물이라고 착각하게 할 수 있지만, 그런 것들은 모두 그가 가진 인격과는 직접적으로 상관이 없는 것들이다.

 진정으로 그 사람이 훌륭한 인격을 갖추었는지를 알 수 있는 방법 중 하나는, 이성적 능력이 약해지는 어떤 돌발적이고 다급한 상황이나, 사람들에게 보이지 않는 상황에서 어떤 선택을 하고, 어떤 말과 행동을 하느냐를 보는 것이다.
 높은 인격을 가진 이들은 보통 사람들이 쉽게 하지 못하는 선택을 하고, 그 선택에 대해서 책임을 진다. 그것이 자신을 오랫동안 불편하고 힘들게 할 것을 알고 있음에도 말이다.
 이 방법으로도 완벽하게 사람을 파악할 수 있는 것은 아니지만, 적어도 거짓된 인격을 꾸미는 이들을 알아보는 데는 적잖이 도움이 될 것이다.

 다시 한번 말하지만, 그가 아무리 대단한 지식을 갖고 있다고 해도, 그가 그럴듯하고 듣기 좋은 말을 많이 한다고 해도, 그가 훌륭한 사람일 것만 같은 어떠한 지위에 있다고 해도 그것이 그의 인격과 직접 관계가 있는 것은 아니다.
 높은 지능과 이성적 능력을 가진 인간은 얼마든지 좋은 말을 만들어 낼 수 있고 꾸며낼 수 있다.
 그가 아무리 많은 지식과 놀라운 지혜를 갖추었다고 하더라도 충분한 인격까지 갖추었다는 확신이 없다면 쉽게 마음을 주지도 말 것이며, 자신의 민감하고 사적인 고민을 섣불리 토로하지도 말아야 할 것이다. 자칫하면 그에게 약점을 잡히고 두고두고 휘둘릴 수도 있는 일이다.

 자신의 말이 무조건 맞다고 주장하며 자신의 말을 따라야만 한다고 습관처럼 말하고 다니는 사람을 만난다면 그에 대해 조심하고 경각심을 가져야 한다.
 그 자체는 평범한 일이다. 사람들은 대부분 자신이 옳다고 생각하기 때문이다.
그러나 그런 이들이 만약 그 자신의 이익을 위해 당신의 행동과 마음을 조종하려 한다면 상황을 잘 파악하고 그에게서, 그 상황에서 빨리 벗어나야만 할 것이다.

 정말 도움을 주려는 것과 도움이라는 말로 이용하려 하는 것을 구분할 줄 알아야 하며, 이 둘을 착각하진 말아야 할 것이다.

 그 사람이 어떤 사람인지 알고자 한다면, 어떤 사람인지 판단하고자 한다면 가급적 오랜 시간을 두고 다양한 상황에서의 모습을 봐야 할 것이다. 하지만 그런 과정을 거쳐 판단을 내린 경우라도 그 판단을 완전히 믿지는 않아야 한다.

조언을 들을 때는

 다른 이들의 조언은 미처 생각하지 못했던 부분을 알게 하거나 생각을 정리하는 데 있어 큰 도움이 되곤 한다. 그러나 얼핏 듣기에는 괜찮은 듯한 조언이 오히려 상황을 어렵고 복잡하게 할 때도 있다.

 조언을 듣는 데 있어서 조심할 것은, 우선 그 조언이 당신을 위해서 하는 것이 아니라 조언을 하는 이가 자신을 위해서 말하는 것이 아닌지를 먼저 잘 판단하는 것이다.
 마치 당신을 위한 말처럼 들릴 수도 있지만, 실제로는 당신이 그에게 의지하게 하든, 어떤 감정적 이득을 거두든 그 자신의 이익을 위해서 말을 하는 경우들이 있기 마련이다.
 그러한 의도가 없다고 해도 잘 알지도 못하면서 어리석은 조언을 하고, 그런 조언에 따라 행동할 것을 강하게 말하는 경우도 있다.
 이러한 조언들의 의도와 본질을 파악하기 위해서라도 우리는 생각하는 힘을 기를 필요가 있다. 그리고 당신을 해칠 수 있는 조언을 일삼는 이들을 멀리하고, 현명한 조언을 해 줄 수 있는 좋은 사람들을 찾아 그들을 가까이하려 할 필요가 있을 것이다.

 좋은 조언을 많이 해주던 사람이라고 해도 항상 맞는 조언을 해주는 것도 아니다.
 같거나 비슷한 상황에 똑같은 조언을 해주어도 그것이 맞는 때가 있고, 맞지 않는 때가 있다. 세상엔 완전히 같은 상황이란 것이 존재하기 힘들기 때문이다.

 내 마음과 상황을 다른 이에게 완벽하게 설명할 수 있는 사람은 없다. 얽히고 얽힌 복잡한 내 상황을 가장 잘 알 수 있는 것은 바로 나다.

 아무리 좋게 생각되는 조언이라 해도 지금의 내 상황과 나에게 맞는 얘기인지는 그 자신이 잘 가려 판단해야 할 것이다.

전문가들의 말을 맹신하지 말고, 이용하라.

 한 분야의 전문가는 그 분야에 대해 많은 지식과 경험을 갖고 있다. 때문에 개인적으로나 사회적으로나 큰 도움을 받을 수 있는 유익한 존재들이다.
 그러나 항상 맞는 말만 하는 존재라고 생각해선 안되며, 전문가들 자신 또한 그렇게 생각하고 주의해야 한다.
 자신의 전문 분야라고 해도 전문가 또한 실수할 수가 있고, 틀릴 수가 있으며, 같은 분야의 전문가들이라고 해도 의견이 다를 때가 많다. 또한, 급변하는 사회에서 지식은 유동적으로 하루가 다르게 변하고 있다. 어제까지 몰랐던 사실을 알게 되고, 어제까지 진실이었던 사실이 오늘은 진실이 아닌 것이 되어 있는 경우가 많은 것이다. 때문에 전문가들도 끊임없이 공부하고 자신을 발전시키려 노력을 해야만 하기도 하다.

 해당 분야에 있어 전문가의 말은 옳을 때가 많지만 항상 옳은 것은 아니기 때문에 전문가의 말을 듣고 도움을 받는 입장에서도 내용을 판단하고 의견을 가려들을 수 있을 만큼의 어느 정도의 지식을 갖추고 있는 것이 좋다. 아는 만큼 실패의 확률을 줄이고, 더 많은 것을 얻을 수 있어 생각했던 것 이상의 성과를 거둘 가능성도 높아질 것이다.
 미리 알아보고 공부할 시간이 없거나 하여 그러한 지식을 갖추고 있지 않은 상태라면, 판단을 가능한 만큼 뒤로 미루고 그에 대해 정보를 모으고 생각할 시간을 버는 것이 좋다. 아무리 신뢰할 만한 전문가의 의견이라고 하더라도 아무것도 모르고 듣는 것은 선택의 폭을 좁히고, 좋지 않은 선택을 할 확률을 높이게 된다.
 그런 공부와 경험이 쌓이게 되면 나중엔 그 분야에 대해 준전문가 수준의 능력을 갖추게도 될 것이다.

 정말 중요한 일을 결정할 때는 가능한 많은 사람들의 의견을 들어야 한다.
 한 명의 전문가에 의존하는 것이 아니라 다수의 전문가들에게 의견을 묻고 방향을 결정해야 한다.
 그러한 의견을 전문가들에게만 들어야 하는 것도 아니다. 전문가 못지않은 시건을 갖춘 이들도 많으며, 해당 분야에 대한 지식이 없더라도 때로 유수의 전문가들도 생각하지 못하는 기발한 발상이나 해결책을 떠올리는 이들도 있다.
 그렇지만 어떤 경우라도 자신을 전문가라고 믿거나 전문가를 사칭하는 가짜 전문가들만은 항상 조심해야 한다.
 당신이 몇몇 사람들과 함께 정글에 조난을 당했다고 해보자.
 그중에 자신이 서바이벌 전문가라며 "자신의 말만 들으면 된다!"라고 나서는 이가 한 명 있었고, 그가 "이럴 때 식량은 구하기도 쉽고 맛도 좋은 버섯이 좋다."라고 하면서 처음 보는 버섯을 잔뜩 따왔다고 하자.
 그때 당신의 생존을 가장 위협하는 것은 그 무엇보다도 바로 그 가짜 전문가이다. (버섯은 식용버섯과 독버섯을 구별하기 매우 힘들며, 구별한다고 해도 열량이 매우 낮기 때문에 굶주림을 해결하기 위한 식량으로 적합하지 못하다. 때문에 진짜 전문가들은 그런 상황에서 버섯이 아닌 다른 식량을 구하려 한다.)

 이런 가짜들을 구별하고 그들의 말에 속지 않기 위해서라도 해당 분야에 대해 어느 정도의 지식이라도 갖추고 있는 것이 좋다.

 세상엔 여기저기 가짜 전문가들이 넘쳐나고 있기도 하다.

성공에 대한 말을 들을 때는

 사람들은 보통 자신이 어떻게든 결과적으로 성공을 했다고 하면, 그 자신이 겪고 지나온 과정들이 성공에 필요한 것이었다고 긍정적으로 생각하게 된다.
 그러나 그 과정들은 사람마다 모두 제각각 다르고, 그에 따라서 하는 말들도 다르게 된다.
 "난 모든 것을 걸고 전력을 다했기 때문에 성공했다."라는 사람도 있지만, "전력을 다하지 않고 항상 여유를 가졌기에 오히려 성공할 수 있었다."라는 사람도 있다.
 "세상의 순리를 따랐기에 성공할 수 있었다."라는 사람도 있고, "사람들과 반대로 했기 때문에 성공했다."라는 사람도 있다.
 구체적인 계획 없이 일단 어떤 일을 시작하고 그 뒤에 일이 잘 풀린 사람은 사람들에게 "고민하지 말고 일단 행동해야 한다."라는 식으로 말할 것이며, 일이 잘 풀리지 않은 사람은 "일을 시작하기 전에는 충분히 고민하고 계획을 확실하게 잘 세워야 한다."라는 식으로 말할 것이다.
 임기응변에 능해 일단 일을 벌이고 나서, 그 뒤의 상황에 맞춰 대응하고 문제를 처리해 나가는 방식으로 성공할 수도 있겠지만, 만약의 변수까지 생각하여 치밀하게 계획을 세우는 방식으로 성공할 수도 있다. (방식은 크게 다르지만, 둘 다 큰 틀에서 방향을 잘 잡아야 한다는 공통점은 있다.)

이처럼 상반되는 얘기들이라고 해도 모두 다 틀린 말들이 아니다. 그 자신의 경험으로는 그렇게 해서 성공했기 때문이다. 설령 그들이 나뿐만이 아니라 내가 본 사람들은 모두 그랬다고 말해도 그조차 결국 일부일 뿐이다.

 상황이 비슷한 경우도 많고, 운과 실력까지 따라줘서 그들의 말을 따라 행동해서 똑같이 성공할 수도 있다. 하지만 모든 이가 그것을 똑같이 따라 한다고 해서 반드시 성공하게 되는 것은 아니다.
 어떤 말을 그대로 따라 해서 성공을 하든 실패를 하든 그 말을 한 사람은 그것에 대해 아무런 책임도 지지 않을 것이며, 책임을 물을 수 있는 것도 아니다.
 언제나 한 사람의 얘기를 듣지 말고 가능한 많은 사람들의 얘기를 들어야 할 것이다. 그중에서 나와 내 상황에 맞는 얘기를 찾아서 스스로 계획을 세워야 한다. 그리고 그 계획을 중간중간 수정할 것은 수정해 가면서 효과적으로 실천해 나가는 것이 당신에게 맞는 '성공을 위한 최선의 방법'일 것이다.
 성공에 대한 말들을 듣고서는 이것도 저것도 다 실행하려 하지 말고, 그보다 먼저 나는 어떤 사람인지 내 상황은 어떤지부터 객관적으로 생각하고 따져본 뒤에, 그런 나에게 맞는 방법, 효과적인 방법을 택하여 실행해야 한다는 것이다.

 성공에 대한 개인의 주관적인 생각과 의견이 아니라, 거의 모든 이들이 인정할 만큼 보편적이고 상식적인 성공에 대한 말들도 있다. 때문에 이런 말들은 여기저기서 중복되어 쓰이게 되고 뻔한 얘기라는 생각을 갖게 하지만, 정작 더 신경을 써야 하는 말들은 그런 뻔한 말들이다.

 예를 들어 "생각만 해선 안 되고, 결국엔 생각을 행동으로 옮겨야 한다."라는 말 같은 것이다. 실패를 두려워하여 행동하지 않는다면 성공도 있을 수 없기에 지극히 당연한 말이다.

 이런 말들은 굳이 타인의 말을 통해 듣지 않아도 잘 알고 있는 말이지만, 그런 당연하게 생각되는 말, 뻔하게 생각되는 말들이라도 필요할 때가 있다. 사람들은 스스로의 생각에 대해 확신을 하지 못하는 경우가 많고, 확신을 가져도 좀처럼 행동으로 옮기지 못하기 때문이다.

 많은 경우 올바른 판단을 하는 것은 생각보다 훨씬 쉬울 수 있다. 하지만 그 판단을 직접 실행하는 것은 생각보다 훨씬 더 어려울 수 있다. 이런 면에서는 이미 알고 있다고 생각하는 말들도 다시 볼 때마다 동기를 부여하고 등을 밀어주는 계기가 될 수 있어 도움이 되곤 한다.

 그러나 누군가의 글이나 말을 통해서 얻게 된 생각은 너무도 쉽게 사라지곤 한다. 스스로가 생각하여 결론을 내고, 강한 의지를 가져야 비로소 행동하게 될 것이다. 그리고 그 뒤엔 그 의지가 사라지지 않도록 꾸준히 신경을 써야 원하는 결과를 낼 수 있을 만큼 행동을 계속하게 될 것이다.

 '그'가 내린 결론이 아니라 '내'가 내린 결론이 되어야 하고, 그 결론이 지속적인 행동으로까지 이어질 수 있도록 필요한 환경을 만들어야 할 것이다.

 성공을 바란다면 행동해야만 한다.
 하지만 무엇을 어떻게 행동할지가 문제인데 다른 이들의 다양한 조언과 경험을 참조하고, 나의 능력과 환경 그리고 성향을 객관적으로 파악하여 스스로 생각을 정리하고 나에게 맞는 계획을 직접 만들어 행동해야 할 것이다.

성공한 인생과 실패한 인생

 목적을 이루어 성공할 수도 있고, 끝내 목적을 이루는 것을 실패할 수도 있다. 이것을 인생 자체의 성공과 실패로 생각할 것은 아니지만, 연결 지어 생각할 때도 있을 것이다.

 어떤 경우라도 내 인생은 성공한 인생이라고 생각하는 것은 좋다. 그것은 당신을 좀 더 긍정적인 사람, 행복한 사람으로 만들어 줄 것이다. 그리고 생존의 본능에서 생각한다면 사실 하루하루 살아있는 것 자체가 성공이기도 하다.

 하지만 내 인생은 실패한 인생이라고 섣불리 단정 지어 생각해선 안 될 것이다. 아직 끝나지도 않은 인생에 성공과 실패를 벌써 결정지을 필요가 있는가? 또, 그 성공과 실패의 기준은 무엇인가?
 살아있는 한 성공과 실패는 계속된다. 한 번은 실패했더라도 다음엔 성공할 수도 있으며, 어느 하나는 실패했더라도 다른 어느 하나는 성공할 수도 있다. 기회는 찾아올 것이며, 만들 수도 있다.

 사람들은 모두 각자의 기준으로 성공과 실패를 생각하고 말한다. 누군가의 눈에는 실패한 인생으로 보이는 것이 누군가에겐 성공한 인생으로 보일 수도 있다. 그럼에도 내 인생에 대해 성공과 실패를 결정짓는 것은 누구인가? 그 누구도 아닌 바로 나 자신이 아닌가?

삶은 힘든 일의 연속이고, 남들과의 비교는 하지 않으려 해도 하지 않을 수가 없을 것이다. 성공과 실패에 일희일비하는 것도 어쩔 수 없는 일이다. 그렇다고 해도 당신의 마음이 너무 힘들지 않도록 어떻게든 생각을 다스리고, 내일을 기다리게 할 수 있는 무언가를 찾기를 바란다.

말을 할 때는

 좋은 말은 보통 천천히 쌓여 영향을 주게 되지만, 나쁜 말은 단 한 순간에도 상황을 완전히 바꿀 수 있다. 실수의 여부에 상관없이 단 한마디의 말로도 돌이킬 수 없는 피해를 입고, 입힐 수 있는 것이다.
 말을 한다는 것은 항상 어느 정도 위험을 감수하는 일이기도 하다.
 그래서 대부분의 사람들은 낯선 이를 만날 때는 상대를 살피면서 조심해서 말하게 되기 마련이고, 그러한 상황에 스트레스를 받게 된다.
 사람을 많이 상대하는 일은 '좋지 않은 상황, 좋지 않은 사람을 만날 확률이 상대적으로 높기 때문'에도 힘든 일이지만, '사람을 살피고 말을 조심해야 하는 스트레스를 계속해서 받는 것' 자체가 기본적으로 힘든 일이다. 이는 이른바 요령이나 내성이 생긴다는 것으로 완화될 수도 있지만, 개인적인 성격과 성향, 상황과 환경에 따라서 받고, 쌓이는 스트레스의 정도에 차이가 나게 된다.

 가벼운 말실수를 하더라도 용인해 줄 수 있는, 그런 유대관계가 형성된 가까운 사이에서는 말을 보다 편하게 할 수 있기 때문에 그런 상황에서의 대화는 상대적으로 편안함을 느끼게 되기 마련이다. 그러나 상대를 배려하고 좋은 말을 하는 습관이 형성되지 않은 사람은 그런 상황이라도 조심해야 한다.
 친한 사이라고 해도 분명히 조심해야 할 부분은 있으며, 당신이 생각하는 것보다 상대를 잘 모를 수 있기 때문이다. 또 사람의 감정과 상황은 계속 바뀌기 마련이다.

 수평적 관계가 아닌 상하관계로 서로를 인식하고 있는 상황에서도 생각을 해보자.
 직장에서든 가정에서든 어떤 모임에서든 자신이 상대보다 위에 있다고 생각한다면, 자신이 우월하고 유리한 위치에 있다고 의식하여 말을 조심하지 않게 되고 평상시에는 하지 않을 수위의 말까지 하게 되는 경우도 있다. 상대는 불만이나 거절의 목소리를 내기 힘든 상황이기 때문에 그러고도 괜찮다고 착각할 수도 있다.
 당하는 상대가 맞서지 않는 것이 이득이라고 생각하여 말을 하지 않을 수도 있지만, 직접 불만을 표출하기 힘들게 교묘하게 사람을 가지고 놀 듯 갑질을 하는 경우도 있다.
 이런 교묘한 갑질은 고의적인 경우도 있고, 우월한 위치에 있다는 인식에서 의도치 않게 나오는 경우도 있는데, 당하는 사람의 입장에서는 분명히 기분은 나쁜데 뭐라고 대놓고 말하기는 힘들게 되어 스트레스를 받게 되고, 그 사람을 피할 수도 없는 상황이라면 스트레스는 계속 쌓여만 가게 된다.
 당장 불만을 표출하지 않고, 상대가 참고 있는 상황이라고 해서 괜찮은 것이 아니다. 그것은 언제 어떠한 사고를 일으킬지 모르고, 사고가 발생하지 않더라도 더 큰 틀의 인간관계에서 스스로를 천천히 고립시키게 된다.
 그 테두리 안에선, 그 상황에선 상하관계가 있다고 하더라도 그 외의 상황에선 그렇지 않을 수도 있고, 기본적으로 언제나 인간 대 인간의 관계에서는 동등하다는 것을 유념하고 상대를 배려할 줄 알아야 한다.
 필요한 지적이나 상황에 따라 할 수 있는 적절한 주의까지 삼가라는 말이 아니다. 말을 할 때는 해야 하고, 들어야 할 때는 들어야 한다.
 어디까지나 기본적으로 상호 존중의 인식을 갖고 대화하는 태도를 가져야 하며, 상대적으로 말을 하기가 더 쉽고 큰 영향을 미칠 수 있는 위치에 있는 만큼, 가능하면 한 번 더 생각하고 말하는 조심성을 갖출 필요가 있다는 것이다.

 그 어떤 경우라도 당신이 말을 조심하지 않아도 될 상황은 없다고 생각하면 된다.
 그러한 것이 힘들나면 자연스럽게 하는 말들이 불편한 말이 아닌 것이 되도록, 훌륭한 성품을 기르기 위해, 존경받을 수 있는 인격을 갖추기 위해 노력해야 할 것이다.
 그리고 가벼운 말실수들은 대수롭지 않게 여길 수 있는, 서로 신뢰하고 이해받을 수 있는 유대관계를 형성하기 위해서도 노력해야 할 것이다.

인간관계를 좋게 하는 쉽고 효과적인 방법

 인간관계의 중요성과 어려움은 따로 강조하지 않아도 될 정도로 누구나 인정하는 문제이다.
 좋은 인간관계를 맺고 유지하는 데는 '재치 있는 입담', '상대방의 마음을 편안하게 해주는 여유와 배려심', '입장을 바꿔 생각할 줄 아는 공감 능력', '논리적 사고력과 풍부한 지식', '상황과 감정을 잘 설명할 줄 아는 표현력' 등 다양한 개인의 능력들이 도움이 되고, 이러한 능력들을 만들고 향상시키기 위한 노력도 필요하지만, 보통 이러한 능력들을 높은 수준으로 갖추는 것은 좀처럼 쉬운 일이 아니고, 아주 오랜 시간을 필요로 한다.
 이런 능력들과 별도로 필요한 것이면서도 상대적으로 쉽고 큰 효과를 내는, 인간관계를 좋게 하는 방법은 세 가지가 있다.
 하나는 '상대방의 얘기를 잘 들어줄 줄 아는 것'이고, 또 하나는 '칭찬을 잘 해주는 것'이며, 이 글에서 좀 더 자세히 다룰 마지막 하나는 바로 적절하게 '감사와 사과를 하는 것'이다.
 아무리 뛰어난 사람이라고 해도 모든 것을 다 알 수는 없고, 다 할 수도 없다. 인간은 늘 알게 모르게 주위의 도움을 받아 살 수밖에 없기 때문에 우리는 매사 모든 것에 감사할 줄 알아야만 한다. 또한, 누구라도 실수를 할 수 있으며, 실수가 아니더라도 언제든 타인에게 폐를 끼칠 수 있기 때문에 미안해할 줄도 알아야 한다.
 '감사'와 '사과'의 두 가지 말만 잘 사용해도 좋은 인간관계를 맺고 유지하는 데 정말 큰 도움이 되며, 많은 상황을 나아지게 할 수 있고 많은 문제를 해결할 수도 있다.

 이 두 가지 말을 아무 때나 지나치게 많이 사용하는 것도 문제가 되겠지만, 그보다는 해야 할 때 하지 않아서 문제가 생기는 경우가 훨씬 더 많다.

 한마디의 말로 지나갈 수도 있는 것이 화를 키우고, 상상 이상으로 문제를 크게 만들기도 한다.

 그렇지만 인사처럼 가볍게 사용할 수도 있는 '고맙다', '감사하다'는 말과 달리 '미안하다'는 말과 표현은 주의할 필요가 있다.

 미안하다는 말을 아무 때나 습관처럼 사용해서는 안 될 것이며, 어떤 문제도 해결할 수 있는 마법과 같은 말처럼 여겨서도 안 될 것이다.

 사람들은 고맙다는 말보다 미안하다는 말에 훨씬 더 의미를 크게 두곤 한다. 고맙다는 말은 별 의미가 없는 지나가는 말로 들을 수도 있지만, 미안하다는 말은 그렇지 못한 경우가 많다.

 상대가 사과를 받아들일 의사가 없는 상황에서는 미안하다는 말로 사과해도 문제가 해결되지 않을 것이며, 매사 무턱대고 사과부터 한다면 진정성이 없다고 여겨질 것이다. 상황에 따라선 꼬투리를 잡힐 수도 있는 문제이다.

 그렇기 때문에 상황을 파악하고 말을 할 줄 아는 능력이 필요하며, 어떤 부분이 왜 미안한지 상대방이 납득할 수 있는 설명을 해야 할 줄도 알아야 한다.

덧붙여 말하자면, 미안하다는 사과의 말을 잘하는 것도 중요하지만, 사실 그보다 더 중요한 것은 미안하다는 말을 하는 상황을 애초에 만들지 않으려 하는 것이다. 고맙다는 말과 달리, 사람들은 어떤 이유에서든 미안하다는 말을 자주 하는 사람을 좋아하지 않기 때문이다.

 인간을 둘러싼 문제들은 생각보다 그 해결이 어렵지 않은 경우가 많다. 하지만 실행에 옮기기는 어렵고, 꾸준히 잘하기는 더욱 어렵다.
 감사와 사과를 적절히 잘하는 것 또한 시간이 필요한 일이니 천천히 두고 생각하되, 역시 꾸준히 노력해야 할 일이다.

가끔은 예측 불가능한 행동을 하라.

 생각과 행동을 도통 종잡을 수 없는 사람은 재미와 즐거움을 주기도 하지만, 오랜 시간 함께 있으면 피곤함을 느끼게도 한다.
 반대로 어떤 틀에 맞춰진 듯, 생각과 행동을 늘 예측하기 쉬운 사람은 함께 있으면 편안함을 주기도 하지만, 상황에 따라서는 자칫 쉬운 사람, 지루한 사람이라고 생각될 수도 있다. 주위에 있는 사람들이 그런 성향과 맞는 사람들이라면 그대로도 좋을 수 있겠다. 하지만 늘 한결같은 모습으로 편안함을 주면서도 가끔은 예측 불가능한 행동, 예상 밖의 모습을 보이는 것이 보통은 더 좋을 것이다.
 그것은 만만하게 보여서는 안 될 사람들에게 당신이 호락호락 상대하기 쉬운 사람이 아니라는 느낌을 줄 것이며, 깊은 친분이 있는 사람들에게는 신선함과 색다른 매력을 느끼게 할 수도 있을 것이다.

 혹시나 오해할 이가 있을까 하여 덧붙여 말하자면, 뜬금없이 화를 내거나 이상한 행동을 해서 불편한 모습을 보이라는 것이 아니다.
 '항상 얌전하기만 한 것 같은 사람이 무언가에 열정적인 모습을 보이거나 자기 의견을 확실히 말할 때', '일할 때는 터프한 것만 같은 사람이 사석에서 사람들을 대할 때는 친절하고 예의 바를 때' 등 예상하지 못한 모습이나 행동에서 사람들이 매력을 느끼는 것을 생각하면 될 것이다.
 기념일이 아닌데도 가끔은 꽃을 선물하거나, 특별한 일이 없어도 함께 있는 사람에게 고맙다는 표현을 하는 것과 같이 간단한 이벤트나 행동을 하는 것도 그러한 예가 될 것이다.

 가끔은 자신과 주위를 더 행복하게 할 수 있는 새로운 시도나 변화가 필요할 때가 있다. 충분히 할 수 있고 괜찮은 일임에도 불구하고 너무 부담을 갖거나 어려워하는 것은 아닌지 생각해 볼 것이며, 용기를 내야 할 때는 용기를 낼 줄도 알아야 할 것이다.

술에 취했을 때를 조심하라.

그 사람의 진짜 모습을 보고 싶으면 그 사람이 편하게 느끼는 자리에서 술에 취하게 하라는 말이 있다.

그러나 어디까지나 진짜 모습을 짐작하는 데 도움이 될 수도 있을 뿐이지, 그 술에 취한 모습 그 자체를 진짜 모습이라고 생각할 것은 아니다.

이성과 본능이 정상적으로 균형을 이루고 있는 상태가 그 사람의 진짜 모습이라 할 수 있는 것이지, 술에 취해 균형이 깨진 정상적이지 못한 상태가 진짜 모습이라 할 수는 없는 것이다.

술은 이성을 약화시키고 상내적으로 본능적인 면이 커지도록 하는데, 바로 이 때문에 우리는 술에 취했을 때를 조심해야 한다.

사람은 술에 취할수록 더 감정적으로 되어 쉽게 울고 웃고 화내고 우울하게 되고, 억눌러왔던 폭력성과 성욕과 같은 본능을 통제하기 어렵게 된다.

평상시와 다른 이러한 느낌 때문에도 술에 취하는 것을 좋아하는 이들이 많지만, 이성이 약해질수록 판단력과 통제력이 떨어져 자신과 주위에 피해를 입히기도 쉬워진다는 것을 간과해선 안 될 것이다.

다음날 술에서 깨고 나서 전날의 일을 후회하는 경우는 너무도 흔한 일이다.

똑같이 술에 취해도 그날의 상태나 상황에 따라선 다른 행동을 하고 돌발적인 사고를 저지를 수도 있다. 정상적인 상태가 아니었다고 해도 일어난 일은 돌이킬 수 없고, 책임을 피할 수도 없다.
 그런 후회를 없애거나 줄이기 위해서는 너무 취하지 않도록 술을 절제하는 것이 최선이겠지만, 그럴 수 없을 수도 있으니 평상시 '내가 아무리 술이 많이 취해도 이것만은 반드시 지키겠다'는 확실한 기준과 신념을 가지는 것이 좋다.
 분위기에 휩쓸리거나 누군가에게 설득당해 '괜찮지 않을까?' 하는 생각이 들어도 괜찮지 않다고 생각해라. 술에 취한 당신은 무조건 평상시보다 판단력이 저하된 상태이며, 때문에 올바른 판단을 내리지 못할 확률이 높기 때문이다.

 술자리는 조금이라도 어렵게 생각하는 것 또한 방법이다.
 어렵게 생각하는 자리에선 술에 취하는 것을 조심하기도 하고, 술에 취해도 어떻게든 정신을 차리고 있으려 하기 때문이다.
 술에 취했을 때의 당신의 모습이 싫고 문제가 있다고 생각한다면, 그를 조절하고 바꾸고자 해야 할 것이며, 아무리 편한 사람들과의 자리라고 하더라도 그 자리를 어렵게 생각하는 마음도 가지고 있는 것이 좋을 것이다.

피해야 하는 사람

 세상엔 반드시 피하고 어울리지 말아야 할 사람들도 존재한다.
 예를 들어 어떻게든 타인을 비난하고 상처 입히는 것에서 쾌감을 얻고, 그러한 행위를 즐기는 이들이 있다. 이들의 이런 성향과 행동은 직접 얼굴을 마주하지 않는 온라인상에서 훨씬 더 쉽게 나타나는데, 이들은 공격할 대상을 찾아 정말 많은 시간과 노력을 낭비하곤 한다. 그것이 무엇보다 좋아하는 일이기 때문이다.
 이들이 타인을 비난하고 공격하는 근본적 원인은 자신의 감정적 문제 때문이지만, 마치 이성적 판단에 의해 그러는 것처럼 어떻게든 논리적으로 그럴싸하게 보이려 하며 여론을 자기의 편으로 하려 한다.
 세상의 거의 모든 일들은 양면성이 있어 뚜렷한 잘못이 아님에도 잘못으로 몰아가려 한다면 몰아갈 수 있다. 사람들은 자신의 일이 아니면 대체로 깊이 생각하지 않으려 하기 마련이며, 사실을 정확히 알아보려 하지 않고 섣불리 일을 판단하고 단정 지어 생각하기 쉽다. 그리고 생각보다 많은 이들이 본능적으로 남을 비난하고 공격하는 것에 큰 즐거움을 느끼며 그럴 준비가 되어 있다.
 누군가를 비난하는 말은 강렬한 느낌을 주어 눈에 띄기도 쉽고, 사람들은 다른 사람들의 말에 습관처럼 편을 들고 동조하려 하기도 한다. 이것은 공감의 부정적 영향의 하나로도 볼 수 있는데 공감의 능력이 강할수록 이런 성향을 쉽게 보이기도 한다. 때문에 잘못된 여론이 정말로 조성되기도 하고, 그렇게 되면 이들은 자신의 목적을 달성한 데서 오는 큰 쾌감을 느끼고 이런 행동을 또 계속하게 된다. 자신도 모르게 이런 이들의 행동을 부추기거나 돕는 것을 조심해야 할 것이다.

 남을 비난하고 공격하기를 좋아하는 이들 중 반사회성 성격장애, 자기애성 성격장애와 같은 정신적 장애를 가지고 있는 경우는, 아무리 많은 사람들이 문제와 잘못을 지적해도 그것을 잘못이라고 생각하지 않는다. 심지어 자신에게 뭐라고 하는 사람들이 오히려 문제라고 하며 분위기를 몰아가기도 할 것이다.
 이런 사람들이 사과를 할 때는, 무시할 수 없는 사람이나 다수의 사람들이 문제를 지적하거나 비난하면서 자신에게 피해가 발생할 우려가 있을 때이다. 그럴 때라야 자신의 피해를 막기 위해 마음에도 없는 사과를 하게 된다.
 그뿐이다. 자신의 명백한 잘못은 "미안하다.", "실수였다."라는 한 마디로 끝내려 하고, 상대가 받았던 고통에 대해서는 신경 쓰지 않으며, 그런 것에 가책을 느끼지도 않는다.
 다시 한번 말해 이런 이들은 자신의 언행을 잘못이라 생각하지 못하는 경우가 많다. 일말의 양심이나 공감하는 능력이 있어 조금은 잘못이라 생각해도 순식간에 정도를 지나친 자기합리화로 문제를 덮어 버린다.
 자신으로 인해 타인이 겪는 큰 고통은 신경 쓰지 않으며, 타인이 실수로라도 자신에게 작은 고통을 준다면 이를 절대로 용서하지 않고 반드시 몇 배 몇십 배로 고통을 주려 기회를 노린다.

예시와 같이 말이나 글로 사람을 정신적으로 괴롭히는 이들도 있지만, 타인이 어떤 손해를 입든, 타인의 인생이 어떻게 되든 상관하지 않고 직접적인 행동으로 사람들에게 물리적인 피해를 입히려 하는 악인들도 적지 않은데, 세상엔 만나게 된 것 자체가 불운인 사람도 존재하기 마련이다.

이런 피해야 할 이들과 만나고 상대하게 되는 것을 줄일 수는 있겠으나, 완전히 피하기는 힘들다.

인간의 속은 좀처럼 알기 어려워 본색을 늦게 드러내는 경우도 있고, 타인을 속이는 것에 능숙한 이들도 있어 더욱 그렇다.

어떤 때에는 예상치 못한 재앙과도 같이 그쪽에서 먼저 찾아와 문제를 일으키기도 할 것이다.

물론 이런 사람들조차 상황에 따라선 좋은 방향으로 바뀔 수도 있을 것이다. 그러나 몇 번이고 말하지만 사람이 바뀌는 것은 정말로 쉽지 않은 일이고, 더욱이 내가 바라는 대로 타인이 바뀌는 것은 훨씬 더 일어나기 어려운 일이다.

가족과 같은, 평생을 이어질 인연이 아니라면 섣불리 사람을 바꾸려 하지 말 것이며, 모든 사람을 바꾸거나 설득할 수 있다고 생각하지도 말 것이다.

논리적인 말이 언제나 통하는 것은 아니고, 언제나 받아들여지는 것도 아니다.

이들이 사람들에게 피해를 입히는 문제를 예방하고 해결하기 위해선 제대로 된 법과 제도, 올바른 사회적 분위기를 이끌고 조정하는 다수의 힘이 필요하다. 하지만 어떤 경우엔 그조차도 효과가 없는 때가 있으니 그와 별도로 피할 수 있는 일은 피하고, 강하게 대응할 것은 강하게 대응하면서 스스로 조심하는, 개인적인 노력과 관리 또한 필요하다. 나아가 잘못된 의견에 분별없이 동조하여 도움을 주지 않도록 하고, 필요할 때는 '확실히 문제가 되는 것을 바로잡으려 하는 다수'에게 힘을 보탤 줄도 알아야 할 것이다. 잘못된 흐름에 올라타거나 휘둘리지 않도록 잘 살피고 조심하면서 말이다.

3부. 본능으로 인해 생기는 문제들

다시금 말하지만 인간을 포함하여 모든 생물에게 생존과 번식을 위한 본능은 그 개체와 종의 유지를 위해서 반드시 필요한 것이다.
 하지만 우리에게 이 본능과 본능 때문에 만들어진 것들이 꼭 좋은 영향만 주는 것이 아니라, 부정적 영향을 줄 때도 많은 것이 사실이다.
 고통은 고통을 주는 위험에서 빠르게 벗어나도록 하여 생존에 도움을 주는 감각이지만, 고문이라는 비인도적인 행위가 가능하게 하고 고문 당하는 이를 다시없는 괴로움에 처하게 한다.
 앞서 다뤘듯이 나쁜 기억이 오래가는 것도 같은 상황을 피하도록 도움을 주기 위함이지만, 오히려 수시로 떠오르는 그 나쁜 기억들 때문에 괴로움을 느끼게도 된다.
 그 외에도 본능에서 오는 많은 것들이 양면성을 갖고 있어 생존을 위한 본능이 오히려 사람을 죽음에 이르게도 하는 등 여러 문제들을 일으키고 있으며, 본능으로 인해 생기는 문제들은 비단 개인의 문제로만 국한되지 않고, 여러 사회적인 문제들로 나타나기도 한다.
 다음은 본능으로 인해 생기는 이러한 문제들 몇 가지에 대해서 얘기해 보고자 한다.

학교폭력, 집단 괴롭힘

 학교폭력과 집단 괴롭힘과 같은 인간이 인간을 핍박하는 행위는 비단 학교에서만 일어나는 것은 아니다. 이러한 행위는 인간 사회 곳곳에서 이뤄지고 있다. 원인은 여러 가지로 분석될 수 있겠지만, 이런 폭력과 괴롭힘은 정신적으로 미숙할수록 저지르기 쉬운데, 다 큰 어른이라도 정신적으로 미숙한 사람이 많기 때문이기도 하다.
 그중에서도 특히 학교, 군대 등과 같이 폐쇄적인 성격의 공간에서 일어나기 쉬운 경향이 있다.

 사람들이 모여 같이 생활하게 되는 공간에서는 생존과 번식의 우위를 차지하기 위한 본능 때문에 보통은 서열을 만들려 하는 경향이 생기게 된다. 인정할 수밖에 없는 상황이 아니라면 서열이 낮은 이가 정해진 서열을 거슬러 올라와 자신의 상대적 우위가 약화되는 것을 싫어하고 경계하는 모습을 보이기도 한다.
 이렇게 상대적으로 높은 서열을 차지하게 된 이들은 본능이 주는 쾌감에 휩싸여 서열이 낮은 상대에게 무엇이라도 해도 되는지 착각하고 행동할 때가 있으며, 자신의 서열을 지키고자 하는 불안과 두려움의 마음에 또 그렇게 잘못된 행동을 할 때도 있다.
 이것은 어린아이들에게도 예외가 아니라 아이들이 모인 집단, 학교에서도 어떤 기준에 의해서 서열이 만들어지게 되고, 서열에서 비롯된 잘못된 행동을 하기도 한다.

아이들 사이에서까지, 공부를 배우기 위한 학교에서까지 '서열이 있다는 것이 맞는지', '서열이 왜 있게 되는지' 의아하게 생각할 수도 있지만, 성장 중인 어린아이들은 오히려 이성의 힘이 상대적으로 약하고 본능에 영향을 받는 면이 더 크기 때문에 서열이 만들어지기 더 쉽고, 그 서열에서 나오는 권력을 잘못 휘두르게 되기도 쉽다.
 아울러 폐쇄적이고 스트레스가 발생하기 쉬운 학교라는 곳이 가진 특수성이 이러한 문제를 더 키우게 된다.

 아이들 간에 행해지는 폭력과 괴롭힘은 '다르다는 것', '개성'을 불편하게 바라보고 생각하는 등의 잘못된 본능적 인식에서도 생기지만, 이 서열의 문제와 떼놓고 생각할 수 없기도 하다. 학교폭력과 집단 괴롭힘은 서열을 둘러싸고 벌어지거나, 대체로 상대적으로 낮은 서열에 위치한 아이들에게 행해지는 경향도 있지만, 단지 서열이 낮다는 이유로 괴롭히는 경우도 있기 때문이다.

 아직 생각과 경험이 미숙한 어린 학생들은 '학교에서의 일은 모두 학교를 졸업하게 되면 끝'이라고 잘못 생각하기도 하고, 성인들에 비해 약하게 처벌받게 규정되어 있는 학교 안팎의 법과 제도 때문에 어느 정도의 학교폭력이나 괴롭힘은 괜찮은 일이라고 착각하기도 한다.
 아직 어리기 때문에 보호하기 위해서, 어느 정도 잘못을 해도 기회를 주기 위해서 만들어진 사회의 규칙과 관용을 잘못 생각하고 악용하기도 하는 것이다.

그러나 정도가 심하면 실제로는 어떻게든 처벌을 받게 되며, 설령 처벌을 약하게 받거나 피하게 된다고 해도 그런 행동을 했다는 사실 자체는 사라지지 않고 평생을 남게 된다는 것을 아이들 또한 스스로 알아야 할 것이다. 그리고 주위의 어른들은 아이들에게 그러한 사실을 확실히 알게 해야 할 것이다.

 학교를 떠나게 되면 따로 그 인연을 이어가지 않는 이상 학교에서의 관계는 보통 끝이 나게 되는 경우가 많다. 그러나 관계는 단절될지라도 과거는 남고 인생은 계속된다. 그리고 사람의 생각과 상황은 언제 바뀔지 모르는 일이다.
 지금은 후회하지 않을 일이라 생각해도, 어떤 계기로라도 생각은 변할 수 있다. 아무리 지난 과거의 일을 후회하게 되더라도 그것을 없었던 일로 할 수는 없다. 과거의 일로 미래를 위험에 처하게 하는 것 또한 피해야 하는 일이다.
 약한 대상을 억누르고 지배하는 것에서 오는 한때의 쾌감은 지나가면 끝이고, 상대만이 아니라 자신 또한 망가뜨릴 수 있는 일이다. "해도 된다.", "할 수 있다."라고 착각하지 말고, 훗날 훨씬 더 긴 세월 동안 몇 배 몇십 배의 고통과 후회로 돌아올 수 있는 일은 애초에 조심하고 하지 않으려 해야 할 것이다.

 서열이 생기지 않을 수 있다면 생기지 않는 것이 좋겠지만, 인간 사회에서 서열이 생기는 문제는 어느 정도는 어쩔 수 없는 면이 있고,

필요한 상황도 있다.

 군대와 같이 조직의 원활한 운영과 발전을 위해서 분명한 질서가 필요한 곳에서는 서열을 일부러라도 만들고 유지하기도 한다.

 그렇다고 해도 언제나 이 서열에서 나오는 권력이 부당하게 행해지는 것은 옳지 못한 일이고, 서로가 조심해야 할 일이다. 높은 서열에 있다고 해서 그것이 남을 함부로 대하고 괴롭혀도 된다는 얘기는 아니고, 낮은 서열에 있다고 해서 부당한 괴롭힘을 당해도 된다는 얘기도 아니다.

 학교폭력과 집단 괴롭힘과 같은 문제도 원인과 해결책은 인간 사회에서 발생하는 다른 범죄나 비도덕적인 문제들과 다를 것이 없다.

 본능적으로 그것이 자신에게 위험하고 해가 될 수 있는 행동이라고 느끼게 되거나 이성적인 힘이 커져 그것이 무익하고 유해한 행동임을 알게 하는 것이 이 행동의 주관자들을 억제시킬 수 있다. 완전한 해결은 기대하기 힘든 문제지만, 충분히 상황이 나아지게 할 수는 있을 것이다. 이는 개개인의 역량 강화는 물론 사회의 역량 강화 또한 함께 필요한 문제이다.

 가끔은 아직 나이는 어리지만 대단한 아이들도 있다.

 아이들 중에서 아주 높은 서열이 되어도, '그 서열에서 만들어진 권력'을 휘두르는 '본능에서 오는 쾌감'에 휩싸이지 않고 모든 아이들을 똑같이 친절하게 대하는 이성적 능력까지 갖춘 아이들이 바로 그런 아이들이다. 거기에 다른 아이들이 약한 아이를 괴롭히는 것을 가만히 두지 않는 성품과 상황을 중재할 수 있는 지혜까지 갖추고 있다면, 이런 아이들은 성인이 되어 사회 어디에 있게 되어도 훌륭한 리더가 되곤 한다.

 학교에서만이 아니라. 군대에서든 직장에서든 서열이 존재하는 어떤 집단에서든 이런 이들은 주위의 사랑과 존경을 한몸에 받게 된다.

 학교는 공부나 기본적인 사회성 뿐만이 아니라, 그런 리더가 될 수 있는 역량 또한 기르고 배울 수 있는 곳이기도 하다.

편가르기와 집단 험담

'편가르기'는 한 집단이나 사회 내에서 어떤 주제나 목적에 따라 편을 가르고 작은 집단을 이루는 현상이다. 이는 집단을 이루는 원리와 같이 기본적으로 생존과 번식에 유리한 위치를 차지하기 위한 본능에서 나타나는 현상이기도 하고, 개인의 이익을 위해 전략적으로 하는 행위이기도 하다.

집단의 크기가 클수록, 구성원이 많을수록 이러한 편가르기가 발생할 확률이 높아지는데, 한 사람이 신경 쓰고 관계를 유지할 수 있는 사람의 수는 그리 많지 않고, 한정되어 있기 때문이다.

인간은 확실한 내 편이라고 볼 수 있는 사람이 존재하지 않는다면 불안을 느끼며, 편을 이루고 있는 사람들과 비교하여 상대적으로 불이익을 받을 수도 있다고 생각하기에 어떻게든 자신의 편을 만들려는 생각을 하게 된다. 이때 상대가 될 편이 존재한다면 편가르기가 되고, 편을 만들기 위해서 적대하는 대상을 두어 의도적으로 편가르기를 할 수도 있다.

편가르기는 그냥 내 편을 만드는 것과는 다르다.
단순히 내 편을 만드는 것은 친분이 쌓이거나, 다른 공통의 목적이나 공통점이 있는 것으로도 가능하지만, 같은 집단 내에서 편을 가르기 위해서는 '적대 관계의 편', '상대가 되는 편'이 존재해야 한다. (다수가 아닌 개인을 여럿이서 적대하는 것은 편가르기가 되지 않는다. 그렇지만 공격당하는 개인이 자신을 방어하기 위해 편을 만든다면, 또 편가르기가 이뤄지기도 한다.)

 편을 가르려고 의도하지 않은 '단순한 내 편을 만들고 유지하는 행위'도 조심해야만 하는데, 내 편을 만들거나 내 편들의 유대관계를 높이기 위해서 가장 효과적이면서도 쉬운 방법 중 하나가 바로 '공통의 적을 만드는 것'이기 때문이다.
 그 공통의 적이 집단 내부에 있는 경우 편가르기로 발전하기 쉬운데, 이처럼 편가르기로 발전하게 되는 것을 조심해야 할 것이다.
 단순히 집단 내에서 내 편을 만들어 행동하는 것이 외부적인 요인에 의해서도 편가르기로 발전할 수 있다. 내 편들을 좋지 않게 생각하고 적대하는 이득이 생기게 되면, 이 역시 원하지 않더라도 편가르기로 발전하게 되어 버리는 것이다. 그러니 내 편이 아니라고 생각하는 이들을 대놓고 적대하거나 소외하는 일을 최대한 조심하고 하지 말아야 할 것이다.
 편을 가르는 기준과 이유가 무엇이냐가 중요하기도 한데, 비합리적인 것일수록 많은 문제를 일으킬 것이다.

 상황이나 개인의 성향에 따라서 모든 경우의 편가르기가 꼭 나쁜 것이라고 생각하지 않을 수는 있겠다.
 인간관계에서 나타나는 일들은 나타난 현상 자체보다는 과정과 이후의 행동이 중요한 때가 많기도 하다.

지금 내가 편가르기를 하고 있거나 그런 상황에 처해있다면 '그것이 옳은지 옳지 않은지?', '어떻게 행동해야 하는지?'는 스스로 잘 생각하고 판단하여 행동해야 할 것이다.

 앞서 얘기했듯이 똑같은 대상을 적대하게 될 때는 편이 만들어지게 된다.
 어제까진 적이었던 관계라도 공통의 적이 생기게 되면 같은 편이 되기도 한다.
 이미 편이 만들어져 있는 경우엔 같이 공격할 대상이 있는 것은 구성원들의 단합심을 높이게 되는데, 때문에 공격할 대상이 없거나 사라졌을 때는 새로운 공격 대상을 찾기도 한다.
 이때 높은 확률로 집단 험담이 같이 이뤄지기도 한다. (또, 집단 험담을 하면서 내 편이 생성되기도 한다.)
 물론 집단 험담이 꼭 이런 이유에서 만들어지는 것은 아니다. 그보다는 개인의 감정적인 문제에서 출발하여 본능에 영향을 받은 사고와 행동이 얽혀 이뤄지게 된다.

 인면수심의 범죄자와 같이 확실히 악한 이에 대해선 집단 험담을 할 수도 있겠다.
 폭력과 성추행을 일삼는, 확실히 잘못된 이를 집단에서 배제하고, 모르고 피해를 당하는 사람이 없도록 경고하는 의미에서도 험담을 할 수도 있을 것이다.

이런 면에서의 험담이 꼭 나쁘다고만은 하기 힘들 것이다. 사람들이 그런 행동을 하지 않게 조심하도록 하는 순기능도 있기 때문이다. 그래도 그런 방향의 험담조차 지나치게 몰두하여 자신의 성향 자체가 어두워지고 폭력적으로 변하게 되는 것은 피하고 조심해야 할 것이다. 아울러 사람을 오해하여 잘못된 험담을 하거나, 비판을 할 문제를 비난하는 것으로 행동하지 않도록 조심하기도 해야 할 것이다.

 그러나 위와 같은 경우가 아닌, 지극히 주관적인 기준에 의한 사소한 문제로 이뤄지는 험담이 훨씬 더 많고, 문제가 되는 험담은 이런 것들이다.
 사람을 좋아하고 싫어하는 것은 애초에 이성적인 면보다는 본능적인 면이 크게 작용한다. 무엇을 해도 좋은 사람이 있는가 하면 아무것도 하지 않아도 싫은 사람이 있다. 그리고 싫은 사람은 무엇을 해도 싫게 느껴지게 된다. 이런 측면에서 이뤄지는 험담을 조심하고 주의해야 한다.

 누군가 험담을 시작한다면 그가 그 험담을 하는 이유를 본질적으로 살펴보려 해야 할 것이다.
 어떤 질투나 공격심에서 그러는 것인지? 습관처럼 남을 험담하기를 좋아하는 것인지? 친해지고 싶어서 대화의 주제를 그렇게 잡은 것인지? 아니면 정말로 억울하고 부당한 일을 당해서 그러는 것인지? 이 사람이 왜 이런 얘기를 하는 것인지 생각해 봐야 할 것이다.

그리고 내용의 객관성과 사실 여부를 살피고 확인해야 한다.
정말 사실인지? 과장되거나 허위의 내용이 섞여 있지 않은지? 논리적으로 비약하여 생각하고 있는 등 잘못 생각하는 것은 아닌지? 오해일 가능성은 없는지? 따져보고 판단을 내려야 할 것이다.

그가 좋지 않은 의도나 일반적으로 공감하기 힘든 이유로 험담을 하는 것이라면, 얘기를 돌리거나 중단하도록 말하는 것이 좋을 것이며, 그런 험담을 습관처럼 자주 한다면 어떻게든 그 사람이 내게 누군가의 험담을 시작하는 상황 자체를 피하려 하는 것이 좋겠다. 멀리하고 조심해야 하는 사람은 과연 누구인지를 판단할 수 있어야 할 것이다.
단, 한두 번의 가벼운 말실수로 사람을 쉽게 단정 지어 생각하진 말아야 한다. 실수는 누구나 할 수 있고, 어떤 사람이라 해도 가끔은 감정을 쉽게 다스릴 수 없는 때도 있다. 아무리 좋은 사람이라고 해도 빈도가 적게 나타날지언정 예외는 아니다.
본질적으로 좋지 않은 사람이기에 나올 수 있는 언행은 단 한 번이라도 무시할 것이 아니지만, 그렇지 않은 용인할 수 있는 실수와 같은 것이라면 그 한두 번의 일로 그 사람을 다르게 보거나 멀리하려 할 필요까진 없을 것이다.

험담의 내용이 동조할 만한 것이라고 판단이 되어도 조심스럽게 접근할 일이다.
만약 상대에게 꼭 공감을 해주고 동의의 의사를 전하고 싶다면 그 사람이 느꼈을 감정에 대해서 공감의 의사를 전하는 것이 좋으며, 험담의 대상이 되는 사람에 대해 말하려 하지 말고 그 행위에 대해서 말하려 하는 것이 좋다.

 예를 들어 "그 사람이 그런 말을 했다고요? 왜 그랬을까요? 정말 그런 말을 했다면 그 말은 좀 잘못된 것 같네요."라는 식으로 말이다.

 그러나 인간관계는 보이는 것보다 훨씬 더 복잡한 때가 많고, 상황은 정말로 다양하다. 때문에 항상 올바른 대응을 하기는 힘들고, 이런 상황에서는 이렇게 해야 한다는 확실한 대응 방법도 존재하기 힘들다.
 이러한 모든 얘기들도 역시 참고가 될 뿐이다.
 평상시 난 어떻게 생각하고 어떻게 대응할 것인지 생각과 처세에 대한 능력을 키울 필요가 있다. 그리고 다른 이들의 인생이나 일화에서 그러한 역량을 강화하는 데 도움을 받거나 배움을 얻을 수도 있을 것이다.

 대체로 같이 알고 있는 사람에 대해 험담이 이뤄지는 상황도, 험담이 이뤄지고 난 뒤의 결과도 별로 좋을 것은 없다.
 남을 공격하고 깎아내리는 것은 본능적인 영향으로 인해 쾌감이 느껴지게 되고, 그로 인해 스트레스가 낮춰지게 되지만, 그렇게 쾌감을 느끼고 스트레스를 해소하는 것이 습관이 되어선 안 될 것이며, 확실한 목적과 이유가 없는 행위는 처음부터 하지 않는 것이 좋다.
 마주칠 일이 있는 사람에 대해 험담이 이뤄지고, 어떻게든 그에 동조하게 되면 그 사람에 대한 불편한 마음이 생기게 되고, 그 사람의 일거수일투족을 색안경을 끼고 바라보게도 된다. 사람을 쉽게 평가 내리는 것은 조심해야 할 일이고, 스스로 보고 판단하여 내린 평가가 아니라 남의 말만을 듣고 생기게 되는 평가를 더욱 조심해야 할 것이다. 그리고 그 사람과 상황에 대해 확실히 잘 모를 때는 앞서 말했듯이 사람에 대해 말하지 말고 그 행위에 대해 말하려 해야 할 것이다.

공동체, 집단을 둘러싼 갈등

 인간이 이루는 집단은 이성적 판단뿐만 아니라 본능에 의해서도 이뤄지고 움직이게 되는 것인데, 인간의 본능은 집단과 그 구성원에 유익하게도 작용하지만, 여러 부정적인 문제를 일으키기도 한다.
 집단이 다른 집단과 선의의 경쟁을 하고, 합리적 의견을 도출하여 바람직한 방향의 행동만 한다면 좋겠으나 인간에게는 본능이 언제나 영향을 주고 있어 모든 것을 철저히 이성적인 면에서 판단하고 결정하기는 힘들고, 종종 그 집단을 이용하여 자신의 개인적인 이득을 챙기려 하는 이들이 나타나기 때문에 그런 이상적인 형태로 집단을 유지하는 것이 쉽지 않다.
 그런 집단이 잘못된 방향으로 나아가지 않도록 통제하거나 소셜할 수 있는 외부의 존재가 있다면 좋은 일이지만, 그런 존재가 있다고 해도 완전히 의지할 수는 없고, 완전히 의지해서도 안 될 것이다. 외부의 존재가 관여하기 어려운 특성을 가진 집단이나 집단의 행동이 있는 경우도 있고, 그 외부의 존재가 기능을 제대로 못할 위험도 늘 존재하고 있기 때문이다. 최악의 경우 집단을 바른 방향으로 통제해야 할 '큰 힘과 영향력을 가진 외부의 존재'가 그 집단을 자신의 이득을 위해 이용하려 할 수도 있다.
 때문에 집단에 큰 영향력을 미칠 수 있는 외부의 존재가 있다고 해도 마냥 의지하고 따를 것이 아니라, 서로 대등한 관계에서 도울 것은 돕고 견제할 것은 견제하는 관계를 유지해야 할 것이다.

외부의 적보다 내부의 적이 훨씬 더 무서울 수 있다는 것은 많은 이들이 경험으로도 잘 알고 있을 것이다.

도저히 상대할 수 없을 만큼 완전히 압도적이지 않은 외부의 적은 다수가 있더라도 오히려 집단을 단결시키는 효과를 불러오기 마련이지만, 내부의 적은 그 단결 자체를 와해시키기 때문에 극히 소수라도 조직을 무너트리기 쉽다.

집단은 의도적으로 외부의 적을 만들기도 하는데, 그는 내부의 적에게 기회를 주는 일이기도 하다. 자칫 외부의 적에 시선이 모두 쏠린 사이에 내부의 적이 암약한다면 집단은 극히 위험해지고, 그 내부의 적을 알아도 내보내거나 막을 수 없는 상황이라면 그 집단은 언제 자멸해도 이상할 것이 없게 된다.

내부의 적은 언제라도 발생할 위험이 있다. 그리고 그로 인해 내부적인 분쟁이 일어날 경우, 적과 다투는 데서 오는 본능적 쾌감을 즐기며 그를 부추기거나 방치하는 자들, 그 사이에서 자신의 이득을 꾀하는 자들 또한 있게 되기 마련이다.

이러한 것을 막기 위해선 집단의 리더뿐만이 아니라 그 구성원들 또한 이를 신경 쓰고 계속 조심할 필요가 있다. 정말로 강한 외부의 적이 나타나거나 큰일을 앞두고 있다면, 집단의 내부부터 다시 한번 살펴보아 정리해야 할 것이며, 그 이후로도 항상 주의하고 조심해야 할 것이다.

그러나 이런 소수들이 너무 자주 많이 발생하거나, 그 소수의 의견이 '무시할 수 없는 것'이라고 생각한다면 지금의 집단 자체에 어떤 문제가 있는 것이 아닌지 확인해야 한다. 그리고 문제가 있다면 그를 개선하려 해야 할 것이다.

 집단 내에 있는 이질적인 소수가 건강한 몸을 병들게 하는 암세포일 수도 있지만, 병들어 죽어가고 있는 몸을 살릴 수 있는 치료제일 수도 있는 것이다.

 적이 아닌데도 적으로 인식하여 몰아세워 공격하는 것 또한 조심하고 피해야 할 일이다. 그는 그 적이 아니었던 이를 정말로 적으로 만들게 되는 것은 물론, 그 부당한 행위에 반감을 느낀 다른 상관없는 이들까지 적으로 돌릴 수 있기 때문이다.

 이러한 집단의 잘못된 행위는 괜한 적을 만들고 키우는 일일뿐만 아니라 집단에 도움이 되는 합리적이고 건전한 비판까지 어눌러 집단 자체를 잘못된 방향으로 나아가게 할 수 있는 일이다.

 그 어떤 인간이라도 한 사람이 다수를 당해 내기는 힘들고, 그 수가 많아질수록 불가능에 가까워진다.

 수는 곧 힘이다. 때문에 인간은 집단을 이루고, 더 큰 힘이 필요할 때는 집단의 크기를 더 키우고자 한다.

 이러한 집단의 힘은 실로 강력하고 잘못 행사되면 내외부의 사람들에게 실로 심대한 타격을 입힐 수 있다. 잘못된 집단이 계속 방치되어 무시할 수 없을 만큼의 세력으로 발전하게 된다면, 사회 전체가 큰 혼란과 갈등을 겪게 될 수도 있다.

때문에 우리는 집단이 잘못된 방향으로 가지 않도록, 그 힘을 잘못 휘두르지 않도록 안에서도 밖에서도 항상 주의하고 경계하며 관리할 필요가 있는 것이다.

갑질하는 사람들

 상황에 따라 사람들 사이에서는 상하관계, 상대적인 유불리의 위치가 생기게 되는데 이때 유리한 위치에 있는 이가 상대적으로 불리한 위치에 있는 사람에게 부당한 행동, 몰지각한 언행을 하는 것을 소위 '갑질'이라 부르고 있다.

 타인을 억누를 수 있는 힘을 가졌다고 생각하는 자는 그것을 휘두르고 싶어 하는데, 그것은 인간의 본능에서 생기는 평범한 마음이다.
 자신의 힘을 과시하는 것은 그가 생존과 번식에서 유리한 위치를 차지하고 있는 것처럼 다른 이들이 여기도록 하기 위함이고, 생존과 번식에 불리해지지 않도록 위협받는 일을 방지하기 위함이기도 하다. 그리고 그 행동 자체가 스스로에게도 자신이 생존과 번식에 이만큼 유리한 위치를 차지하고 있다는 쾌감을 주게 된다.
 상대를 함부로 대해도 상대가 반항하지 못할 때 본능적으로 자신이 우월하다(생존과 번식에 유리한 위치를 가진다)는 쾌감을 갖게 되는데, 이것이 소위 말하는 '갑질'이라는 행동을 하는 근본적 이유일 것이다.

 똑같이 갑질을 할 수 있는 상황이라고 해서 모두가 갑질을 하는 것은 아니다.
 갑질은 위에서 말한 바와 같이 기본적으로 본능에서 오는 행위인 만큼, 본능의 영향과 충동을 이기지 못해 누구나 보일 수 있는 행동이기도 하지만, 보통 이성적 능력이 떨어지거나 공감하는 능력이 부족한 사람들이 특히 많이 하게 되는 경향이 있다.

 높은 권력을 갖거나 하여 많은 이들에게 갑질을 할 수 있는 위치에 있는 경우엔 자신이 항상 우월한 위치에 있는 것으로 착각하여 초면인 타인들에게도 권위적 행동을 보이는 이들이 있다. 이는 본인의 능력을 벗어난 과분한 위치에 있는 경우라 하겠다.

 그런 위치에 있는 이들은 본능적인 충동에 영향을 받기 더 쉽고, 많은 이에게 영향을 줄 수 있는 만큼 한층 더 이성적으로 생각하고 행동하려 부단히 노력해야만 한다. 쉽지는 않겠지만 신경을 쓰고 노력하는 것으로 충분히 가능한 문제이기도 하다.

 평상시 이성적인 능력이 뛰어난 이라 해도 순간적으로 이성이 약해질 때가 있고, 그럴 땐 본능적인 면이 드러나게 되기 마련이다. 한 번의 실수로도 그동안의 노력과 좋은 이미지를 모두 잃을 수 있기 때문에 늘 이성의 힘이 약해지지 않도록 조심해야 한다. 만약 실수를 했다면 다시 이성을 찾았을 때 그 즉시 사과하여 문제를 바로잡으려 노력해야 하며, 이후로는 더욱 조심하는 계기로 삼을 줄 알아야 할 것이다.

 많은 이들이 을의 위치일 때는 자신에게 갑질을 하는 사람들을 지독히 싫어하고 미워하면서도 정작 자신이 갑의 위치가 되면 갑질을 하곤 한다. 심지어 그러면서도 자신이 갑질을 하고 있다고 느끼지 못하는 경우도 많다. 보통의 사람들은 기본적으로 모든 것을 자기 위주로 생각하기 때문이다.

 갑질은 쉽게 말하면 수직적 인간관계 또는 수직적이라고 착각하는 인간관계에서 발생하는 행패, 횡포이다. 이러한 행동 양상은 아주 오래전부터 전 세계적으로 아주 흔하게 있어 왔고, 지금도 아주 흔하게 나타나는 일이다.
 이런 면에서 보면 갑질을 하는 이들은 어떻게 보면 지극히 평범한 이들이라 볼 수 있을 것이고, 그럴 상황이 되어도 좀처럼 갑질을 하지 않는 이가 오히려 뛰어난 인성을 갖춘 대단한 이라 볼 수 있을 것이다.
 그러나 이유와 형태가 어떻든 상관없이 행패, 횡포를 부리는 사람을 '좋게 생각할 이는 없다'는 것은 유념하여 자신도 모르게 갑질을 하시 않도록 조심해야 할 것이다.
 조금이라도 마음 편히 살면서 실수로라도 갑질을 하지 않으려면, 평상시 우월의식을 갖는 것을 경계하고 멀리해야 할 것이다. 그리고 계급의 차이와 같이 확실한 상하관계에 있다고 하더라도, 상대를 항상 인간 대 인간으로서는 동등한 위치라고 생각하고 존중할 줄도 알아야 할 것이다.

가스라이팅과 그루밍 범죄

'가스라이팅'과 '그루밍 범죄' 또한 '언제부터 있어왔던 것인지?' 시기를 짐작하기 어려울 만큼 아주 오래전부터 계속되어왔던 문제들이다.

 인간에겐 타인을 지배하고 자신의 말에 따르게 하고 싶은 심리가 있으며, 반대로 남에게 의지하고 기대고 싶은 심리도 있다.
가스라이팅과 그루밍 범죄는 상반된 이 두 가지 심리를 각각 강하게 갖고 있는, 반대 성향의 사람들이 만나게 될 때 일어나기 쉽다.
 그렇지만 꼭 그런 것은 아니며, 그보다 더 빈번하게 발생하는 경우는 가해자가 평범했던 사람의 자존감과 판단력을 낮추어 그가 자신에게 의존하고 자신의 말을 따르게 하는 것이다.
 당신이 누군가에게 의존하는 경향이 강하다면 조심할 것이고, 그렇지 않더라도 조심해야 할 것이다.

 가스라이팅과 그루밍 범죄는 모두 일종의 세뇌인데, 세뇌와 같이 인간의 정신을 원하는 방향으로 유도하는 것은 우리 주변에서도 얼마든지 볼 수 있는 흔한 일이다. 그것은 국가 규모 혹은 그 이상의 규모에서도 행해지며 수백, 수천 년 이상을 이어져 내려오기도 한다.
 세뇌까진 아니더라도 다른 사람들을 내가 바라는 대로 움직이게 하고 싶은 심리는 누구나 갖고 있는 것이기도 하고, 그런 심리에서 행동하는 것 또한 아주 흔히 나타나는 일이다.

이런 모든 것들이 부정적인 것은 아니고, 질서를 유지하는 데나 공동의 이익에 도움이 되는 등 사회와 사람들에게 도움이 되는 경우도 많다. 그렇지만 어느 특정 집단과 개인이 자신의 욕심을 채우기 위해 사람을 조종하고 지배하려는 것은 반드시 조심하고 피해야만 할 것이다.

그들은 결코 좋은 사람이 아니지만 좋은 사람인 척 당신을 속일 것이며, 삐뚤어진 욕심을 채우고자 다양한 수단과 방법을 동원하여 어떻게든 자신의 말을 따르게 할 것이다. 조금이라도 이러한 이상한 낌새를 느낀다면 상황을 좀 더 지켜보려 하지 말고 당장 거리를 두어야 한다.

이러한 문제를 예방하기 위해선 다음과 같은 세 가지 방법이 도움이 될 것이다.

첫째, 판단력 등과 같은 자기 자신의 능력을 향상시키고 강한 자존감을 갖는 것이다. 강한 자존감, 자부심을 갖고 있는 사람은 남에게 쉽게 휘둘리지 않는다.

둘째, 상대와 나는 어디까지나 대등한 입장, 대등한 관계라고 인식하는 것이다.

상대방이 그 어떠한 권위와 신분을 가지고 있더라도 상관없이, 그가 나보다 높은 사람이라거나 훌륭한 사람이라고 생각할 것은 아니다.

상황에 따라 그가 공적으로는 나의 행동을 강제할 힘이 있다고 하더라도 나의 개인적인 생각과 사적인 일들까지 간섭하고 지배하게 두어서는 안 된다.

"사람 위에 사람 없고, 사람 밑에 사람 없다."라는 말과 같이 사람들은 모두 그저 하고 있는 일이 다를 뿐, 기본적으로 대등한 존재라는 것을 잊어선 안 될 것이다.

어떤 사람이든 사람을 대할 때는 항상 존중하고 배려하는 마음을 갖되, 누구에게든 맹목적으로 복종하거나 의지해서는 안 된다.

마지막 세 번째는 타인의 말을 항상 비판적 사고로 생각하고 거리를 두는 것이다.

앞서 전문가의 말들을 이용하라는 얘기와 같이, 만약 상대가 나보다 어떤 분야에 뛰어난 식견을 가지고 있다고 해도 항상 그의 말이 맞는 것은 아니다.

더욱이 어떤 전문적 지식이 아니라 인간관계나 인생관과 같은 분야에서 상대가 하는 말들은 단지 그의 주관적인 입장, 본인의 경험에 의한 그 자신만의 생각들일 뿐이다.

그런 말들을 무조건 맞다고 생각할 것도 아니고, 따라야 할 것도 아니다.

단지 참고하고 좋은 방향으로 이용할 수 있는 것은 이용하면 될 뿐이다.

많은 공부를 하고, 많은 지식을 쌓았다고 해도 생각하는 힘이나 통찰력은 그리 뛰어나지 않은 이들이 많다. 스스로도 단지 책을 많이 읽은 것만으로 자신이 뛰어난 통찰력과 생각하는 능력을 갖추게 되었다고 착각할 수 있는데, '다독'은 확실히 그런 능력의 발달에 도움이 될 수 있지만, '무엇을 어떻게 읽느냐'가 더 중요하고, '항상 생각을 어떻게 얼마나 하느냐'가 더 중요하다. 반대로 공부와 책과는 거리가 먼 삶을 살았어도 높은 통찰력을 갖춘 이들도 있는데, 어느 경우든 타인의 말은 그것이 절대적으로 옳다고 생각할 것도 아니고, 생각 없이 받아들여서도 안 될 것이다. 누구에게 어떤 말을 듣든 항상 생각은 여러 방향으로 해보아야 한다.

 문제를 해결하기 위해 도움을 줄 수 있는 사람에게 도움을 요청하는 것도 좋겠으나 가스라이팅과 그루밍에 빠져 있는 상황에서는 그런 생각을 할 수 없을 것이다. 지금 자신이 어떤 문제에 처해있는지 인식조차 하지 못하는 일부에 대해 눈이 멀어 올바른 판단을 할 수 없는 상태이기 때문이다.
 처음부터 가스라이팅과 그루밍 범죄를 일으키는 상대와 만나지 않았다면 좋았겠지만, 살다 보면 언제 어떻게 그런 사람들과 만나게 될지는 알 수 없는 일이다.
 또 처음엔 그런 생각이 없던 사람도 중간에 다른 마음을 먹고 변하게 되기도 한다.
 그러니 항상 자신도 모르게 생각과 행동을 조종당해 피해를 입는 일을 주의하고 방지해야 할 것이다.
 그리고 자신이 그런 상황에 있다는 것을 인지했다면 스스로 벗어나려고 노력해야 하는 것은 물론, 스스로 감당하기 힘든 문제에 대해선 주위에도 최대한 적극적으로 도움을 요청하려 해야 한다.

 안타깝게도 만약 이미 어떤 피해를 입은 상황이라면 그 처리에 대해서도 생각해야 할 것이다. 상대가 처벌을 받아야 할 일을 저질렀다면 나를 위해서도 다른 이들을 위해서도 법적인 처벌을 받게 하는 것이 좋겠으나, 그에 상관없이 너무 자책하지 말고 어떻게든 마음을 다스려 스스로를 챙기는 것이 우선일 것이다. 그 힘들고 약해진 마음에 잘못된 생각이 자리하게 하거나 잘못된 누군가가 다시 파고들게 해서는 안 된다.

온라인에서의 악성 댓글과 악성 메시지

 자신에 대한 부정적 반응과 공격적 반응들은 생존과 번식에 불리한 위치에 놓이게 된다는 본능에 의해 적지 않은 정신적 영향을 준다.
 생존을 위한 이 본능적 감정이 오히려 심신의 병을 발생시켜 생존을 불리하게 하고 경우에 따라선 극단적 선택으로 생존을 포기하게 하는 일까지 종종 나타나곤 하는데, 어떤 말이나 글이 그 자체로 나를 물리적으로 죽일 수 있는 것은 아니지만, 인간에게만은 실제로 죽음까지도 선택하게 할 수 있는 것이다.

 누군가가 나를 부정적으로 대하고 공격하는 것을 한 번만 봐도, 그런 이가 한 사람만 있어도 보통의 사람들은 적잖은 신경이 쓰이게 되고 스트레스를 받게 된다.
 이런 부분에서 과거의 사람과 현대의 사람은 달라진 것이 없다. 그런데 현대 문명사회에서는 문명이 발달하기 전의 과거보다 훨씬 더 많은 사람과 접하게 되니 나를 부정적으로 생각하고 공격하는 이들을 만날 확률도 비할 수 없이 높아지게 되었다.
 더욱이 온라인상에서는 직접 상대와 마주하지 않는 그 특성상 조심하지 않고 말하는 사람들이 많게 되는데, 익명까지 보장되는 환경이라면 발언의 수위가 도를 넘어서게 되기도 쉽다. 또한 말실수 정도가 아니라 아예 처음부터 잘못된 목적과 악의를 가지고 행동하는 이들도 있다.

실제로 온라인상에서는 매일 같이 불순한 글들은 물론, 수많은 비난과 비방이 쏟아져 나오고 있다.

그런 글을 남기거나 댓글을 다는 경우가 종종 당사자와 직접적인 연관이나 적개심이 있기 때문일 때도 있지만, 일반적으로는 그렇지 않은 경우가 훨씬 더 많다.

그런 경우 그런 글을 쓴 이들은 아무런 이유 없이 아무런 생각 없이 저지른 일이라고 변명하기도 하지만, 책의 앞에서 다루었듯 정말로 아무런 이유가 없이 그런 것은 아니다. 인간의 모든 행동은 반드시 이유가 있다. '타인을 깎아내리거나 불리한 위치에 놓이게 해서 쉽게 생존과 번식에서 자신의 위치를 상대적으로 높이려는 본능적 감정', '공격하는 입장이라는 유리한 위치에 서고 싶은 본능적 감정', '기분을 좋게 하는 이런 감정들을 느낌으로 인해서 다른 곳에서 쌓인 스트레스를 해소하고자 하는 이유' 등에서 비롯되는 행위인 것이다.

당신의 실수나 잘못 때문에 이런 글을 쓰는 것이라고 이유를 댄다고 해도, 건전한 비판이 아닌 비난이나, 정도를 지나친 글들은 모두, 역시 보통은 위와 같은 이유가 근본적으로 자리하고 있다.

그로 인해 당신이 괴로움을 느끼고 반응하거나 불행해졌다면, 어떤 이유에서 그런 글을 썼든 상관없이 불편한 글을 남긴 이들은 쾌감을 느낄 것이다. 그것이 목적이기 때문이다.

만약 당신의 반격으로 자신이 직접적인 피해를 당하게 될 것 같은 때는 태도를 바꾸어 미안하다는 사과를 남길 수도 있지만, 많은 경우 단지 눈앞에 닥친 위기를 벗어나기 위한 방어적 행동일 뿐 정말로 미안해하는 것은 아니다.

 쉽지 않은 것임을 알고, 경험과 환경 등 개인차에 따라 더욱 어려운 경우가 있다는 것도 알고 있지만, 그래도 말하고 싶은 것은 논리적인 비판적 말이 아닌 본능에 의한 비합리적인 공격적 말들에 하나하나 큰 의미를 두지 말고 흘려들을 것은 흘려듣는 것을 권유하고 싶다. 신경을 쓰는 것도 상대하는 것도 손해가 되기 때문이다.

 그냥 그런 것이 인간의 본능에서 비롯되는 불편한 행위 중 하나이며, 그런 말을 하는 이들은 많은 경우, 콤플렉스나 열등감의 영향으로 자신에게도 부정적 감정을 갖고 있어 그를 해소하기 위해서 하는 잘못된 행동이라 여기고 넘기면 될 뿐이다.

(이에 대해선 책이 앞에 있는 '실투의 해소' 부분을 다시 읽어봐도 좋을 것이다.)

 물론 정도가 너무 심하여 그냥 넘길 수 없는 경우는 법과 제도를 적절히 이용하여 확실하게 대응하는 것이 좋겠으나, 상대가 법의 허점을 교묘하게 이용하여 그럴 수 없는 상황일 때도 있고, 그런 대응이 꼭 모든 경우에 효과적인 것도 아니다.

 감정을 추스르기 힘들고, 어떻게 대응해야 할지 모르겠는 등 혼자서 문제를 감당하기 힘들 때에는 어떻게든 주변에 도움을 요청하는 것이 좋을 것이다.

단, 아무리 힘들더라도 누구에게든 전적으로 의존하려 해서는 안 될 것이며 도움을 받는 정도로 그쳐야 할 것이다.
 비슷해 보여도 똑같은 상황은 없으며, 선택에 따른 결과도 모두 다르기에 어떤 방법을 선택하느냐는 당신의 판단에 달린 것이다.

 그래도 거짓이든, 일부라도 사실이 포함되어 있든 상관없이 어떤 말에 의해 불리한 여론이 형성되는 것만은 조심하고 피해야 할 것이다. 사람들은 아무 생각 없이 분위기에 휩쓸리기 쉽고, '다수의 입장으로 보이는 곳'에 서려 하기 쉽기 때문이다. 그것이 남을 공격한다는 즐겁고 신나는 입장이라면 더욱 그럴 것이다.
 그리고 그들은 후에 잘못한 일이었다는 것을 알게 되어도 그냥 그런 줄 몰랐었다는 말로 아무렇지 않게 넘어가려 할 것이다.
 그나마 마음이 담기지 않은 말이라고 해도 "미안하다."라는 말을 할 줄 알고, 다음엔 그런 일을 저지르지 않으려고 하는 이들은 조금이나마 괜찮은 편이다. 그들 중 일부는 끝까지 그 자신이 틀렸다는 것을 인정하지 않고 "네가 그럴만한 일을 했으니 네 잘못."이라는 식으로 뻔뻔하게 말하며 태도를 바꾸지 않을 것이다. 그리고 똑같은 일을 다른 이들에게 계속해서 행할 것이다.
 그런 이들 때문에 당신이 고통받고 많은 시간과 에너지를 낭비하게 되는 것은 참으로 부당한 일이다.

 앞서 말했듯 악성 댓글이나 악성 메시지를 남기는 것이 본능에 의한 일이라고 이해할 수는 있다. 상대해서 확실히 손해가 된다고 판단하는 문제는 그렇게 이해하고 지나치는 것으로 넘길 수도 있다. 그렇지만 그런 것이 괜찮은 일이라는 것은 아니고, 당신이 그로 인해 불합리한 일을 당해도 된다는 얘기는 아니다.

 때로는 손해를 감수하고서라도 강하게 대응할 필요가 있는 때가 있다. 그들은 나에게만 악의에 찬 글을 남기는 것이 아니라, 다른 이들에게도 계속 그런 글을 남길 것이기 때문에 그것은 공공의 이익을 위하는 일이 되기도 할 것이다.

 여기까지의 글을 읽고 그렇다면 이런 문제들을 그냥 넘겨야 하는 것인지? 강하게 맞서서 대응해야 하는 것인지? 서로 상반되는 말에 어떻게 해야 한다는 것인지 모르겠다는 생각이 들 수도 있겠다.

 하고 싶은 말은 상황에 따라 어떻게 대응하든 상관없이 그런 악성 댓글과 메시지로 인해서 당신이 마음에 큰 상처를 입거나 하지 않았으면 좋겠다는 것이다.

 어떤 방법을 택하든 그런 말들에 의해 하지 말아야 할 극단적인 선택만은 하지 않기를 바란다.

 이겨낼 만큼 강해질 수 없을 것 같다면, 생각을 잘 다스릴 수 없을 것 같다면 차라리 그런 글들을 접하지 않는 환경을 만들어 어떻게든 상황이 진정되길 기다리고, 마음을 회복할 시간을 갖는 것이 좋겠다.

 몰두할 수 있는 다른 일을 찾아서 해보는 것도 좋고, 마음을 편히 할 수 있는 책들을 찾아서 보는 것도 좋다. 잘못된 선택을 하거나 잘못된 것에 의지하는 것이 아니라면, 무엇이라도 시도해 보고 자신에게 맞는 효과적인 방법들을 찾는 것이 좋겠다.

시간은 정말 흘러가는 것만으로 많은 것을 해결해 준다.

만약 당신이 스스로 당신을 죽게 하거나 자신을 망친다면 '그들이 미안해하고 후회할 것'이라고 생각해서는 안 된다.

당신을 싫어하는 사람들은 당신이 잘못될수록 더욱 좋아할 뿐이고, 슬프고 아파하는 사람들은 평상시 당신을 사랑하고 좋아했던 사람들 뿐이다.

사람들에게 비난을 받는 등 어떤 직접적인 손해를 입고 벌을 받는다고 해도, 그것은 당신이 잘못된 것과 비교할 수 없이 경미한 일이며, 그들은 곧 아무렇지 않게 잘 살 것이다.

복수를 하든, 용서를 하든 어떤 선택을 하든지 그것은 살아서 당신을 망치지 않고 하려 해야 할 것이다.

덧붙여 좋지 않은 글들을 습관처럼 남기는 이들은 생각해 보아야 할 것이다.

그것은 실제로는 자신에게 전혀 도움이 되지 않는 일이며, 상대뿐만이 아니라 자신마저 잘못되게 할 수 있는 일이다.

그러한 것에 빠져 있다면 지금이라도 그만두고 벗어나려 해야 할 것이다. 참으로 시시한 일이고, 본능에 휘둘려 무의미하게 시간을 낭비하는 일들 중에서도 최악의 일 중 하나다.

정말 많은 이들이 어떤 사람이 특별히 큰 잘못을 한 것도 아닌데, 단지 그 사람이 감정적으로 싫다는 이유로 주관적 이유를 들거나 이유를 만들어서라도 글을 쓰면서 정말 많은 시간을 무의미하게 낭비하고 대상에게 어떤 해를 끼치려 한다. '나는 이 사람이 싫으니, 같이 싫어해 줘.'라는 생각이 깔려 있는 것인데, 이는 한편으로는 정말 안타까운 생각이 들게 하는 일이다.

 나와 다른 이들에게 피해를 입히지 않으면서도 재미있는 일들은 찾고자 하면 얼마든지 찾을 수 있을 것이다. 그것이 스스로의 발전에도 도움이 될 수 있는 것이라면 더욱 좋은 일이다.

 마음을 잘 흔들리지 않게 하는 '인생에 대한 어떤 확실한 기준과 주관'이 없는 데다가 인생에 무료함을 느끼고 있는 이들은 이런 문제들을 포함하여 잘못된 유혹에 빠지거나 잘못된 일을 저지르게 되기도 쉽다. 때문에도 그 자신을 행복하게 하면서 주위의 사람들 또한 불행하지 않게 할 수 있는, 바람직한 방향의 어떤 인생의 목적을 갖는 것이 좋을 것이고, 항상 올바른 가치관을 가지려 노력해야 할 것이다.

외모지상주의

 선호하는 외모의 기준은 다를 수 있으나 '아름다운 외모', '귀여운 외모'와 같이 '보기 좋은 외모를 좋아하는 것'은 누구나 갖고 있는 인간의 본능 중 하나이다.
 대상을 볼 때 외모를 따져 보는 이러한 본능은 사람을 볼 때만 작용되는 것이 아니라 다른 생물이나 물건을 볼 때도 작용된다.
 예를 들어 돌고래와 고양이는 인간의 기준으로 말하자면 자연계에서도 드물게 악한 일을 행하는 동물들이다. 그들은 먹기 위해 사냥하는 것만이 아니라, 단지 재미를 위해서 다른 약한 생물을 가지고 놀다 죽여 버리는 일을 자주 일삼는다.
 그렇지만 그 귀여운 외모와 사회적으로 형성되어 있는 긍정적 이미지 덕분에 정말 많은 이들에게 오래전부터 사랑받아 왔다. (그렇다고 이 동물들이 악하다고 얘기할 것은 아니다. 선악의 기준과 구분은 어디까지나 인간의 것이고, 그 생물의 특성이 그러한 것일 뿐이다.)
 곤충을 포함한 벌레는 특별히 인간에게 해롭지 않아도, 오히려 인간의 기준으로 익충인 경우에도 단지 보기에 혐오스럽다는 이유 하나로 기피되고 무수한 죽임을 당하고 있다.
 그 외에도 보기 좋은 과일이나 채소를 선호하고, 제품의 미적 디자인과 포장을 신경 쓰는 등 겉모양을 따지고 중시하는 인간의 성향은 사회 곳곳에서 아주 쉽게 찾아볼 수 있다.

이처럼 보기 좋은 외모를 선호하는 것은 본능에 의해 나타나는 어쩔 수 없는 일이고, 그것이 잘못되었다고 말할 수도 없다.

우리가 조심하고 피해야 할 것은 지나치게 외모만 중시하는 '외모지상주의'에 빠지는 것이고, 잘못되고 나쁜 것은 단지 외모가 좋지 않다는 이유로 대상을 멸시하고 핍박하는 일이다.

수차례 말하는 내용이지만, 인간은 이성적으로 생각하는 능력을 통해서 본능을 조절할 수 있는 존재이다. 외모에 과도하게 집착하고 대상을 평가하는 것을 지양하고 조심해야 할 것이며, 외모가 아닌 다른 것을 보는 눈과 생각하는 힘을 키워야 할 것이다.

외모지상주의에 빠져 있어 사람의 외모를 지나치게 따지는 사람들도 예외가 있을 때가 있다. 비로 진심으로 누군가를 사랑하게 될 때다.

진심으로 사랑하는 사람을 볼 때는 다른 사람들의 키가 크든 작든, 얼마나 잘생기고 아름답고 몸매가 좋든 간에 그런 것은 어찌 되든 상관없는 문제가 되며, 비교하여 평가하지도 않는다.

누가 뭐라고 해도 세상엔 오직 둘만 있는 것만 같은 느낌에 빠져 주위를 지나는 사람들 모두가 그저 둘을 감싸고 있는 배경이나 조연으로 여겨질 것이다.

진심으로 사랑하는 사람이 생겼을 때는 그 사람의 서툰 모습, 부족한 모습까지도 귀엽고 좋아 보이게 되기 마련이다.

당신이 누군가를 진정으로 사랑하게 되었을 때, 그 사람으로 인해서 평상시 사람들의 외모를 보는 기준, 생각마저 달라질 수 있을 것이다.

듣기 싫은 아기의 울음소리

 정도의 차이는 있지만 보통의 사람들에게 아기의 울음소리가 듣기 싫게 들리는 것은 지극히 자연스러운 일이다.
 만약 아기의 울음소리가 일반적으로 듣기에 좋은 소리였다면 아기가 우는 것을 계속 방치하는 것은 물론, 일부러 울리는 이들까지 있을 것이다. 그것은 자칫하면 아기의 생명까지 위협할 수 있는 일이다.
 내 아이라도 우는 소리가 듣기 싫은 것은 모성애나 부성애가 없기 때문이 아니라 이처럼 그것이 인간의 생존에 도움이 되는 자연스러운 일이기 때문이다.

 아직 말을 할 수 없고 스스로 문제를 해결할 수 없는 아기가 어떤 문제가 있을 때 할 수 있는 의사전달 방법은 우는 것뿐이다.
 다 큰 성인도 하루에 몇 번씩 배가 고프고, 수차례 화장실을 가지만 어린 아기들은 더 자주 먹고 더 자주 배설한다. 또, 어린아이일수록 몸이 약하고 환경의 변화에 취약하다. 어른은 그리 충격을 받지 않는 큰 소리에 놀라 큰 충격을 받을 수도 있고, 작은 벌레에 물려도 아이는 더 큰 고통과 공포를 느낄 수 있으며, 익숙하지 않은 간지러움에도 큰 스트레스를 받게 된다. 당연히 아기가 하루에도 수십 번도 더 울 수밖에 없는 일이다.
 아기의 울음소리는 조금은 익숙해질지언정 아무리 시간이 지나도 본능적으로 결코 듣기 좋아지지는 않는다. 피곤과 스트레스가 쌓여있을 때는 아기가 우는 것에 분노의 감정까지도 느끼게 될 것이다.
 이런 상황이 하루 이틀로 끝나면 괜찮겠으나 적지 않은 오랜 기간 계속된다는 것이 그 부모를 참 힘들게 한다.

 육아는 겪어보지 않은 이들의 생각보다 훨씬 더 어렵고 힘든 것이다. 시도 때도 없이 들리는 듣기 싫은 아기의 울음소리는 걱정과 불안의 마음까지 겹치게 하여 신경을 더 날카롭게 하고, 아기를 돌보는 많은 일들은 그렇게 생각하지 않으려 해도 무척 고생스럽고 힘들 것이다.
 아기 때문에 전에는 마음대로 갈 수 있었던 많은 곳들을 가지 못하게 되고, 할 수 있었던 많은 것들을 하지 못하게 된다. 그런 생각까지 더해진다면 속상한 마음을 이기지 못하고 자신이 울게 될 정도로 더욱 스트레스가 커지기도 할 것이다.
 그렇다고 아무런 잘못도 없는 자신의 아기를 미워하는 마음을 가져선 안 될 것이다. 또 한 가지 당연한 사실을 떠올릴 것은 당신 또한 아기였던 시기가 있었고, 그렇게 울어대며 누군가의 손길을 받았다는 것이다.
 어찌 되었든 그런 힘든 시기를 이겨내고 훌륭히 아이를 키워낸 부모들은 모두 위대하고 충분히 존경받을 만하다.

 덧붙여 말하자면, 육아가 큰 스트레스를 주는 것은 사실이고, 주위의 이해와 배려가 필요한 시기이기도 하다. 하지만 그것이 다른 사람들에게 당연한 듯 피해를 줘도 괜찮다는 말은 아니다. 내가 힘드니 당신이 이해하고 참으라는 이기적인 자세를 취할 것도 아니다. 이해와 배려를 기대할 수는 있으나 그것을 강요해서는 안 되고, 상대가 이해해 주고 배려해 준다면 그것을 당연하게 생각할 것이 아니라, 고맙게 생각해야 한다.

육아가 아니라도 어떤 일에서라도 사람들은 늘 많은 스트레스를 받는다. 상관없는 남에게 짜증이나 화를 내는 식으로 그 스트레스를 푸는 것을 조심해야 하며, 내 상황이 어떻든 남에게 피해를 입혔다면 먼저 미안해하는 것이 당연하고 상식적인 일이다. 그것은 만약의 문제가 생겼을 때도 상황을 원만하게 푸는 데 도움이 될 것이다.

물론 아기에게 화를 풀 일도 아니다. 내 아기이건 남의 아기이건 듣기 싫은 울음소리에 화가 날 수는 있겠지만, 그 화를 직접적으로 아기에게 푸는 것은 절대로 해선 안 될 일이다. 아기가 우는 것 역시 어쩔 수 없는 당연한 일이고, '상황에 따라 적절한 조치를 취할 필요가 있을 뿐인 일'이라는 것을 항상 잊지 말고 생각해야 할 것이다.

힘든 육아의 시기를 이겨내기 위해선 항상 주위 사람들과 소통하려 노력하고, 적절히 도움을 요청하여 도움을 받는 것이 좋을 것이다. 힘든 것이 당연한 것이라고 여겨 혼자서 계속 억지로 참기만 한다면 결국 쌓이고 쌓인 스트레스가 좋지 않은 방향으로 폭발해 버릴 수도 있다.

회복을 위해서 중간중간 잠깐이라도 온전한 나만의 시간을 가져보는 것도 좋겠다. 그 시간은 지친 당신을 위로하는 것은 물론, 계속할 힘을 줄 것이다.

 단, 그런 혼자의 시간에 빠지거나 중독되어 아기를 방치하는 일은 없도록 해야 할 것이다. 그 휴식은 나를 위한 휴식이자 아기를 위한 휴식이기도 하다는 것을 잊어선 안 될 것이다.

마지막. 죽음에 대하여

누구든지 자라면서 인간은 모두 영원히 살 수 없다는 것을 알게 된다. 시기의 차이는 있지만, 대부분 어린아이 때 이러한 사실을 처음 알게 되는데, 죽음의 개념에 대해 처음 알게 된 아이는 커다란 공포와 슬픔의 감정을 느끼게 된다.

그 공포에 어느 정도 익숙해진 다 큰 어른들조차 그 감정을 해소할 방법으로 사후세계의 존재를 생각하는 등의 방법으로, 죽음이 주는 공포와 슬픔의 감정을 견디는 이들이 많은데, 어린아이들은 오죽하겠는가.

인간의 생각하는 힘은 죽음의 두려움을 훨씬 더 큰 것으로 만들었다.

죽음이라는 개념과 자신도 그에 대해 예외가 아니라는 사실을 조금이라도 이해하고 알게 되는 순간, 인간은 본능적으로 절망에 가까운 두려움과 슬픔을 느끼게 된다. 그리고 살아 있는 동안 그런 죽음을 생각하는 것에서 오는 감정들과 계속 마주하고 살아가게 된다.

당신이 아무리 죽음을 두려워하고, 슬퍼하고, 피하려 발버둥 치고, 외면하려 해도... 무엇을 어떻게 한다고 해도 그럼에도 당신은 반드시 죽을 것이다.

"죽어서도 영향이 남고, 후손이 남아 삶을 이어가는 것이다."와 같은 얘기들은 완전히 다른 얘기들이다. 그렇게 생각하여 죽음의 공포와 허무함을 덜고, 보다 열심히 살기 위한 계기로 이용할 수는 있겠지만, 다시 한번 확실히 말해 그와 상관없이 당신이라는 개체는 틀림없이 죽어 사라질 것이다.

 그렇다면, 똑같은 삶을 살아도 조금은 더 행복하고 편안한 마음으로 사는 것이 낫지 않겠는가? 이는 순간의 쾌락을 위해서 내일이 없는 것처럼 아무렇게나 살라는 말도 아니고, 나와 주위에 피해를 끼치면서까지 함부로 살라는 말도 아니다. 그저 조금은 더 마음을 편히 하도록 하고, 자신을 부정적으로 만드는 무의미한 시간들과 관계를 줄이고, 나에게 기쁨과 행복을 느낄 수 있게 하는, 그런 사람들과의 시간을 늘리려 노력하면 될 일이다.

 지금 있는 사람들을 조금 더 소중히 대하고, 앞으로 만날 사람들을 조금 더 친절히 대하며 살아있는 생명의 소중함을 조금 더 느끼는 쪽으로 말이다.

 죽음의 공포를 완전히 벗어나려 할 필요도 없고, 그래서도 안 되며, 그럴 수도 없다. 단, 다른 감정들과 같이 지나치게 죽음을 두려워하고 항상 그러한 공포에 짓눌려 사는 것은 피해야 할 일이다.

 때때로 그런 강렬한 공포를 느낀다면 기분을 좋게 하는 무언가를 찾아서 하는 것이 도움이 될 것이다. 생각만 계속한다면 공포는 더욱 커져만 갈 것이다.

 그렇게 해도, 무엇을 해도 해결이 되지 않는 상태까지 이른다면, 그는 일시적인 증상을 넘어서 일종의 병으로까지 진전이 된 상황이기 때문에 한시라도 빨리 주위에 도움을 요청해야 할 것이다.

죽음에 대한 공포는 인간을 행동하고 발전하게 하기도 하며, 하루하루의 삶을 더 감사하고 소중한 것으로 여기게도 한다. 또한 사회의 안녕과 질서유지에 기여하는 부분도 있다.

 죽음이 무섭고 두려운 것은 당연한 일이다. 그렇지만 언젠가는 당연히 찾아오는 자연스러운 일이라는 것도 받아들여야 할 사실이다.

 그래도 죽음이 너무나 두렵다는 생각이 들 때면 '무섭지만 뭐 어때? 그때까지 해야 할 일, 할 수 있는 일을 하자.'라는 식으로 담담하게 대하고 생각하려 해보는 것도 도움이 될 것이다.

추록. 생각해 볼 만한 이야기들

마음의 비율

 사람들은 보통 '아이 같은 마음', '어른 같은 마음', '노인 같은 마음'을 구분 지어 말하곤 한다.
 그런 마음들이 따로 있느냐고 생각할 수도 있지만, 어느 정도 사회적으로 형성된 이미지와 기대되는 모습이 있는 것이 사실이다.
 이렇게 구분 지어 생각해 본다면 어느 정도 나이를 먹은 사람들은 모두 '아이의 마음'과, '어른의 마음', '노인의 마음' 세 가지를 다 가지고 있다고 할 것이다.
 노인이 되어도 아이 같은 면을 많이 보이는 사람이 있는가 하면, 실제 나이보다 훨씬 더 나이 든 것 같은 언행을 자주 보이는 사람들도 있다.
 누군가를 어른처럼 보듬어 안아주고도 싶을 때도 있지만, 나이에 상관없이 때때로 누군가에게 아이처럼 안기고 싶을 때도 있다.

 각각의 마음이 차지하는 비율은 사람마다 모두 다를 것이다.
 그리고 함께 있는 사람에 따라서, 상황에 따라서 이 마음의 비율은 그때그때 조절되어 나타날 것이며, 세월의 흐름에 따라 또 달라질 것이다.

 지금 당신의 마음의 비율은 어떻게 된다고 생각하는가?

인간이란 무엇인가?

 누군가 필자에게 인간이란 어떤 존재인지 한마디로 말해달라고 한다면,
 "인간이란 밤하늘의 유성(별똥별)과 같은 존재"라고 답하겠다.
 먼지에서 태어나 한순간 빛나고 다시 먼지로 돌아가는 것. 그것이 전부다.

 사람의 일생과 유성은 많은 것들이 닮아있기도 하다.
 모두가 빛을 내었던 존재라는 것은 같지만, 그 빛을 아무도 보지 못할 수도 있고 아주 많은 사람들이 볼 수도 있다.
 또, 아주 일부의 유성은 다 사라지지 않고 운석과 같은 흔적을 남기게 되는데, 사람 또한 그렇게 무언가를 남기고 떠나는 이들이 있다
 그렇게 무언가를 남기든 재가 되어 지구와 하나가 되든 스스로의 삶에 만족할 수 있다면 그것으로 충분하겠지만 말이다.

 당신이 생각하는 '인간'이란, '인간의 삶'이란 무엇인가?

우주와 인간

 다음의 내용들은 모두 필자가 생각하는 하나의 가설, 생각에 불과하다는 것을 먼저 밝히며, 평소 관심이 없었거나 생소한 분야라면 어렵게 느껴질 수도 있겠다는 생각도 드는 얘기들이다. 그러나 그렇다고 해도 한 번쯤 읽고 생각해 보면 재미를 느낄 수도 있을 것이다. (양자역학과 같은 과학적 내용에 관심이 없다면 이 글의 마지막 후반부만 읽어도 좋을 것이다.)

 그럼 양자역학의 관점에서 한번 이 세계를 생각해 보자.
 이러한 관점에서 본다면, 우리가 살고 있는 우주는 기본적으로 무수히 많은 확률적 가능성이 겹쳐져 있는, 일어날 수 있는 모든 확률이 중첩되어 있는 공간이라고 생각할 수 있겠다.
 관측되어 결정되기 전까지는 잠재적으로만 존재하는 가능성들은 현실이라는 형태로 실체화되지 않고, 무수히 많은 경우의 수 중 하나가 결정되었을 때 하나의 사실로 나타나 이윽고 내가 지금 존재하는 우주의 현실로 확정된다.

 우리가 인지하는 거시 세계에서의 현상으로는 완전히 부합하는 설명을 하기 힘들지만, 조금이라도 이해가 쉽도록 예를 들어 보자.
 버튼을 누르면 1부터 99까지의 숫자 중 하나를 무작위로 골라서, 옆방에 있는 모니터의 화면에 보여주는 장치가 있다고 하자.

그 버튼을 누르고 난 뒤 옆방으로 가서 화면을 확인하기 전까지는, 그 옆방에는 숫자 '1'이 표시된 화면, '2'가 표시된 화면... '99'가 표시된 화면까지 1부터 99까지의 숫자들이 표시된 화면이 모두 중첩되어 존재하고 있는 것이다. (오류가 발생하거나 하여 다른 결과가 나타날 수도 있지만, 이 예시에서 그런 가능성은 배제하겠다.)

 당신이 모니터의 화면을 보게 되는 순간, 그중 하나의 화면이 결정되게 된다. 즉 버튼을 눌렀을 때 하나의 숫자가 결정되는 것이 아니라, 사실은 화면을 보는 그때 하나의 숫자가 결정되는 것이다.

 만약 모니터 화면이 옆방이 아니라 바로 눈앞에 있어서 계속 화면을 보고 있었다고 해도 다를 것은 없다. 단지 관측까지 걸리는 시간이 아주 짧다는 차이밖에 없을 뿐이다.

 만약 당신이 숫자 '28'이 적힌 모니터 화면을 봤다면, 버튼을 눌러 숫자 28이 선택되고 모니터 화면에 표시된 것이 그 순간 사실로 확정된 것이다. 그 사실은 당신이 존재하며 관계되어 있는 현실에도 반영이 되는데, 당신이 존재하는 이 세계는 그 순간 '당신이라는 사람이 버튼을 눌러서 모니터 화면에 28이란 숫자가 나타난 것을 확인한 세계'가 되는 것이다. 이러한 사실의 확정은 '양자 얽힘'과 같이 '빛보다 빠른 속도로 결정된다.' 할 것이다.

 이해가 어렵게 느껴진다면, 차원의 개념을 빌려 생각하면 이해에 도움이 될 것이다. 관측하기 전까지는 관측자가 있는 차원과 다른 차원에 1부터 99까지의 숫자가 하나씩 표시된, 모니터 화면들이 모두 다 존재하고 있는데, 관측하는 순간 그중 하나의 화면이, 관측자가 절대로 인식할 수 없는 속도로, 관측자가 있는 차원으로 나타나 현실이 되는 것이다.

 이 차원의 개념으로 양자역학에 조금이라도 관심이 있는 사람이라면 들어봤을 '슈뢰딩거의 고양이'에 대해 생각해 볼 수도 있다.
 '슈뢰딩거의 고양이'는 결론만 간단히 얘기한다면, '상자 안의 고양이는 상자를 열기 전까지 살아있는 상태와 죽어있는 상태가 같이 있는 중첩 상태이고. 관측자가 상자를 열어 확인해야만 살아있는지 죽어있는지 하나의 상태가 결정된다.'는 것이다.
 그냥 들어서는 무슨 말인지 이해하기 어려울 수 있지만, 여기서도 차원의 개념을 빌려 설명한다면 훨씬 이해가 쉬울 것이다.
 상자를 열어 확인하기 전까지 상자 안은 다른 차원의 세계이다. 즉, 고양이는 관측자가 있는 차원과 다른 차원에 있고, 그 다른 차원에는 고양이가 죽어있는 상태와 고양이가 살아있는 상태가 모두 존재하고 있는 것이다. (평행우주론의 개념으로 그 다른 차원은 고양이가 살아있는 차원과 죽어있는 차원 두 개의 차원으로 있다고 생각해도 상관은 없을 것이다.) 관측자가 상자를 열어 확인하게 되면 비로소 그중 하나의 상태가 선택되고 결정되어 관측자가 있는 차원으로 나타나게 된다.
 그리고 이 정보는 앞선 예시에서도 말했듯, 그 순간 관측자가 있는 차원 전체에 확정된 사실로 영향을 주게 된다. 이것은 하나의 확률적 선택이 이뤄지는 시간만 소요되기 때문에 무수히 많은 확률적 선택을 계속하여 나아가는 빛의 속력보다 훨씬 빠를 수밖에 없기도 할 것이다.

 이처럼 확률의 결정 전후와 그에 관계되는 현상은 차원의 문제, 빛과 물질이 파동성과 입자성을 동시에 가지는 것과도 연관 지어 생각할 수도 있을 것이다.

 이처럼 '우리 우주의 모든 일은 확률로만 존재하던 것이 관측에 의해 결정됨에 따라서 현실로 나타나는 것'이라고 한다면, 우리 우주의 현실이 결정되는 것은 무수한 입자와 확률이 존재하는 만큼 이론상 무한이라 느껴질 정도의 큰 경우의 수를 갖게 된다.

 그런 무한에 가까운 확률이 존재하는 이 우주에서 우리가 숨을 쉬고 손가락을 움직이는 그런 눈에 보이는 커다란 움직임들은 물론, 인간을 이루고 있는 눈에 보이지 않는 입자 하나하나의 작은 움직임들까지 하나의 일이 일어날 때마다 확정된 사실로 나타나게 된다.

 인간이 느끼는 '시간'이라는 것은 그런 확률적 결정이 인간이 절대로 인지할 수 없는 짧은 간격으로 계속 이어져 나타나는 것이라 생각할 수도 있을 것이다. (어쩌면 시간 자체에 그 확률이 결정되게 하는 힘이 연관되어 있는지도 모르겠다.)

 선택될 수 있는 확률이 전혀 존재하지 않는다면 모든 것이 정지된 상태일 것이고, 그것은 즉 시간이란 것이 존재하지 않는 것과도 같다.

 (덧붙여 말하자면 시간의 속도, 확률이 정해지는 속도는 한계가 있을

것이다. 빛의 속도가 40만 km 50만 km도 아니고 왜 하필 약 30만 km의 초속을 갖느냐 하면, 우리 우주에서 확률이 정해지는 속도가 한계가 있기 때문이 아닐까 한다. 영향을 주는 다른 변수가 없다면 빛의 속도는 확률이 정해지는 속도라고 생각할 수 있을 것이며, 시간의 속도라고도 생각할 수 있을 것이다. 확률이 정해지는 속도가 느려지게 된다면 빛의 속도 또한 느려지게 되고, 빨라지게 되면 빛의 속도 또한 그에 따라 빨라지게 될 것이다. 또한, 확률이 정해지는 속도에 따라서 상대적으로 시간도 달라질 것이다.)

확률 결정의 문제와 그 영향력을 중력과도 연관 지어 생각해 볼 수도 있겠다.
위와 같은 생각에 따르면 입자 하나하나의 확률의 확정은 그때마다 하나의 세계를 만들어 결정짓는다는 얘기가 된다. 그리고 그러한 입자들이 많을수록 질량은 증가한다.
연결하자면 강한 질량을 가질수록 그곳에선 그만큼 많은 확률이 존재하면서 그만큼 많은 확률의 확정이 이뤄진다는 것이고, 이런 확률의 확정이 어떤 힘에 의한 것이거나 힘을 발생시킨다고 한다면 그곳에 많은 힘이 모여 있는 만큼 그 주변을 포함한 우리 우주 자체에 영향력도 강하게 미칠 것이라 생각할 수도 있다는 것이다.
어쩌면 시공간을 휘게 하고 시간을 지연시키는 '중력'이나 '암흑에너지', '모든 것의 이론' 등과 같은 아직은 수수께끼로 남아 있는 문제들의 실마리가 이런 곳에 있을지도 모른다는 생각도 든다.

질량만이 아니라 위치의 변화 역시 확률의 영향력에 관여할 것이기에 속도도 그러한 영향을 미칠 것이라 생각할 수도 있다. 즉 질량이든 속도든 가지고 있는 에너지가 크면 클수록 무엇이 되었든 이 우주의 현실을 결정하는 강한 힘을 갖게 될 것이라 생각할 수 있다는 것이다.

 우주가 완벽하게 균일한 구조를 갖고 있다면 별과 행성 같은 물질들은 생겨나지 못했을 것이다. 그리고 그 불균일함에 의해 유기물과 생물이라는 존재들 또한 생겨날 수 있게 되었다.
 '불확정성 원리'에 의하면 현재는 불가능하게 여겨지지만(이 또한 앞으로 어떻게 변할지는 모른다), '고전역학의 결정론'에 의하면 만약 우주가 무기물로만 구성되어 있다면 이론상 거시 세계에서는 '라플라스의 악마'와 같이 우주의 모든 움직임과 미래를 계산해 낼 수 있을 것이다.
 그러나 이런 설정론적인 관점에서 보아도 우주의 지극히 일부를 차지할 뿐이지만, 스스로의 의지로 움직이는 '생명'이라는 존재가 있음으로 인해서 우주의 미래에 대한 완벽한 계산은 불가능하다 할 것이다.
 빗면을 따라 굴러가는 공과 같은 무생물체의 움직임은 계산을 통해 정확히 예측이 가능하지만, 달려가고 있는 사람이 스스로의 의지로 갑자기 방향을 어디로 바꿀지, 속도를 어떻게 바꿀지는 정확히 계산하고 완전히 예측할 수 없는 것이다.
 혹자는 '자유의지'를 부정하거나 하여 이 우주에 운명과 같은 정해진 법칙이 있으며 인간의 그런 움직임, 생물의 모든 움직임도 그 법칙을 지키기 위해 일어나는 행동이고, 앞으로의 행동들도 모두 정해진 것이라고 생각할 수도 있겠다.

 어찌 보면 인간이 어떠한 업적과 같은 것을 통해 죽어서도 영향력을 남기려 하는 것이나 후손을 남기려는 것은 이 우주에 대한 자신의 영향력을 계속 이어가고 확대해 나가려는 것이라고 생각하는 이들도 있을지 모르겠다.

 진위를 떠나 이런 생각들 또한 충분히 재미있는 생각이고 인간이기에 또 할 수 있는 생각일 것이다.

 이야기가 부분부분 다른 방향으로 간 것도 같고, 정리되지 않고 어지럽게도 쓰이기도 했지만 결국 말하고 싶은 것은 어떠한 과학적인 문제도 아니고 어려운 얘기도 아니다.

 앞서 얘기한 내용들이 만약 사실에 가깝다고 한다면 (사실이 아니어도 지금은 이하의 결론이 달라지진 않을 것이다.) 한 명 한 명의 인간 모두가 입자 규모에서 생각하자면 수많은 입자들이 모여 이루어진 무시할 수 없는 질량과 영향력을 가진 존재이며, 스스로의 의지로 이 거대한 우주의 현실을 결정짓고, 예측할 수 없는 움직임으로 미래를 바꾸는 힘을 가졌다는 것이다. 그것이 눈동자를 살짝 움직이거나 숨을 쉬는 정도의 아주 작은 움직임이라고 해도 말이다.

 실로 인간은 우주의 먼지와도 같은 존재다.

그러나 한 사람 한 사람이 우주를 만들고 바꿀 수 있는 힘을 가진 존재이기도 하다.

당신 또한 그런 존재라는 것을 알아주었으면 한다.

21세기 인간의 이해

1판 1쇄 발행 2023년 7월 1일
1판 2쇄 발행 2023년 8월 21일

지은이 : 미상

펴낸이 : 김현진

펴낸곳 : 비앤티아이

출판등록 : 2019년 5월 24일

등록번호 : 25100-2019000005

팩스 : 0504-267-3730

이메일 : bandti@naver.com

ISBN : 979-11-983251-0-5